中国现代文学社团史研究书系

陈思和　丁　帆／主编

宝塔山下交响乐

——20世纪40年代前后延安的文化组织与文学社团

吴　敏／著

武汉出版社
WUHAN PUBLISHING HOUSE

(鄂)新登字 08 号

图书在版编目(CIP)数据

宝塔山下交响乐:20 世纪 40 年代前后延安的文化组织与文学社团/吴敏著. 一武汉:武汉出版社,2010.11

(中国现代文学社团史研究丛书/陈思和,丁帆主编)

ISBN 978-7-5430-4448-7

Ⅰ.①宝… Ⅱ.①吴… Ⅲ.①文学-社会团体-研究-中国-现代 Ⅳ.①I209.6

中国版本图书馆 CIP 数据核字(2009)第 147578 号

主　　编:陈思和　丁　帆

著　　者:吴　敏

责任编辑:万洪涛

装帧设计:刘福珊

出　版:武汉出版社

社　址:武汉市江汉区新华下路 103 号　　邮　编:430015

电　话:(027)85606403　85600625

http://www.whcbs.com　　E-mail:zbs@whcbs.com

印　刷:武汉精一印刷有限公司　　经　销:新华书店

开　本:880mm×1240mm　1/32

印　张:10.25　　字　数:240 千字　　插　页:3

版　次:2011 年 1 月第 1 版　　2011 年 1 月第 1 次印刷

定　价:32.00 元

目录

Contents

目录
Contents

总序

陈思和

《中国现代文学社团史研究书系》是南京大学中国现代文学研究基地承担的教育部哲学社会科学研究重大项目，共两辑。第一辑七种，分别是《新青年》为核心的文学团体、文学研究会、创造社、语丝社、南社、台湾栎社以及施蛰存、刘呐鸥等文人为核心的文学团体。由我和丁帆教授联袂主编。2006 年完成。最初计划远不止七种，因为教育部要在规定期限内检查成果，于是将已经定稿的著作编成第一辑，由上海东方出版中心出版。第二辑八种著述基本延续了第一辑包罗万象的风格，既有新月社、狂飙社、以《七月》《希望》为中心的胡风派文艺社团、延安地区的文艺社团、台湾创世纪社，也有台湾一厦门的菽庄诗社、以《东方杂志》为中心的宋诗派诗人群体等等，还有当代文学史上的“探索者”冤案。其实，即使新加了这八种研究成果，中国现代文学社团史的课题还远远没有穷尽，因此我们仍须努力，脚踏实地，一步一步走下去。

在现代文学研究领域里，有关文学社团的研究成果积累并不多。据范泉教授主编的《中国现代文学社团流派辞典》一书所收辞目，有关文学社团的 1035 条，文学流派的 47 条(其中不少流派也是有影响的“文人群体”，应属社团之类)。而在 20 世纪 80 年代中国社科院文学所领衔编撰的大型资料丛书《中国现代文学运动·论争·社团资料丛书》里，真正成书的只有文学研究会、创造社等十来种，连语丝、新月、南国这样一些重大社团的资料也付之阙如；20世纪90年代，上海华东师范大学出版社也曾推出一套颇有规模的现代文学社团流派研究丛书，分研究、资料两个系列，但最后也只出版了《新青年》和《新潮》、文学研究会、新月社、弥洒社、浅草社和沉钟社等几种资料汇编（包括作品集和评论集），研究方面似乎只有一本浅草社和沉钟社的论著，其他都似不了了之。有关文学社团的整体性研究，除了陈万雄先生的《"五四"新文化的源流》、朱寿桐先生的《中国现代社团文学史》、王晓明先生的论文《一份杂志和一个"社团"——重评"五四"文学传统》等少数论著，以及关于创造社、浅草社等少数研究成果外，大多数文学社团都缺少专门的研究。倒是在相关作家传记研究中有一些涉及社团的资料积累，也有不少真知灼见，但这些研究成果与现代文学学科建设和发展的需要相比，显然是不相称的。

而且，中国现代文学社团的内涵也在不断扩大。"中国现代文学社团"准确的理解应该是"中国——现代——文学社团"，既然是"中国"，就不能仅以大陆地区为限，近代史上割让为日本殖民地的台湾，作为英国殖民地的香港，都产生过许多文学社团。尤其是日据时期的台湾，出现了大小古典诗社多达三百余个，可说是每一个村落就有一个诗社，这样一种壮观的诗社现象，如果不进入我们的研究视野，真是谈不上研究中国的现代文学社团史；而且，既然"现代"指的是一种时间概念，"现代文学"还包括了新文学运动以外的各种文学现象，如南社——清末民初的重要社团，由于它不属于新文学，便被摒弃在现代文学视野以外，这都是不合理的现象。

所以，现在要真正做一部《中国现代文学社团史》还没有具备成熟的条件。为此，我们对这个项目重新做了课题论证，从实际出发，完成力所能及的研究工作。作为第一步，就是逐个地对文学史上的重要文学社团给以资料搜集梳理，总结前人的研究成果，并在此基础上完成一系列个案研究。或者说，整体上的现代文学社团史暂时无法完成，但我们可以通过对一些重要文学社团的“史”的梳理和书写，综合成一套内容多样、各自独立的现代文学社团的个案史。这就是目前这套研究书系的大概面貌。在已经完成的十五个子项目中，文学社团的表现形式不一样：第一种是传统文人社团的形式，如南社、宋诗派诗人群体、台湾栎社等，其成员主要是接受传统教育的知识分子，在民族危亡之际，以诗会雅集的形式来抒发情怀，交流心声。诗文创作似乎是他们从事社会活动之余高雅消遣的文学活动。第二种形式是依托现代知识分子的公共活动空间，如文学研究会、创造社、新月社等，他们利用结社活动来聚集力量，向社会发出抗议或改革的声音。在他们看来，文学创作与社会活动是一体的两面，文学如同生活。第三种社团形式，是以同人刊物为核心聚集起一批作者队伍，因为是“同人”，作者队伍也就是另一种形式的文学社团。如新青年社与语丝社，这个“社”本身意指“单位”、杂志社，但也可以转喻为社团。它的标志是刊物，刊物存在社团也就存在，刊物停办，社团也就不存在了。第四种模式是文人的小团体，虽无明确的结社意识，但因为经常性聚集在一起而含有了社团意义。如施蛰存、杜衡、刘呐鸥等人，他们之间的交往聚集经历了多种形式，但始终代表了某种倾向性的审美意向，因此也可以算作某种特殊形式的文学社团。现代文学社团的模式远不止以上四种，如有以政党意识为核心的知识分子组织，还有纯粹的演剧组织等等，暂时都不在本系列研究之中。

以往的研究，往往将文学社团与文学流派混为一谈，其实两者所反映的文人群体面貌是不一样的。前者研究的是文学社团的兴衰聚散，重点在人事，后者研究的是作家艺术风格的流变，重点在创作，两者混在一起研究，往往是流派因素压倒社团因素，理论概括压倒作家活动。这套书系偏重在人事，这是事先就规定好的，强调社团是如何形成、各个成员之间的关系又是如何相处、社团与社团之间的冲突又是如何展开，等等，人物的行状、言论、个性都作为描述的对象，这样，以便把研究的关注点集中到现代文学最原初的起点——个人的文学活动。朱寿桐教授在审读本丛书中的一本“创造社研究”时指出：这本著作“坚持‘以人为本’的原则寻绎创造社这一风格独异的文学社团的发生机制和运作历史，体现出一种精彩而务实的社团研究学术自觉。文学社团是由人构成的，其所体现出来的各种特质和各种复杂性都与人员构成密切相关。以前的创造社研究，主要从大致的理念和情感取向着手，对于创造社的内部人员结构、权力结构常常取模糊姿态，致使许多问题只能流于语焉不详，如创造社的方向转换到底是一个怎样的过程，创造社小伙计与元老派的实际关系到底如何。这本著作从创造社人员构成及其权力构成的角度很好地解决了这些问题”。这段话虽然是针对创造社研究而言的，但也说出了每一个社团研究所希求的努力方向。

二十年前，前辈学者曾华鹏教授和范伯群教授曾经协助贾植芳先生主编了一部《中国现当代文学社团流派》的论著，编撰了关于文学研究会、创造社等二十几个文学社团流派的研究论文。曾、范两位前辈是贾植芳先生在1950年代的学生，我是贾先生在1980年代的学生，我们同门两代，也可以说，我现在做的工作，正是在前辈学者所奠定的学术基础上的努力推进。记得有一次我向两位前辈汇报了这套书系的编写情况后，范教授听了哈哈大笑，说：“我们当年要求每个社团流派研究是一篇论文，你们现在要求每个文学社团研究是一部专著，这就是进步了。”是啊，应该说是学科发展的进步，但是，这个进步前后竟相隔二十年，实在也是太久了一些。我感慨。

第一章

中国文艺协会：陕北根据地第一个文艺团体

第一节　丁玲到陕北与中国文艺协会的成立

一、丁玲："我就只要到陕北去"

1935年10月19日，毛泽东同中共中央、中国工农红军第一方面军陕甘支队第一纵队从江西苏区万里长征之后，到达陕甘边苏区吴起镇(今吴旗县)，并着手建立中华苏维埃共和国临时中央政府西北办事处，预备在陕北落地生根，谋求发展。1936年7月3日，中共中央机关进驻保安(今志丹县)。

1936年11月，丁玲到保安。她是第一个来陕北的著名作家。丁玲(1904—1986)，湖南临澧人，1928年前后，在《小说月报》上发表《梦珂》、《莎菲女士的日记》等作品，被视为"好似在这死寂的文坛上，抛下一颗炸弹一样"。[1] 1930年5月，丁玲和胡也频在上海同时加入左联。1931年2月胡也频遇难后，丁玲曾经想着"怎么才能离开这旧的一切，

① 毅真《当代中国女作家论》，1930年7月1日《妇女杂志》。

闯进一个崭新的世界，一个与旧的全无瓜葛的新天地。我需要做新的事情，需要忙碌，需要同过去一切有牵连的事，一刀两断。……我只有一条路，让我到江西去，到苏区去，到原来胡也频打算去的地方去”。[①]她认为，“我是搞创作的，只有到苏区去才有生活，才能写出革命作品。”[②]但当时的中共中央宣传部研究后，安排她留在上海编辑左联刊物《北斗》，因为她“不太红”，更可以团结一些党外人士。1932年3月，丁玲在上海加入中国共产党，担任左联的党团书记，发表了《水》等小说。《水》被革命文学提倡者视为“我们所应当有的新的小说”，[③]茅盾也发表了《女作家丁玲》，全面介绍评论丁玲的作品。[④] 1933年5月，丁玲被国民党特务绑架，秘密关押到南京，度过了3年“幽禁”岁月。1936年9月，丁玲逃出“魍魉世界”，当时，中共党组织曾希望她能去法国，在国外为红军募捐，但她说：“别的什么地方我都不去，我就只要到陕北去，到保安去。”[⑤]

丁玲对“当红军”有一种亲切感。从人缘关系上来说，当时在中华苏维埃政府担任财政部长的林伯渠是她的表亲，毛泽东的妻子杨开慧是她在长沙周南女子中学的同学，还有一个更重要的原因，是因为冯雪峰。丁玲与冯雪峰之间的感情，从20年代起，就已是一个“公开的

---

① 丁玲《回忆潘汉年同志》(1982)，《丁玲全集》第6卷，第208—209页。《丁玲全集》第1—12卷，河北人民出版社，2002。以下版本皆同此。

② 丁玲《关于左联的片断回忆》(1979)，《丁玲全集》第10卷，第239页。

③ 何丹仁(冯雪峰)《关于新的小说的诞生——评丁玲的〈水〉》，1932年1月20日《北斗》第2卷第1期。

④ 茅盾《女作家丁玲》，1933年7月15日《文艺月报》第2号。

⑤ 丁玲《回忆潘汉年同志》(1982)，《丁玲全集》第6卷，第210页。另见《我与雪峰的交往》(1983)，《丁玲全集》第6卷，第269页。

秘密”，[1]丁玲对于冯雪峰的言行，“从来都是深信不疑的”。[2] 冯雪峰(1903－1976)，长丁玲1岁，浙江义乌人。20世纪20年代前期，他与应修人等在杭州结成“湖畔诗社”，1927年受李大钊思想行为的震撼加入中国共产党，1928年到上海，与鲁迅成为莫逆之交，20世纪30年代前期为上海左翼文化界的重要领导人。1935年10月，冯雪峰随中央红军长征到达陕北，1936年4月，又由中共党派到上海工作，包括领导上海的文化工作。丁玲听冯雪峰讲述了红军长征的故事以及毛泽东的政治生涯、思想、为人、诗文，“在我本来就坚定不移要求去陕北的决心中增添了许多幻想的美丽的花朵”。[3] 而丁玲到延安后，与周扬之间时时感觉着而无需明言的情绪矛盾，也与她对冯雪峰的“深信不疑”有一定关系。丁玲已有的文学成就和自觉的人生追求，使她后来成为陕甘宁边区“文协”、“文抗”延安分会、《解放日报》文艺社等延安文化组织机构和文学社团的核心人物之一。

在冯雪峰的安排和左翼作家聂绀弩、张天翼的帮助下，丁玲从南京到上海，又乔装潜移到西安，在西安幽居了1个多月，终于在1936年11月12日到达保安。在保安的一个大窑洞里，丁玲受到毛泽东、周恩来、张闻天、博古等领导人出席的晚会的欢迎，她感到这是自己“有生以来，也是一生中最幸福、最光荣的时刻”。“我讲了自己南京的一段生活，就像从远方回到家里的一个孩子，在向父亲母亲那么亲昵的喋喋不休的饶舌。”[4]

丁玲到保安后只有几天，就建议成立一个文艺俱乐部，并向毛泽

① 参见丁玲在延安向美国记者尼姆·韦尔斯的自述《丁玲——她的武器是艺术》，收入孙瑞珍、王中忱《丁玲研究在国外》，湖南人民出版社，1985。丁玲对冯雪峰的感情，另见丁玲《不算情书》(收入《丁玲全集》第5卷)。

② 丁玲《悼雪峰》(1979)，《丁玲全集》第6卷，第15页。

③ 丁玲《悼雪峰》(1979)，《丁玲全集》第6卷，第15页。

④ 丁玲《序〈到前线去〉》(1979)，《丁玲全集》第9卷，第101页。

东、张闻天等首长请示。[①] 时任中共中央总书记兼中宣部部长的张闻天本是五四时期文学研究会的成员，曾经创作过不少文学作品，西北革命军事委员会主席（后改称中央革命军事委员会主席）的毛泽东也是个文艺爱好者；更重要的是，他们看到了文艺可以成为当时工农红军摆脱国民党围追堵截剿灭等政治困境、停止内战、与国民党结成统一战线、谋求政治发展的一支重要力量，他们后来在中国文艺协会成立大会上清楚地表达了这些想法；因此，丁玲的建议，立刻得到众领导的赞同。中华苏维埃政府教育部部长徐特立又进一步指出，希望就此成立一个正式的文艺性质的名为“中国文艺工作者协会”的团体。丁玲便联络人员，着手筹备工作，于1936年11月15日组织了第一次筹备会议，并在中华苏维埃共和国临时中央政府机关报《红色中华》上刊登了《文艺工作者协会缘起》，“热望一切在战斗中有文艺兴趣的同志们共同来参加”。在这份“缘起”上署名的有成仿吾、丁玲、徐梦秋、李伯钊、伍修权、洪水、陆定一、徐特立、李克农、危拱之、王亦民、徐国梁等34人[②]。这些人中，除丁玲、成仿吾身经五四新文学流变外，其他主要为当时中华苏维埃政府总政治部、中央局等部委机关成员和红军时期的文艺干部、文艺教员。

二、中国文艺协会的成立大会

1936年11月22日上午9点，中国文艺协会成立大会召开，到会会员及来宾有百余人。大会主席李伯钊简略报告了该协会成立的意义，丁玲讲述了筹备的经过。由毛泽东提议，全体会员通过，确定了协会的正式名称为“中国文艺协会”（以下简称“文艺协会”或“协会”）。

① 朱正明《〈红色中华〉报文艺附刊的一些情况》，《新文学史料》1983年第3期，第240页。

② 《文艺工作者协会缘起》，1936年11月22日《红色中华》。

作为来宾的毛泽东、洛甫（张闻天）、博古（秦邦宪）、林伯渠、凯丰等人进行了演讲。当时的《红色中华》报以"我们要抗日，就要停止内战；要停止内战，就要文武都来"为副标题，记载了毛泽东的讲演词："中国苏维埃成立已很久，已做了许多伟大惊人的事业，但在文艺创作方面我们干的很少，今天这个中国文艺协会的成立，是近十年来苏维埃运动的创举……过去我们都是干武的，现在我们不但要干武的，我们也要干文的了，我们要文武双全。现在中国有两条战线，一条是抗日战线，一条是内战。要结成抗日民族统一战线，把日本帝国主义赶出去，争取中国民族的独立解放，首先我们就要停止内战……怎样才能停止内战呢？我们要文武两方面都来。要从文的方面去说服那些不愿停止内战者，从文的方面去宣传教育全国民众团结抗日，如果文的方面说服不了那些不愿意停战者，那我们就要用武的去迫他停止内战。"①《红色中华》报还分别用"以文艺的方法具体的表现去影响推动全国人民，促成巩固的统一战线"和"使苏区的文艺协会成为民族革命战争中战斗力量"的副标题，登载了洛甫、博古的演讲词。

来宾讲演后，大会通过了会章，选举丁玲、成仿吾、贾拓夫、王亦民、徐梦秋等16人为干事，成立干事会。之后，由从上海来的李殷森（朱正明）代表文艺协会会员致谢词。会后进行了"余兴"，毛泽东的笑话和李伯钊的少数民族情歌，特别引起了全场的热烈鼓掌。② 曾经参加过红军长征、在江西苏区担任高尔基戏剧学院院长的李伯钊还在大家的掌声邀请下，跳起她从苏联学来的乌克兰舞、网球舞、海军舞。丁玲说："那次的成立大会开得有声有色，使人终身难忘。"③

---

① 《毛主席讲演略词》，1936年11月30日《红色中华·红中副刊》第1期。

② 《十一月二十二日召开成立大会》，1936年11月30日《红色中华·红中副刊》第1期。

③ 丁玲《怀念伯钊同志》(1985)，《丁玲全集》第6卷，第306页。

成立大会后第二天，当选的16名干事，除了李一虻、贾拓夫、成仿吾由于路远不能出席外，其余人召开了干事会。会上推定丁玲为文艺协会主任，王盛荣为组织部长，王亦民为联络部长，成仿吾为研究部长（因其远在定边，暂由丁玲代理），徐梦秋为总务部长；同时推举徐梦秋为机关志编委主任，李伯钊为俱乐部主任，洪水为图书馆主任。会议还讨论了当时急需开展的工作，如组织部立即与各地红军联系，筹备成立分会，着手调查，登记会员；研究部拟定研究计划；联络部与白区各文艺团体和个人建立联系；机关志在独立刊物出版前，暂时在《红色中华》出版不定期的《红中副刊》。①

1936年11月30日出版的《红色中华·红中副刊》上登载了《“中国文艺协会”的发起》，说明文艺协会意在“成为革命发展运动中一支战斗力量”。

> 中国苏维埃运动，已有近十年的历史，各种苏维埃国家的建设，虽在炮火连天响的残酷战争中，但均有极大可观的成绩，惟文艺建设方面，在“战争第一”的任务下，是未能有极大的创造。培养无产者作家，创作工农大众的文艺，成为革命发展运动中一支战斗力量，是目前的重大任务，特别是在现时，全国进行抗日统一战线的民族革命战争中把全国各种政治派别，各种创作倾向的文艺团体文艺工作者团结起来，以无产阶级的文学思想来推动领导，扩大巩固在抗日统一战线中的力量，更是党和苏维埃新政策下的迫切要求。因此，在党和苏维埃的指示领导之下，许多爱好文艺者特发起组织“中国文艺协会”。它的工作任务，在苏区是训练苏维埃政权

① 《第一次干事会》，1936年11月30日《红色中华·红中副刊》第1期。

下的文艺工作人材，收集整理红军和群众的斗争生活各方的材料，创作工农大众的文艺小说、戏剧、诗歌等，在全国则联络团结各种派别的作家与文艺工作者，巩固抗日统一战线的力量，扩大无产阶级文学的思想领导。"中国文艺协会"在这两个重大任务下，经党和苏维埃的指示，许多同志的努力，便很快地发起筹备组成了。①

三、文艺书刊的编辑出版

在筹建中国文艺协会的时候，丁玲便热切主张出版文艺刊物。但当时纸张难得，能写作的人有限，一时不可能单独出版刊物，协会便暂时借助中华苏维埃共和国临时中央政府机关报《红色中华》来编辑文艺副刊。协会成立大会后两天，即 1936 年 11 月 24 日，对战争生活充满好奇感、希望从战争生活中搜集创作素材，实现用"一枝笔"去"帮助冲锋、侧击和包抄"目标的丁玲，②在毛泽东的支持下，随红军前方政治部北上定边。后方政治部的徐梦秋按照干事会的安排，在《红色中华》上编辑不定期的《红中副刊》。11 月 30 日，《红中副刊》第 1 期出版，共 2 版，手写体油印报，较为详实地报道了中国文艺协会成立的情形。1937 年 1 月 13 日，中共中央机关由保安搬进了延安。《红色中华》于 1 月 29 日易名为《新中华报》，《红中副刊》也随即更名为《新中华副刊》，仍然由徐梦秋编辑。丁玲到陕北之初所写的几篇作品《广暴纪念在定边》、《记左权同志话山城堡之战》、《速写彭德怀》等，就是在《红中副刊》和《新中华副刊》上发表的。

《红中副刊》的基本编辑方针是"服务抗战"和"统一战线"。丁玲

① 《"中国文艺协会"的发起》，1936 年 11 月 30 日《红色中华・红中副刊》第 1 版。
② 丁玲《刊尾随笔》，1936 年 11 月 30 日《红色中华・红中副刊》第 2 版。

在1936年11月所写的“编后记”中说：“战斗的时候，要枪炮，要子弹，要各种各样的东西，要这些战斗的工具，用这些工具去摧毁敌人；但我们还不应忘记使用另一样武器，那帮助着冲锋、侧击和包抄的一枝笔！”“一枝笔可以生死人……一枝笔是战斗的武器。”“中国共产党和苏维埃人民共和国发了一封致国民党南京政府的书信，虽说国民党还没有答复，可是许多不说话的人也说话了，说这应该商量商量呀！一些反对共产党的也缓和了他们的成见。但我们提出的一些意见不是一下便会被全中国人民所拥护，因为他们还不能了解，所以我们要从各方面发动，使用笔，用各种形式，那些最被人欢迎的诗歌、图画、故事等等，打进全中国人民心里，争取他们站在一条阵线上，一条争取民族解放抗日的统一战线上。”①

1937年年初，丁玲陪同美国记者史沫特莱，从三原八路军总部回到了延安，重整文艺协会的工作。这时，茅盾主编的报告文学集《中国的一日》已有少量带到延安，协会决定出版“苏区的一日”，并在“红中副刊”上登出启事：希望各红军部队、苏区各党政机关工作的同志，把1937年2月1日这一天的战斗、群众生活、个人的见闻感想，全地方的、一个机关的、个人的等种种现实，用各种方式写出来寄给文艺协会。② 由于数量不够和出版条件不允许，编辑计划不得不放弃。

延安的物质条件比保安好一些，文艺协会想让“新中华副刊”作为单行本独立出版。丁玲等人几次与《新中华报》洽谈，决定以油印形式

① 丁玲《刊尾随笔》，1936年11月30日《红色中华·红中副刊》第2版。

② 《“苏区的一日”征文启事》，1936年12月28日《红色中华·红中副刊》第2版。另外，《复D·C同志的信——关于“苏区的一日”问题》又一次对征文进行了说明（1937年1月21日《红色中华·红中副刊》）。

出版书本形式的周刊《苏区文艺》，仍然由后方政治部的徐梦秋编辑。[①] 与《苏区文艺》出版的同时，协会还曾积极准备出一本《中国文艺协会月刊》，由丁玲主编。这个名称是丁玲定的。她热情极高，积极进行筹备工作，创刊号的组稿计划也已拟好，有丁玲自己的《苏区二月》，徐梦秋关于红军生活的一个中篇、王亦民的《朱德传》、斯诺的《毛泽东自传》，还向成仿吾约了稿，准备从《长征记》中选取一两篇，从《国际文学》上译出几篇，然后到西安去印刷，但最终还是因为纸张印刷等实际困难而未能实施。[②] 不过，虽然《中国文艺协会月刊》未能出刊，但协会会员的作品有一些陆续发表在 1937 年 4 月 24 日创刊的延安《解放》周刊上。

四、几次集会

文艺协会于 1937 年 1 月 26 日在延安召开了一次会员大会，讨论了写作出版、联络研究组织等今后的具体工作。[③] 3 月 1 日，中国文艺协会和“新中华社”联合举行了欢迎史沫特莱大会，并同时欢迎从北平来到陕北的二十几位青年学生，丁玲主持，毛泽东、朱德、林伯渠、徐特立、吴亮平等出席并讲话。史沫特莱讲述了自己的生平，从幼年一直讲到当时的生活，由黄华担任翻译。北平学生讲述了北平的学生运动情况。

1937 年 5 月，文艺协会采纳了中央局宣传部长吴黎平(吴亮平)的

---

① 1937 年 2 月 3 日《新中华副刊》发表“本刊启事”，说明该“副刊”下期改成周刊《苏区文艺》的“本子形式”。唐天然在《陕北根据地的第一个文艺团体——中国文艺协会》中说：《苏区文艺》共出 4 期，根据当事人的回忆，内容相当精彩，每期很受欢迎，但“直到现在，我们连一期也没有见到过”。(《新文学史料》1980 年第 3 期，第 258 页。)

② 朱正明《〈红色中华〉报文艺副刊的一些情况》，《新文学史料》1983 年第 3 期，第 241 页。另见唐天然《陕北根据地的第一个文艺团体——中国文艺协会》，《新文学史料》1980 年第 3 期第 258 页。

③ 《“文艺”开第二次会员大会》，1937 年 1 月 29 日《新中华副刊》。

建议，就上海文坛的“两个口号”问题举行座谈会，由文艺理论组组织。会场是延安一所小学的课堂，有七八十人参加，前后开了两次。丁玲担任会议主席，文艺理论组负责人李殷森作《联合战线与文艺运动》的报告。会议之前与毛泽东、洛甫作过一番讨论的吴黎平作“结论”说：“在目前，‘国防文学’这个口号是更适合的。‘民族革命战争的大众文学’这个口号，作为一种前进的文艺集团的标帜是可以的，但用它来作为组织全国文艺界的联合战线的口号，在性质上是太狭窄了。……至于‘国防文学’只是文艺家联合的标帜的那种理论却是错误的。”[①]吴黎平来延安前是上海中国社会科学家联盟成员，与左联同属中国左翼文化总同盟的部署之下，熟悉刚刚过去的“两个口号”论争的具体情形。文艺协会组织的关于“两个口号”的讨论以及中宣部的“结论”，在客观上，对随后到延安的周扬、周立波、徐懋庸等“国防文学”的主张者，从理论上和感情上，起到了“铺平道路”的作用。

除了讨论“两个口号”问题外，文艺协会还有一次较大的集会，是1937年6月20日晚高尔基逝世一周年纪念会，到会会员和参加者有六七百人。丁玲讲述纪念会的意义，并介绍高尔基生平，总务部长徐梦秋介绍协会的工作情况，毛泽东、朱德、洛甫、周恩来、博古等应邀出席。毛泽东在讲话中说，高尔基不但是个文学家，并且是个很好的政治家。

1936年年底，丁玲、成仿吾等协会的不少成员参与《红军长征记》的看稿、评论、选稿、修订、校稿的工作，终于编成了30万字的书稿。[②]1937年5月10日，为纪念“八一”建军节十周年，中央军委决定编辑全

---

① 吴黎平《关于三十年代左翼文艺运动的若干问题》，《文学评论》1978年第5期。唐天然《陕北根据地的第一个文艺团体——中国文艺协会》，《新文学史料》1980年第3期。

② 《红军长征记》，1937年2月22日编好，1942年11月八路军总政治部宣传部在延安出版。参见艾克恩《延安文艺运动纪盛》，第9页，文化艺术出版社，1987。

国红军战史，指定徐梦秋、张爱萍、陆定一、丁玲、吴奚如、邓小平等11人为“红军历史征编委员会”委员。中国文艺协会还在红军大学建立了文艺小组。①

文艺协会成员除了从事文学类的活动外，还开展了戏剧、美术、音乐类的活动。戏剧组的黄直、廖承志、朱光等加入了延安的“人民抗日剧社”，并成为该剧社的重要演员和负责人，在延安及周边地区创作并演出了大量的活报剧和歌舞剧。

有较长创作历史、豪爽健谈的丁玲，吸引了众多青年文学爱好者。1937年春，丁玲离开中央警卫团政治处副主任的职位，忙于文艺协会工作。有一次，毛泽东到丁玲的住处，遇见一群从国统区来延安抗日军政大学（简称为“抗大”）学习的青年。协会的会员基本上是抗大的学生。毛泽东笑着说：“丁玲，我看这些知识分子很喜欢同你接近。你这里有点像文化人的俱乐部。”后来又有一次，毛泽东说丁玲有“名士气派”。丁玲说，“我懂得他是在批评我，说我不能坚持深入工农兵。……但心里却感到舒服，认为他真正了解我，我是有这个缺点。”②

中国文艺协会的成立及其一系列活动，虽然不免简单零碎，但从当时战争环境苏区文化的整体情形来看，它成为一个即将来到的热闹喧哗的文化活动的开始；更重要的是，它撒播了众多文艺种子，酝酿出某种文化空气，激发了人们既有的文艺兴趣，培养扩展了越来越多的文学爱好者。在文化活动单调贫瘠的延安，文艺比较容易形成一种“气候”。丁玲《文艺在苏区》曾经描述了文艺在苏区的情形：在紧张忙迫的战斗环境中，在苏维埃运动中，文艺的确是比较落后的部门，虽说无处不在创造着伟大的文学素材，然而优秀的杰作却不多见。“然而

① 参见丁玲《延安文艺座谈会的前前后后》（1982），《丁玲全集》第10卷，第267页。
② 丁玲《毛主席给我们的一封信》（1982），《丁玲全集》第10卷，第284页。

说苏区没有文艺，那是非常错误的！”红军部队里各种报纸和墙报上，如《红星》、《战士火线》、《抗战》，都挤满了很多有趣味的短篇和诗歌，使用文学上描写的手法，画出了红军部队活生生的生活。这些小报，有些是油印，有些是铅印，文章是从事连队政治工作和一些在前线的各级指战员写来的，很少没有错别字，很少写得清清楚楚，但因为是真实地表现了自己，所以他们爱读这些文章，爱读那些写得更幼稚的连队上的墙报。在红军部队如此，在所有机关，所有群众团体，如妇女会、工会、农会、工厂、学校等的墙报上，也一样排列着各种不同生活的写照。所以虽在印刷业很不发达的苏区，而文艺的花朵，纵是一些很小的野花也好，却是遍地盛开。中国文艺协会的成立和二万五千里长征的征文，人们对文艺的兴趣提高了，文艺的书籍有人抢着阅读。文艺协会在延安的会员就有几百，纯文艺的油印刊物总是供不应求，每日都可以接到索阅的函件。①

像中国文艺协会一样，把激发文艺兴趣的种子撒向更宽阔的中共革命根据地的，是丁玲组织的“西北战地服务团”，虽然这个团的目的是政治宣传。

第二节　“西北战地服务团”和“战地社”、“铁流社”

一、组建“西北战地服务团”

1937年7月7日卢沟桥事变后，延安起了很大的波动。利用一切形式，尤其是老百姓看得懂听得明白的形式，宣传中共的政治方针，扩

① 丁玲《文艺在苏区》(1937)，《丁玲全集》第7卷，第18—20页。

大自己的政治影响和战斗力量，是延安文化人自觉根据中共的政治要求而为自己设定的文化任务。毛泽东在抗大操坪上作报告说："只要是不怕死的，都有上前线去的机会，你们准备着好了，哪一天命令来，哪一天就背起毯子走。延安不需要这么多的干部，我们欢送你们出去……把中国弄好起来，把日本人赶出去，那时再欢迎你们回来。"延安抗大的学员提早毕业，陆陆续续开往前线。当时，担任中国文艺协会主任的丁玲和在抗大任教的吴奚如还住在抗大，"不愿坐守的心情也跟着人群动荡了"。他们便计划着上前线去，一下子征得了六七个同志，草拟了一个战地记者团章程，打算只要很少的人，花很少的钱，写很多的通讯。晚上，又有很多人参加进来，要求扩大这个组织，加上戏剧、歌咏、漫画等艺术种类。中央军委委托中央宣传部组织西北战地服务团（简称"西战团"），把抗大四大队演出《母亲》和《回春之曲》的主要演员都留下来。① 第二天，在抗大八大队宿舍处贴了一张白纸，上面书写了"战地服务团"的黑字，陆续有人往里搬，几乎全是抗大的学生。第三天，朱光代表中宣部，讲述了西战团的任务、筹备经过和组织机构，并宣布上级的任命：丁玲为西北战地服务团主任，吴奚如为副主任，陈克寒为通讯股长，陈明为宣传股长，李唯为总务股长。丁玲说自己心上"有说不出的懊丧"："以一个写文章的人来带队伍，我认为是不适宜的。加之我对这些事不特没有经验，简直没有兴趣，什么演戏，歌唱，行军，开会，弄粮草，弄柴炭……但是我仍然被说服了，拿了大的勇气把责任扔上肩头。"她在日记中鼓励自己"以最大的热情去迎接这新生活"。②

1937 年 8 月 12 日，西北战地服务团召开成立大会，全团 23 人（出

---

① 丁玲《延安文艺座谈会的前前后后》(1982)，《丁玲全集》第 10 卷，第 264 页。另见陈明《西北战地服务团第一年纪实》，《新文学史料》1982 年第 2 期，第 65—72 页。

② 丁玲《西北战地服务团成立之前》(1937)，《丁玲全集》第 5 卷，第 46—48 页。

发时增加到30人),[1]准备跟随红军上前线进行政治宣传工作。西战团的团员大多是抗日军政大学学生和文艺青年,有周巍峙、高敏夫、王玉清、戈茅(徐光霄)、张天虚、黄竹君、杨伍诚、天山等。8月15日晚,延安各界在大礼堂举行欢送西战团的晚会。毛泽东首先致词:战地服务团是一件大工作,因为打日本在中国在世界上都是一件大事。……战地服务团随红军出发前方工作,你们要用你们的笔,用你们的口与日本打仗,军队用枪与日本打。我们要从文的方面,武的方面夹攻日本帝国主义,使日寇在我们面前长此覆灭下去。丁玲最后致词:战地服务团的组织虽然小,但是它好像小河流一样,慢慢地流入大河,聚汇着若干河的水,变成一个洪流,把日寇完全覆灭在洪水中。丁玲最后还说,"我们誓死要打倒日寇,如不达此目的,决不回来与各位见面。"[2]

西战团作为一个艺术宣传团体,把"政治学习"摆在第一位。他们在陕北进行了40多天"政治上的准备"和"工作上的准备"。中央领导莫文骅、何长工、李富春、凯丰、吴亮平、李凡夫、毛泽东等,分别给他们讲述了战时的政治工作、行军须知、战时的地方群众工作、统一战线、托派理论、中日问题、大众化问题等。[3] 临行前,丁玲到延安城内凤凰山下毛泽东住处请示工作。毛泽东说:"宣传要大众化……应该短小精悍,适合战争环境,为老百姓所喜欢。要向群众、向友军宣传我党的抗日主张,宣传抗日救国十大纲领,扩大我们党和军队的政治影响。"丁玲在团里传达了这些讲话。[4] 西战团总的工作方向是"大众化","尽

---

① 丁玲《第一次大会》(1937)和《工作的准备》(1937),分别见《丁玲全集》第5卷,第49页,第54页。另见熊守海《关于"中国文艺协会"的几点补充与订正》,《新文学史料》1981年第1期,第274页。

② 《作家丁玲史沫特列等组织西北战地服务团出发前线》,1937年8月19日《新中华报》第2版。

③ 丁玲《政治上的准备》(1937),《丁玲全集》第5卷,第52页。

④ 丁玲《延安文艺座谈会的前前后后》(1982),《丁玲全集》第10卷,第264页。

量利用旧的形式”。[①] 他们创作和排练了十五六个独幕剧和两个三幕剧，设立杂耍组，采用大鼓、小调、相声、秧歌等民间形式，创作了许多新颖的节目，准备演讲材料，制作宣传画，还建立了较为完备的组织机构。丁玲表达抗日反战主题的独幕剧《重逢》和《河内一郎》，就是专为西战团的宣传演出而写的。

1937年9月22日，西战团从延安徒步出发，东渡黄河到山西，在晋西、晋北、晋东的许多角落，宣传共产党的抗日主张。京韵大鼓《大战平型关》在前方部队演唱时，“每次都轰动全场”，[②]还有根据东北秧歌改编的《打倒日本升平舞》等节目，总是受到大家的热烈欢迎。[③] 当时的报刊相当关注丁玲，如《最近的丁玲》、《丁玲在西北》、《长征中的丁玲》、《丁玲在前线》、《丁玲领导的战地服务团》、《和丁玲一起在前线》等，丁玲由“昨日文小姐”，变成了“今天武将军”。西战团的文学队伍也在扩大：田间、邵子南、塞克、袁勃、史轮、任天马（赵荣声）等。另外，萧军、萧红、聂绀弩、端木蕻良、舒群和美国记者史沫特莱等人，也曾因丁玲的关系，与西战团有过往来。

1938年7月，西战团完成在山西、陕西的宣传演出任务后，返回延安。1938年11月20日，在周巍峙的带领下，西战团第2次离开延安，到晋察冀边区，活动时间长达5年半。

西北战地服务团是一个半军事化、以宣传为主要任务的团体，[④]

---

① 丁玲《工作的准备》(1937)，《丁玲全集》第5卷，第54页。

② 丁玲《浅谈“土”与“洋”——〈延安文艺丛书·总序〉》(1983)，《丁玲全集》第9卷，第170页。

③ 《打倒日本升平舞》采用的是民间最流行的一种秧歌舞形式。它简单地穿插起一段情节，有各种各样化装的滑稽人物，用简单的连续的扭动动作和队伍变形，一男一女有趣地戏弄，边扭边唱，敲起锣鼓，把群众引到广场来。每次演出都收到了很大的成效，得到异样的喝彩和掌声。（参见《西北战地服务团公演特刊》，1938年5月1日《文艺阵地》第1卷第2期，第44页。）

④ 丁玲《第一次大会》(1938)，《丁玲全集》第5卷，第49页。

"我们是八路军，是兵，我们随军开赴抗日前线，我们不打仗，只做着许多为兵服务的工作。"[1]这个集团"纪律严谨，生活劳苦"，"大部分团员都热情认真，习惯了思想斗争和生活检讨"。[2] 西战团有一个"生活检讨会"，"会上有不讲情面的批评，同一切不良倾向作斗争，彼此之间毫无客气，但会议一结束，大家又如兄如弟，欢洽得很。"丁玲感慨道："谁看见了这种情形，不受感动呢？"[3]

丁玲同一群年轻人，天天行军，搭舞台、拆舞台、开会、讲话、演戏、唱歌……做着许多自己过去不曾做的事。在山西，曾有人对丁玲说："你就这么天天行军、搭舞台、拆舞台吗？"丁玲在"单纯的、神圣的、愉快的"同时，也不是没有情绪波动。1941年，她在散文《〈新木马计〉演出前有感》中，写出了三年前西战团时期"搅扰"着自己、现在又回旋在自己心中的"忧郁的感慨"：夜深了，刺骨的冷风吹来，晚会刚刚结束，某业余剧团在村与村之间经常演戏，"我刚刚也被卷入大众的感情之中，尽量消耗了我的精力去呼号，为了对我们民族的爱和对侵略者的恨。但这时却悄悄离开了我的群，我的这伙无邪的年轻的伙伴……我这样想：天天搭舞台，天天撤舞台，一年、两年、三年、五年，他们工作了，他们对抗战尽了最大的努力。他们把自己最好的年代，青春，全付予了这一个村子、那一个村子的夜戏……但这种感情我是收藏得很深的，我不愿让他们之中的一个知道，这种忧郁在他们是不必要的，甚至有害。然而我却不可避免地确实为这种感情搅扰过。"文章的末尾，"我"重新定义了"青春"的意义："凡是有意、有目的地贡献出一切，而不是为着一己的利益……青春才能不消逝。"于是，"我"冷笑了自己

---

① 丁玲《序〈到前线去〉》(1979)，《丁玲全集》第9卷，第103页。

② 丁玲《序〈在大风砂里奔走的岗卫们〉》(1938)，《丁玲全集》第9卷，第28页。

③ 丁玲《我们的生活纪律》(1938)，《丁玲全集》第5卷，第58页。另见丁玲《一次欢送会》，收入《丁玲全集》第5卷。

“过去的忧伤”，用“欢愉的心情”凝视眼前的人群。[①] 战争环境中，西战团这样一个流动小剧团也会随时遇到剑拔弩张的危难（如丁玲《冀村一夜》），也不时碰到演出场地和经费的困难（如丁玲《易俗社与西北战地服务团》），[②]但晚年丁玲回忆起自己初到延安的这段生活，仍称之为“一生很可贵”的“幸福的时代”。[③]

西战团活动期间，丁玲主编了一套“战地丛书”：《西线生活》、《一年》、《战地歌声》、《杂耍》、《突击》、《在大风砂里奔走的岗卫们》、《河内一郎》等九本集子。

二、“战地社”的文学活动

1. 丁玲“西战团”时期的“战地社”

1937 年 9 月，西战团赴陕西、山西进行抗日宣传。团内几个爱好文艺的田间、邵子南、史轮等人，组成了文艺研究会。他们除了研究写通讯、制曲、编剧外，还经常开会讨论文艺上的一些问题，计划写稿、出刊物、联系外面的文艺团体、开座谈会、团结文艺界人士等。尤其是在山西和西安，他们的创作以及联络、组织文艺青年方面的活动，更为频繁。1938 年 2、3 月间，西战团到西安后，文艺研究会改为战地社，在西安的《国风日报》上出版文艺副刊《西北文艺》三日刊，并主编《救亡》周刊的文艺栏。[④]

西战团在延安整装出发前，曾在《新中华报》上以“战地”为刊头，以“西北战地服务团”的名称，发表过一期《战地》（创刊号），登载了《编

---

① 丁玲《〈新木马计〉演出前有感》，1941 年 10 月 27 日《解放日报》。

② 丁玲《冀村一夜》(1938)，收入《丁玲全集》第 5 卷；丁玲《易俗社与西北战地服务团》(1982)，收入《丁玲全集》第 10 卷。

③ 丁玲《序〈到前线去〉》(1979)，《丁玲全集》第 9 卷，第 104 页。

④ 丁玲《“民先”与“民研”》(1938)，《丁玲全集》第 5 卷，第 109－110 页。另见周启祥《〈西北文艺〉三日刊的出版及其篇目》，《新文学史料》1983 年第 3 期。

前》、《西北战地服务团出发前线致全国爱国人士电》、《西北战地服务团成立宣言》、《本团行动纲领》。[1] 西战团离开延安后，《战地》改为油印刊物，主要登载本团团员反映战地生活的短小文艺作品、通讯报道、歌曲、宣传画等，由团内自己刻印、装订。由于敌后战斗频繁，纸张匮乏，油墨困难，刊物常常不能按期出版，但西战团坚持着断断续续地出刊，直到1944年周巍峙率领的西战团返回延安。《战地》主要送给边区各机关、团体、学校、部分领导和文艺干部。[2]

关于《战地》刊物，丁玲与舒群等人还发生过一些小摩擦，这些小摩擦带来的情绪上的不愉快、不顺畅，直接间接地影响着丁玲、舒群此后在延安创办刊物《文艺月报》等文学活动上的彼此合作。1937年冬或1938年初，西北战地服务团随八路军总部驻扎在洪洞万安镇一带。舒群、周立波以记者身份也在八路军总部。舒群曾来西北战地服务团住了几天。丁玲说起《战地》刊物篇幅太小，刻钢板、油印等又太繁杂，很想能有铅印条件，舒群便建议自己返回后方时，路经西安，可以同西安的报纸商量，作为副刊，每周出版一张，稿件由丁玲供应，他在西安代为编排校印。大约在半年后的1938年4月，舒群从武汉寄来16开本的《战地》月刊，封面署丁玲、舒群主编，全是大块文章，没有一篇西战团的文章，也看不出这刊物与西战团的联系。不少团员有意见，丁玲也有"受了欺骗"的愤懑情绪。随后，丁玲收到舒群的来信，说他到了延安，把出刊物的事向周扬、艾思奇说了，他们的意见是在武汉出大型月刊，并给了他一些文稿。丁玲即刻给舒群去信，请他免去自己的主编，自己对《战地》不能负责。舒群后来又寄来了《战地》第2期，仍然没有一篇是"西战团"的，丁玲就写信给介绍出版的叶以群，要求《战

① 《战地》创刊号，1937年8月19日《新中华报》第4版。
② 参见朱星南《关于〈战地〉》，1981年第2期《新文学史料》第39页。

地》以后不要用自己的名义，否则将公开发表声明。丁玲也不肯去武汉与舒群面谈。舒群为此来了一封信，丁玲的说法是“把我骂了一顿”。“那时有人写信给我，说这是周扬捣鬼，利用我的名字，在武汉出大型刊物，对付《七月》的；也有人说是舒群狡猾，利用我的名义。”①

2. 周巍峙“西战团”时期的《诗建设》

1938 年 7 月，西战团返回延安，丁玲不久后进入延安马列学院学习。1938 年 11 月 20 日，西战团由周巍峙带领，第二次离开延安，到晋察冀边区。

周巍峙(1916—2005)，江苏东台人；1931 年在上海参加抗日救亡歌咏活动，1936 年编辑出版救亡歌曲《中国呼声集》，发表《国防音乐必须大众化》等论文；1937 年到延安，参加丁玲领导的西战团。丁玲留在延安后，周巍峙成为西战团新的领导。田间、邵子南、方冰、史轮、邓康、林采等人仍然继续他们“战地社”的诗歌活动。曼晴、谷扬(王泽江)、力军、叶频、方冰、方涯、徐濛、戈焰、李荣村、郭起、甄崇德、耿金云、宋玉芬等人，也先后来到西战团。在行军途中，经常走在前面的是“战地社”的诗人们。他们身背行装，手提颜料桶，拿着毛刷子，与美术组的同志合作，在沿途的墙壁、岩石、树干上，写下短诗，譬如曼晴的《匕首》：“你的诗，/像匕首，/闪闪发光。/写吧，/让所有的墙壁，/都披上武装。”史轮写的诗：“在抗战中，/我们将损失什么？/那就是——武器上的锈，/民族的灾难/和懒骨头！”当时最积极的是田间。他常常提着粉桶，拿着毛刷，书写他的短诗。另有史轮，也非常活跃。后来，不少诗人牺牲于战争中，如陈辉、史轮、任霄等。②

西战团除了坚持出版《战地》外，同时还编辑出版诗刊《诗建设》。

---

① 丁玲《关于〈战地〉》(1977)，《丁玲全集》第 10 卷，第 234—236 页。

② 曼晴《春风杨柳万千条——回忆晋察冀边区的诗歌运动》，《新文学史料》1979 年第 5 期，第 189 页。

1939年2月，西战团的战地社创办了《诗建设》，田间、邵子南负责编辑，方冰刻写。（当田间离开西战团去兼任战地记者时，诗刊由邵子南和方冰负责编辑。）《诗建设》最初是周刊，油印32开本，每期约12页，印250份左右，后来诗稿增多，印刷页码也增加了，但因战争环境，出版时间不定。《诗建设》登载了大量的街头诗，反映着广阔的边区现实生活，宣传共产党的政治任务，如动员人民抗击日寇侵略者、鼓励农民多生产粮食、赞扬妇女做军鞋、送郎参军、保卫麦收、坚壁清野、祝贺新村长当选、要求人民上冬校、歌颂战斗英雄和劳动模范、劝说伪军弃暗投明等。1939年下半年，为了克服街头诗一般化、概念化的倾向，《诗建设》第10期起开始提倡叙事诗和"更深刻的抒情诗"。田间、邵子南等人还出版过《战士万岁》、《文化的民众》、《在晋察冀》、《街头》等10册"诗建设丛书"和诗集《粮食》。1943年3月，《诗建设》出刊到71期时，由于边区文艺整风运动过程中成员内部产生文艺观点的冲突，又由于该刊的主要负责人邵子南、方冰等人下乡，而西战团也根据领导决定改为以演出为主，取消文艺队的建制，于是，《诗建设》连"告读者"一类的话也没来得及说，就终刊了。71期《诗建设》由于长期的战争和动荡的生活，绝大多数已毁于战火，或者遗失了，现在能够搜集到的只有4期。①

西战团在5年多的宣传过程中，除了诗歌创作、朗诵活动之外，还创作演出了100多部戏剧和几百首歌曲，如戏剧作品《祖国三部曲》、《模范国民》、《团结就是力量》等，还有歌曲《骑兵进行曲》、《狼牙山五壮士歌》、《少年进行曲》、《歌唱二小放牛郎》等。他们还在晋察冀边区的阜平县、唐县、完县等地，多次举办乡村艺术干部学校培训活动，这

① 甄崇德《西北战地服务团的文学创作活动》，《新文学史料》1989年第1期，第191—198页。

些地方在 20 世纪 40 年代中后期成为从延安撤出的文艺工作者的主要栖息地和工作场所。

周巍峙率领的“西战团”于 1944 年 5 月返回延安。10 月，根据中共中央组织部和宣传部的联合决定，该团撤销，其全部成员按专业编入延安鲁迅艺术学院。

3. 铁流社及其《诗战线》

铁流社是深受西北战地服务团战地社影响而成立的一个诗歌社团。

1938 年底，抗日军政大学第 4 期第二大队第四队的学员（也包括其他大队的抗大同学）组成东北挺进纵队干部队，奔赴抗战前线。从延安前往晋察冀边区的行军途中，他们开始酝酿成立文艺团体铁流社，进行文艺宣传工作，在河北平山县李台村召开成立会议，参加的有钱丹辉、兰茅、叶正煊、林真、张维、徐灵、邓康、张绍明、葛理、李岩、马载尧、张盾、严龙、王家贻、潘剑飞、张子杨、张磊光、汹涌、澎湃、张子静等 30 人。会上，钱丹辉被选为社长，兰茅、叶正煊为副社长，郑成武为秘书。诗社的宗旨是开展群众诗歌运动。

这些学员在延安抗大学习时，就爱读诗，爱写诗：“我们在延安，每天呼吸着新鲜而自由的空气，每天都有新颖而美好的感受，心里充满着快乐，很希望尽情地抒发。”抗大第四队救亡室（原名列宁室）每周一期的墙报，都有相当数量的诗歌，还出过诗歌专号。他们曾亲眼目睹了 1938 年 8 月 7 日边区文协和西战团战地社在延安联合举办的“街头诗歌运动日”，也熟悉柯仲平常进行的诗朗诵。“我们在延安的时候，已经深深感到陕甘宁边区正是未来新中国的雏形。”①因此，铁流社也把街头诗、墙头诗、朗诵诗当做自己的活动方式。

① 丹辉《晋察冀诗歌战线的一支轻骑兵——记抗日战线时期的铁流社》，《新文学史料》1981 年第 4 期，第 192—201 页。

1938年12月，西战团到达晋察冀边区，住在军区司令部所在地蛟潭庄。铁流社便与西战团合作，在蛟潭庄共同组织了一次街头诗活动日。此后，铁流社与西战团的战地社又进行了两次诗传单活动。这些街头诗，引起了铁流社所在的军分区领导的重视。领导们认为，诗歌是部队文艺工作的组成部分，是向部队、群众进行宣传鼓动工作的一种有效方式，他们充分信任和重视青年干部的积极性和创作劳动，并在军区政治部机关报《抗敌副刊》(后改名为《抗敌三日刊》)陆续刊登贴在蛟潭庄墙上的街头诗。

1939年3月，铁流社编辑诗刊《诗战线》，由分区政治部供应纸张、刻印油印、邮寄发行；共出了20多期，有街头诗、传单诗，多数是较长的抒情诗和叙事诗，以英雄战士为主人公，也写了英雄群众，以此反映敌后游击战争。《诗战线》的作者很多，有铁流社的叶正煊、邓康、郑成武，西战团的田间、邵子南、周巍峙、史轮、曼晴、方冰，一分区的魏巍、陈布洛等。魏巍在《诗战线》上发表了很多诗作。1942年，由于物资供应极其困难，《诗战线》不得不停刊，但铁流社的诗歌创作并没有停止，一直坚持到1943年秋天。

在丁玲1937年9月至1938年7月带领西北战地服务团活跃于前线的时间里，更多的文化人进入延安，更大规模的一个文化组织——陕甘宁特区文化界救亡协会成立了。这样，“中国文艺协会”从1936年11月成立，为时一年，到1937年11月就结束了，而更大规模的，有系统的、彼此合作的，同时有更多外来要求和内在摩擦的文学活动也开始了。延安的文学社团和文化组织进入新的发展阶段。

第二章

边区“文协”及其后期的文化宣传活动

陕甘宁边区文化界抗日救亡协会，简称“边区文协”或“文协”，是延安规模大、分支多、持续时间长的一个文化组织。它不仅笼括了延安大部分重要的文化人，而且它与中共最高政治领导机构和文化领导机构直接相连；它组织了延安 20 世纪 40 年代前后一系列影响重大的文化活动，同时又是早期延安文人栖息、写作、娱乐、交流的场所；它容括了延安众多文学社团和艺术机构，其“文化俱乐部”成为一个相当活跃的公共文化空间。

边区“文协”最初的称号是“陕甘宁特区文化界救亡协会”，因为当时中共所在地被封为“陕甘宁特区”。1938 年 1 月，“陕甘宁特区”改称为“陕甘宁边区”，“特区文化协会”也相应地改称为“边区文化协会”。1941 年 7 月 1 日以后，文艺作家大多归属到中华全国文艺界抗敌协会延安分会（简称“文抗”延安分会，或“文抗”）的组织名号之下进行文学活动，“文协”与“文抗”分家，“文协”越来越倾向于成为完成边区自身文化要求的组织机构。1945 年抗日战争结束后，边区文协组织文艺工作团，陆续离开延安。

第一节　从“特区文协”到“边区文协”

一、陕甘宁“特区文协”成立

1936年前后，随着民族战争逼近，政治形势日益紧迫，中国共产党接连发布《中国共产党致中国国民党书》、《红军将领给蒋总司令及国民革命军西北各将领书》等，呼吁停止内战，一致抗日，实现国共两党重新合作。卢沟桥事变后，中共的抗日主张更多地赢得了广大中国民众，尤其是文化人的民族道德情感，“延安”成为许多人心目中“进步”、“光明”的代名词。1937年9月22日，国民党中央通讯社发表了中共提交的《中国共产党为公布国共合作宣言》；次日，蒋介石在庐山发表谈话，表示团结御侮的必要，承认中国共产党的合法地位；10月12日，国民政府行政院的会议正式划出陕甘宁边区政府的辖区。从此，中国共产党在政治上、地理上获得了可以立足的、暂时安定的、能够生长的土壤和空间。

越来越多的人，通过不同途径涌入延安。有的是由于中共对上海左翼文化人的调动安排，有的则因为北平武汉等大城市或家乡陷落而无处容身，有的是在报纸杂志上看到抗日军政大学、陕北公学等延安高校的招生广告或是报刊书籍对于延安的介绍，[1]有的人是因为自己具有“时代”“民族”的文化责任感，有的就是为了寻求“进步”和“光明”……文学、戏剧、音乐、美术各领域里的文化人，也纷纷进入延安。到1937年下半年，从上海、武汉等地来延安，或者是一直跟随着中共辗转到延安的文学(化)人有：丁玲、成仿吾、吴奚如、李伯钊、艾思奇、周扬、李初梨、何干之、柯仲平、王实味等。之后来延安的还有：何其芳、萧军、艾青、周立波、舒群、田间、周文、罗烽、白朗、欧阳山、草明、高长虹、徐懋庸、于黑丁、陈企霞、吴伯箫、严文井、陈荒煤、陈学昭、刘白羽、林默涵、柳青、孙雪苇、柯蓝、曹葆华、天蓝、鲁藜、黄钢、马加、雷加、郭小川、贺敬之、韦君宜、方纪、孔厥、杨朔、朱寨、马健翎、赵树理、李季、张志民、康濯、魏巍、黎辛、冯牧、杨思仲等等。茅盾、卞之琳、沙汀、老舍、张光年等，也曾经流转于延安。毛泽东在中国文艺协会成立大会上曾说：“我们要文武双全。……要从文的方面去说服那些不愿停止内战者，从文的方面去宣传教育全国民众团结抗日。”[2]为了有效地聚合与利用“文”的力量，中宣部在延安文化界成立了更大规模的文化组织——陕甘宁特区文化界救亡协会。

1937年11月14日，陕甘宁特区文化界救亡协会(简称“特区文

---

① 抗日军政大学(即“抗大”)和陕北公学(即“陕公”)是延安最早的两所高等学校。中国文艺协会的大部分成员来自抗大，后来延安山脉诗社等文学社团的成员有很多来自抗大或陕公。当时，抗大和陕公招生范围很宽，吸引了很多年青人来到延安：“文化程度不拘”，年龄在18—28岁，只需自备来校路费和被服，在校的伙食、书籍、出发前线的路费等，均由学校供给。(参见两所学校的校长林彪、成仿吾发出的《联合招收新生启事》，1937年11月20日《解放》第1卷第24期。)先考抗大后去鲁艺求学的陆地在1938年的日记里说：抗大的学员来自河北、山东、山西和河南等地，“都因家乡沦陷，成了流亡学生，随着大流找个落脚地方而来，不全是由于马列主义理论的感召，为共产主义的远大目标而来的”。(陆地《投考文学系——一九三八年最后十天的日记》，收入《延安鲁艺回忆录》第529页，光明日报出版社，1992。)

② 《毛主席讲演略词》，1936年11月30日《红色中华·红中副刊》第1期。

协”)在陕北公学礼堂举行成立大会。大会充满了抗日战争初始时期中华民族的义愤、庄严、承担的情绪,也具有延安“公家人”集体生活环境的热烈与激昂。当时发表在中共机关报《新中华报》上的一篇文章《特区“文协”成立大会记》[1],较为详细地描述了大会成立时的情形:

大礼堂挤满了人,有许多挤不进的人只能站在门口,会场传唱出集体的歌声来。中宣部的朱光主持会议,会场立即安静下来。首先由大会提出主席团名单,有成仿吾、何干之、艾思奇、周扬等7位同志。大会开始,周扬站起来报告“文协”筹备的经过和意义,他说:“同志们!敌人是要沦亡我们的民族,毁灭我们的文化!……我们的文化中心地——上海,北平,已被野蛮的敌人破坏光了,我们的文化机关已在敌人的炮火下化为灰烬。……可是,同志们!我们决不怕敌人的残暴,我们要坚决的抗战!挽救我们祖国的灭亡,保卫我们垂危的文化!……开辟更多的文化中心,使它分布在全中国。……特区是全国抗战的模范,那么,特区文化界的救亡工作,也应该争取全国的模范。”接着,洛甫作了一个相当长的报告《十年来文化运动的检讨及目前文化运动的任务》,从戊戌政变、五四运动一直说到大革命和目前的文化运动。他批评了“左联”、“社联”等团体的关门主义(宗派主义)、公式主义(教条主义)、把文化团体当成“第二党”等倾向。他说,今后文化界的任务,第一要适应抗战,第二要大众化中国化,希望每个文化人都到群众中、斗争中,到前线去生活去锻炼。

下午继续开会。通过了会章和宣言,进行了选举。选举的时候,大家的情绪都非常热烈,给每一个提出的候选人送出鼓掌声。艾思奇和柯仲平分别被选为正副主任。最后,为了庆祝大会结束,大家异口

① 徐行白《特区“文协”成立大会记——十一月十四日在“陕公”大礼堂》,1937年11月24日《新中华报》第3版。

同声地要求音乐家吕骥唱歌，和他“拉歌”，吕骥唱了《伯惠尔之歌》和《大众的射手》，并领导全体合唱《国际歌》。

为了达到“文艺抗战”的目的，使特区文化界的救亡工作“争取全国的模范”，“特区文协”决定于《新中华报》上开辟“特区文艺”专栏，采取“初级文学样式”，以实现其目标。特区文协发出了“征求文学通讯员”的号召：“特区的文艺工作首先不得不是‘文学通讯员’的工作；特区的文学活动方式不得不是发展文学的‘报告’、‘通讯’（报告、墙头小说、速写、特写等等）活动。但工农文学通讯员运动和‘报告’文学活动，如果没有前线后方千百文学通讯员的积极参加，那所谓‘文学地报告现实’的活动，所谓文学干部的培养和提高，都不过是几句空话罢了。”①

1937 年 12 月 11 日，“特区文协”因中共政治地域名称的改变，相应改为“陕甘宁边区文化界救亡协会”，并在武汉出版的中共机关报《新华日报》上刊登《陕甘宁边区文化界救亡协会成立宣言》②，从而使得“边区文协”的形象走出了延安。与此相应，延安的陕甘宁边区政府机关报《新中华报》上专辟的《特区文艺》出版两期后，随即改为《边区文艺》，1938 年 3 月 5 日，又改为容涵面更为宽阔的《边区文化》，发表了“边区文化”创刊词，说明凡文化方面的文章、诗歌、速写、报告、短篇小说等，都属该刊的征稿范围，并继续征求工农兵文学通讯员。

1938 年 5 月 4 日，“陕甘宁边区文化界救亡协会”发表《我们关于目前文化运动的意见》，表明自己的文化立场：

日本帝国主义强盗……不仅仅要毁灭我们这世界上历

① “特区文艺”编辑室《为征求文学通讯员号召》，1937 年 11 月 24 日《新中华报》第 3 版。

② 《陕甘宁边区文化界救亡协会成立宣言》，1938 年 1 月 15 日（汉口）《新华日报》。

> 史悠久的最伟大民族，而且也正在以完全不顾惜的一切野蛮手段，进行毁灭我们这伟大民族的文化。……中国文化在现在所受的浩劫是旷古未有的……中国文化的存亡是取决于民族的存亡的，如果中国民族灭亡，那就将是中国文化的灭亡，而这点正是需要我们全国文化界人士来深刻认识的，全国文化界人士正需要从这个认识来决定自己在这大时代中的使命的，这个使命就是：文化界人士需要把自己文化的工作和抗战的工作深相结合起来，而且要一切文化的工作服务于抗战，服从于抗战。……现在就急于进行下列的工作：(一)大量地组织抗战文化工作团……(二)应该普遍地建立新内容旧形式的抗战报纸杂志……(三)建立民间戏剧、歌曲改进会……(四)普遍组织抗战平民教育促进会；(五)出版界应该彼此联系组织……(六)普遍组织“战时文化局”。[①]

边区文协也开始了自己的文化活动。

二、1940年以前的边区文协

1.艾思奇、柯仲平和丁玲以及文协早期“团结和睦的气氛”

边区文协由艾思奇任主任，柯仲平为副主任，高敏夫为秘书长，柳青担任文协秘书。文协的基本定位是“负责推动、领导整个边区的文化运动”。[②] 最初，他们只是在窑洞或破庙的一个角落里，几个人抱着没有腿的小板凳工作，没有一定的办事地点；1938年，边区文协搬到了

---

① 《我们关于目前文化运动的意见》，1938年5月21日《解放》，第28—32页。

② 参见芳茵《边区文化运动》，1938年11月27日《新华日报》第4版。中共党的报纸，如延安的《新中华报》、《解放日报》、重庆的《新华日报》等，文艺类通常放在第4版。下列注释出自这些报纸中，没有特别标注版面的，一般出自第4版。

延安城内一座砖砌的灰色小教堂旁边的一个院落，这里原是外国牧师们的住所，当时还住着一个教会里的人，把教堂和院子收拾得清洁整齐，春天时满院的玫瑰花争相斗艳。[①] 1939 年初冬，丁玲调到文协。丁玲去文协工作之前，中组部副部长李富春对她说："现在要你到文协工作。你在西战团做群众工作还是有办法的。文协现在人数不多，党员很少，有几个人的历史还不清楚，组织问题一时不能解决，情绪不太好，你去后多做思想工作。"[②]丁玲听了以后心里惴惴不安。可是，丁玲说："我到了文协，相处一阵之后，我感到大家相处得很好，很和谐，同志们彼此亲近，根本没有什么令人烦恼的人事纠纷。这里党员数目少一点，但是几个非党员都表示渴望早日解决他们的党籍问题。"[③]艾思奇住在中宣部，柯仲平常年带着民众剧团下乡。这时文协的机关人员只有雷加、吴伯箫、李又然、李雷、高敏夫、柳青、刘白羽、师田手、周而复、庄启东、王禹夫、王力夫等十几个人；还有一个哲学家，一个管理员，一个炊事员。大家都住在中央机关所在地杨家岭的后山沟，除自写文章外，还在抗日军政大学、陕北公学、中国女子大学等处建立业余文学小组，文协的同志们分别去辅导，此外还出一个小刊物。大家工作比较简单，生活平和，关系也不复杂。[④]

丁玲经过"细细观察，细细思索"后认为，1940 年以前，文协机关有着"团结和睦的气氛"，这与领导人艾思奇的工作作风和为人品德很有关系。"艾思奇同志是一个温和厚道的人，遇事从不急躁，对同志诚恳和气，凡什么事情都好商量。他向我介绍文协每个同志的思想、生活

① 参见刘白羽《心灵的历程》（新版）（上册），第 290—291 页，解放军文艺出版社，2003。

② 丁玲《延安文艺座谈会的前前后后》（1982），《丁玲全集》第 10 卷，第 267 页。

③ 丁玲《与艾思奇相处的日子——序〈论文化和艺术〉》（1981），《丁玲全集》第 9 卷，第 141 页。

④ 丁玲《延安文艺座谈会的前前后后》（1982），《丁玲全集》第 10 卷，第 267 页。

和来历，总是说他们的好处、长处。我知道的确有几个同志因为同原单位相处得不好，才要求调来的。来文协之后，他们生活得平静，都兢兢业业工作，或埋头写作。另外一些同志是从国统区来到延安，由中组部介绍来的。……我刚到文协没有职称，大家把我当做副主任。……我们相处近两年，我有缺点和弱点却从来也不担心他（艾思奇）会趁机会整人。他从来也不会，也没有向上级领导谎报军情，背后说同志的坏话，或者用谈笑的方式在领导同志面前讥讽同志，造成对一些文化人的坏印象。"丁玲到文协后，也基本采用了艾思奇比较平和的工作方式，"负责日常工作，有事便与党支部书记师田手同志商量，有些重大事情便找艾思奇同志"。① 在刘白羽的眼里，"丁玲一直是一个自始至终从来没有大作家做派的人。"她和别人一道赶着小毛驴到延河边汲水；大家闹嚷嚷地抱着脏污的衣服，捧着一罐从木炭灰里过滤出的"肥皂水"到河边洗涤，丁玲走在人们中间，赤着两臂，一边说笑，一边洗衣。她非常健谈而且善谈，工作一天以后，丁玲的窑洞常常成为大家的聚会之所，在麻油灯昏黄朦胧的光线中，丁玲以她的亲身经历编织着永远说不完的故事。刘白羽和艾思奇"成了亲密的朋友，他常常到我们这儿来，我也常常到他住处去，谈文学、诗歌，简直忘了时间"。② 丁玲说，自己与艾思奇、吴伯箫、师田手、雷加等一块儿在边区文协工作，"真是和舟共济，患难与共。环境再艰苦，条件再差，工作再紧张，大家心里始终是高兴的"。③

艾思奇（1910－1966），云南腾冲人。曾留学日本，20世纪30年代

---

① 丁玲《延安文艺座谈会的前前后后》（1982），《丁玲全集》第10卷，第268页。

② 刘白羽《心灵的历程》（新版）（上册），第363－364页，解放军文艺出版社，2003。另见周而复《往事回首录之一：空余旧迹郁苍苍》，第136－137页，中国工人出版社，2004。

③ 丁玲《与艾思奇相处的日子——序〈论文化和艺术〉》（1981），《丁玲全集》第9卷，第140－142页。

前期在上海主持《申报》流通图书馆开办的“读书问答”栏目，编辑由李公朴主持的《读书生活》杂志，其《大众哲学》获得了广泛的声誉。1935年10月，艾思奇由周扬、周立波介绍秘密入党。1937年9月，艾思奇与周扬、周立波、舒群、李初梨等人一同乘车奔赴延安。[①] 到延安后，艾思奇被分配到抗大担任主任教员、马列学院哲学教研室主任、中宣部文化工作委员会秘书长，兼任边区文协主任，主编中央理论刊物《中国文化》。艾思奇住在中宣部，过几天或隔一星期、两个星期到文协一次，跟大家开会、谈心。1943年，艾思奇调到《解放日报》副刊部。在延安整风审干运动中，艾思奇承担了极大的精神压力，而副刊部则成为延安没有被打出一个“特务”的机关。

边区文协的副主任是柯仲平。柯仲平(1902—1964)，和艾思奇一样，也是云南人：云南边境靠近越南的广南县。柯仲平1924年就读于北平政法大学法律系，写下了1800行的抒情诗《海夜歌声》。1926年，柯仲平到上海闸北宝山路创造社出版部打包间当“小伙计”，曾经短期被捕。1928年，他又写了长诗《风火山》。[②] 1929年春，柯仲平在上海参加高长虹、向培良、尚钺等人组织的狂飙社，主持诗歌编辑工作，当狂飙社成员溃散时，他一直坚持到最后。这年冬天，他因为宣传“赤化”再度被捕。1937年11月，柯仲平到延安；1938年1月，任边区文协副主任，并成为延安战歌社等文学社团和延安街头诗运动的核心人

---

① 艾思奇与周扬等人到西安后，周立波和舒群被安排到八路军总部，后来才分别去延安。(参见杨苏《艾思奇传》，云南教育出版社，2002。另参见胡光凡《周立波评传》第3章：《在抗日的烽火中》，湖南文艺出版社，1986。)

② 柯仲平《海夜歌声》(1927年上海光华书局出版)，《风火山》(1930年上海新兴书店出版)。

物之一。1941年5月,文协与文抗分开办公后,他担任边区文协主任。[①] 他还组织民众剧团常年下乡宣传。这个身上流淌着少数民族血液的诗人,对人、对生活、对工作,都充满着火一样的热情,豪爽粗犷,很能够将他身边的人凝聚起来。刘白羽1938年到延安后,被分配到边区文协,认识了柯仲平,"时时感到他身上那种强烈的诗人的浪漫气质","是一个火一样燃烧的人"。柯仲平房间里放了一把月琴,常常边弹琴边作诗。[②]

2. 紧张多样而又风平浪静的早期工作

边区文协1938年1月正式挂名后,充满了昂扬的工作热情。他们随即在《新中华报》上报告了1938年2月份所做的7项"重要工作":[③]6日主办国防科学社的成立大会;13日组织边区文化界反侵略运动大会;[④]20日参加边区各界反托匪大会;21日请文化工作者就集体创作的剧本《血祭上海》召开座谈会;[⑤]23日给文化界救亡协会筹备会祝贺信;26日战歌社召开诗歌朗诵座谈会;[⑥]28日致信汉口全国文协筹备处,建议迅速召开各省市文化界救亡团体代表大会,正式成立

---

① 参见仲源、若亚《柯仲平事略》(1983年第1期《新文学史料》第131—139页),刘锦满《关于〈柯仲平事略〉的几点补正》(1983年第3期《新文学史料》第248页),徐克《诗人柯仲平》(1983年第1期《新文学史料》第140—145页)。

② 刘白羽《心灵的历程》(新版)(上册),第290页,解放军文艺出版社,2003。

③ 《文协重要工作报告》,1938年3月15日《新中华报》。

④ 1938年2月13日边区文协组织召开文化界反侵略运动大会,到会的有边区音乐界救亡协会、战歌社、海燕社等。艾思奇作报告,周扬、何干之、郑义等相继演讲。(参见周扬讲、郭欲明记《反侵略运动就是保卫文化运动》,1938年3月15日《新中华报》。)

⑤ 1938年2月21日,边区文协请了许多文化工作者,就集体创作的剧本《血祭上海》召开座谈会。到会的有周扬、朱光、艾思奇、沙可夫、吕骥、任白戈、左明、徐一新、郑义、向仲华、罗叔平、柯仲平、马烽等20余人。《边区文化》创刊号上登载了"座谈会摘要"。(林山等整理《血祭上海座谈会摘要》,1938年3月15日《新中华报》。)

⑥ 诗歌朗诵座谈会情形,参见本章第5节"战歌社"部分。

全国"文协"总会。[1] 从相关报道来看,这些工作内容虽然繁简不一,但大多数都较为扎实。

此后,文协主要进行了以下一些文化活动:

(1)纪念活动

1938年6月18日,边区文协在抗日军政大学举行高尔基逝世二周年纪念大会。首先由抗日军政大学唱《高尔基纪念歌》,推举成仿吾、吴亮平、周扬、罗瑞卿、沙可夫、艾思奇等为主席团,陕北公学校长成仿吾致开会词,吴亮平、周扬、陈伯达、艾思奇等演讲。周扬认为,应该学习高尔基三点:反抗精神、伟大的现实主义、反市侩主义。柯仲平朗诵了高尔基的《海燕》,并在《新中华报》上发表了《高尔基二周年祭》的文章。最后由陕北公学歌咏队演唱了根据高尔基诗谱写的《光明赞》和《囚徒之歌》。[2]

1938年11月19日下午一时,在边区政府能够容纳四五千人的大会场,边区文协主持召开鲁迅逝世二周年纪念大会。等候开会的时候,照例是各方面的唱歌竞赛,丝毫不使人感到寂寞。毛泽东、王明等中共领导和周扬、沙可夫、沙汀、柯仲平、丁玲、徐懋庸等13人,在大会的鼓掌声中组成主席团。柯仲平宣布开会并说明开会意义。周扬作关于鲁迅的长篇演讲,[3]丁玲、徐懋庸、沙可夫也相继演讲,鲁艺有人朗诵纪念鲁迅的诗歌,柯仲平朗诵了自己的诗《告同志》和《游击队》。最

---

① 1938年2月28日,边区文协给汉口全国文协筹备处一封信,建议正式成立全国"文协"总会。信里阐述了成立"总会"的意义:可以在抗战的总目标下,有系统地建立一个较大的文化中心和许多较小的文化中心,加紧各地文化工作上的联系,减少文化界不必要的摩擦,实行适合抗战目的性的分工,减低物质和精神的许多浪费,克服文化界内的宗派主义,等。(《确立全国文化界统一战线》,1938年3月15日《新中华报》。)

② 柳青《高尔基被害二周年纪念在延安》,1938年6月30日《新华日报》。

③ 周扬的演讲后来发表为《一个伟大的民主主义现实主义者的路——纪念鲁迅逝世二周年》,1939年4月5日《时论丛刊》第1辑。

后，丁玲提议在“延安文艺界抗战联合会”内成立一个“鲁迅研究学会”，延安各大图书馆都要买一部《鲁迅全集》。丁玲的建议，得到了大会响亮的“同意”声。①

(2)征文活动

1938年4月28日，边区文协决定动员延安的写作者合撰一本描写5月的延安的书，因为5月有一系列与世界革命和中国抗日战争相联系的可以纪念的日子：五一、五三、五四、五五、五七、五九、五卅等。徐懋庸、艾思奇、刘白羽、柯仲平、高敏夫、林山、徐雉7人组成编辑委员会，发起了“五月在延安”的征稿启事，“希望多面地普遍地来描写五月的延安”。“征稿启事”还说，延安的工人、农民、商人、士兵、妇女、儿童、一切杂务人员如“小鬼”之类，都有与别的地域的同类人们相异的生活，但这些人多半没有写作能力，希望写作者能够分别去访问他们，请他们口述自己的生活，代他们记录下来。②

1939年3月13日，边区文协为扩大边区生产运动的影响，组织了“创作生产委员会”，拟用各种文艺形式，如报告、特写、小说、诗歌等，反映边区生产运动的情形，并决定编选生产运动的集体创作。

1938年2月10日，边区文协发出“征求歌谣”启事：“利用歌谣的旧形式，或多或少采用歌谣的格调来创造新诗歌，这对抗战和新诗的大众化都有很大的作用。因此，我们决定广泛普遍地搜集各地的歌谣，加以研究与整理。希望同志们尽量地把各地山歌、民谣小调抄给我们，无论新旧都要。”

(3)文化普及和政治宣传工作

1939年6月7日，边区文协成立文艺顾问委员会，聘请丁玲等作

---

① 敏英《延安纪念鲁迅逝世二周年》，1938年11月23日汉口《新华日报》。

② 文协编辑委员会《关于“五月在延安”的集稿》（1938年5月10日《新中华报》）。1939年5月由读书生活出版社出版。

家为委员,其任务是:解答边区各文艺团体和文艺爱好者有关文艺的一般问题,请人阅读和介绍发表文艺作品,若有文艺集会或个人创作需要帮助者,可请该会派人参加,相互商讨。该会拟半月请人作一次关于文艺一般问题和创作经验等方面的报告。1939 年 6 月 25 日,该会在文协俱乐部请丁玲作报告《关于创作上的一般问题》。7 月 23 日,在野园茶社,请刚从前方回延安的沙汀、何其芳报告前方情形及战地文化工作的经验教训。

边区文协的一项重要工作是组织抗战文艺工作团。

1938 年 5 月中旬,抗战文艺工作团成立,属边区文协和八路军总政治部领导,其目的在于:搜集战地材料,向全国介绍抗日根据地情形;建立文艺组织,推动当地文艺运动;举行座谈会,交流文艺工作经验;从事群众工作,宣传抗战;普及革命文艺。毛泽东曾约刘白羽、金肇野、汪洋、林山等谈话,并亲笔给八路军各级领导写信,请他们"大力支持协助,提供一切方便"。抗战文艺工作团先后有 6 组,分赴晋察冀、晋东南和陇海前线等地:

第 1 组:刘白羽(组长)、金肇野、林山、汪洋、欧阳山尊,1938 年 5 月—8 月沿晋西北、冀西、冀中、冀南、鲁西北、冀鲁豫一线活动。

第 2 组:雷加(组长)、高敏夫、周韦明,1938 年 8 月 25 日—1939 年 3 月沿晋西北、晋察冀、冀中、冀南、鲁西、豫北、晋东南一线活动。

第 3 组:卞之琳(组长)、吴伯箫、马加、野蕻、林山,1938 年 11 月—1939 年 4 月沿西安、晋东南、晋察冀一带活动。

第 4 组:刘白羽和莎塞,1939 年 4 月到晋东南、冀鲁豫一线活动。1940 年回延安。

第 5 组:周而复和鲁藜,1939 年 9 月出发到晋察冀边区。1942 年 12 月回延安。

第 6 组:箫三(组长)、胡考、郁文,1940 年 4 月到晋绥边区,不久返回延安。

边区文协还把民众剧团当做中心工作之一去做。[①] 关于民众剧团的具体活动，本章第5节将详加描述。

(4)文学实践和讨论研究活动

1938年8月7日，边区文协组织了“街头诗运动日”。

1939年8月12日，边区文协在桃林野园召集延安文艺工作者扩大会议，讨论“抗战文艺动向”问题。

1939年5月9日，边区文协与音协在鲁艺召开座谈会，讨论冼星海的《生产大合唱》。

(5)文化团体的联络工作

由于文协的推动，延安的文艺在各处突击发展：工厂和总工会的文艺小组、抗战文艺工作团、从外面进来的文艺家的活动等，大家便要求文艺界有一个总的组织。在文协的召集下，1938年9月11日，边区文艺界抗战联合会成立，目的在于选拔干部、供给文艺食粮、建立抗战中的文艺理论……大家讨论的结果是：普遍建立文艺小组、号召大批文艺干部到前线去、出版文艺刊物、建立正确的文艺理论。大会推举了执委：丁玲、林山、田间、成仿吾、任白戈、沙汀、周扬、柯仲平、雪苇、刘白羽，还有各文艺团体的代表。[②]

1939年3月26日下午，边区文协为了与边区各文化团体取得进一步联系，更好地开展边区文化工作，在文协救亡室召开各文化团体联席会议。到会团体有青记协会(青年记者协会)、文联(边区文艺界抗战联合会)、音协、美协、剧协、诗歌总会、山脉文学社和路社等。艾思奇说明了开会意义，各团体报告了自己过去工作情况和今后计划。

---

① 柯仲平《生长着的民众剧团》，1938年10月25日《新中华报》。

② 林茫《我们的“文联”成立了》，1938年9月20日《新中华报》。

之后,大家对各文化团体的团结联系和开展边区文化工作的两个中心问题,作了详细讨论和具体决定。[1] 另外,边区文协还编辑出版了《文艺突击》等刊物。

第二节 边区"文协"第一次代表大会以及中共的文化团体政策

1940 年 1 月边区文协第一次代表大会,是中共定居延安以来,也是中共历史上盛况空前的一次文化会议。其意义不仅在于会议本身以其庞大的规模和繁复的内容安排,规划了延安的诸种文化工作,更在于毛泽东《新民主主义论》的演说在"新中国"的框架中所提出的"新文化"观念,给了文化工作者以相对独立的凸显的"文化"地位;而时任中共中央宣传部部长的张闻天关于文化人、文化团体的报告和一系列有关指示,则不但使 1940 年前后许多作家的文化心态有一个较大的调整,而且改变了这一时期文学团体的文化定位。更确切地说,如果认为,抗战初期延安的文化组织和文学团体,如中国文艺协会、边区文协及其所属的众多诗歌社团和抗战文工团等,其文化活动的重心在于"文化抗战",在于用"文"的方面使外来侵略者"长此覆灭下去";那么,1940 年以后,由于抗日战争被理解为"持久战",战争已经日常化、常态化,而"新中国"、"新文化"成为更高远的追求目标,因此,文人团体的建立目标和文化人的追求,也自觉地转向"专业化"、创造"纪念碑式的作品",而文人之间也一定程度地脱离了原来"抗战"大旗下模糊稀释的思想差异和创作个性,文人之间的个体矛盾浮现出来。1940 年以后,边区文协和文抗分家,文抗大体成为延安作家自成一体的一个文

---

① 艾克恩《延安文艺运动记盛》,第 122—123 页,北京文化艺术出版社,1987。

化组织机构，文协、文抗、鲁艺变成了延安文化的“三个山头”，诸多文学团体相继成立，如文艺月会、鲁迅研究会、草叶社、《解放日报》文艺社等，都体现出文学的专业化、学术化、自由化特点，都可以看出其对中国五四文学和20世纪30年代文学脉流的承接；而丁玲、萧军、周扬、何其芳、艾青、舒群等众多文人及其所属的“文化山头”以及由此牵连的宗派渊源和矛盾关系，全都不同方式不同层面地爆发出来了。

大致说来，1939—1942年年初，是延安文学团体特别活跃的一个时期，是延安文人重新联盟、矛盾重重、口枪舌剑的时期，同时也是延安文人最具有文学创造性、写出他们在延安最闪光作品的时期。

一、边区文协第一次代表大会的召开

1940年1月4日到12日，连续9天时间，陕甘宁边区文化协会在延安召开代表大会。中共机关报《新中华报》连用3个版面的篇幅，较为详细地报道了这次会议的情形。中共理论刊物《中国文化》创刊后头两期登载了会议的“报告”和相关内容。

为了这次大会，原边区文协主任艾思奇、副主任丁玲和几个文化青年进行了一个月的筹备。艾思奇、丁玲等讨论会议的步骤和人选，另有人调查整理抗战以来全国的出版物，搜集各式各样各党各派的文化言论，还有人到边区各处访问各种文化工作情形，动员各方面选派代表。[①]《新中华报》登载的“本报特写”还用了一段写景文字，表达大会进行过程中人们喜气洋洋、兴奋热烈的情绪：“这几天来，一过了中午，太阳显得更特别暖洋洋的，晒着河里的结冰，使冰上融化着一层湿润的水，人们便小心地踏着这滑而薄的冰层，跑过了河，用兴奋的，急促的神情，从路的南北两端走来……胸前佩着鲜红的布条……”[②]

---

① 师田手《记边区文协代表大会》，1940年4月15日《中国文化》第1卷第2期。

② 《文协举行第一次代表大会》，1940年1月20日《新中华报》。

开会地点设在延安中国女子大学礼堂。会场在显明的地方，挂着毛泽东、王明、洛甫、王稼祥、康生、吴玉章等人的题词。会议代表包括不同领域里的文化工作者：文学、社会科学、自然科学、戏剧、音乐、木刻漫画、中西医学、新闻记者等，个人代表 123 名，代表 107 个文化团体的人员 274 名，还有首长和来宾、旁听者，共计 500－600 人。边区文化界以前从来没有开过这么大规模的会议。

大会首先提出了名誉主席团：斯大林、季米特洛夫、罗曼·罗兰、爱因斯坦、米丁、萧伯纳、绥拉菲莫维支、法捷耶夫、伐尔加、亨利曼、多罗利斯、辛克莱、蔡元培、宋庆龄、邵力子、于佑任、冯玉祥、何香凝、孙科、沈钧儒、张一庆、茅盾、郭沫若、杨秀林、毛泽东、王明、洛甫、周恩来、吴玉章、凯丰、徐特立、董必武、博古、张鼎丞、成仿吾、潘汉年等 36 人。大会又选出了 44 人为主席团：吴玉章、高岗、高自立、王学文、陈康伯、陈伯达、杨松、艾思奇、吴亮平、李初梨、周扬、孟庆树、冯文彬、萧三、张庚、冼星海、丁玲、何思敬、傅连暲、魏一斋、肖向荣、王曼硕、柯仲平、梁金生、柯柏年、陈唯实、胡考、蔡若虹、杨醉乡、赵毅敏、马海德、何其芳、塞克、饶正锡、鲁之俊、曹葆华、向隅、金茂岳、立波、乔木、王震之等。

边区文化协会常委、边区政府文化工作委员会主任、鲁艺院长吴玉章致开会词。他详细说明了中国新文化运动自五四以来，经过 1925 年－1927 年革命，经过十年苏维埃运动，到抗战时期的发展情形。中共中央政治局常委王明报告文化统一战线问题。晚上看话剧《日出》的演出。大会第 2 天，中央书记处书记、中央宣传部部长洛甫报告文化政策，演讲了三天才结束。第 3 天夜间，艾思奇报告《抗战中的陕甘宁边区文化》。第 4 天夜间，周扬报告边区国民教育工作。第 5 天，吴玉章演讲新文字问题。个人代表发言时，张庚、冼星海分别就抗战以来的戏剧和音乐，冯文彬就文化与青年，梁金生就中国的改进问题，庄栋就世界语的问题，进行了报告。毛泽东因为感冒而推迟几天演讲。

到第6天，他讲了《新民主主义的政治与新民主主义的文化》。大会第7天是个人代表发言。诗人萧三讲中苏文化关系、八路军总政宣传部长肖向荣讲八路军里的文化教育工作、《新中华报》总编辑李初梨讲边区新闻事业。大会第8天，仍然是个人发言。自然科学院院长陈康伯讲边区工业建设、孟庆树讲妇女在文化建设中的作用、杨松讲马克思主义中国化问题、丁玲讲文艺大众化问题。柯仲平、杨醉乡、高波分别讲民众剧团、抗战剧团、烽火剧团的工作，庄栋代表延安世界语协会、梁金生代表中医、刘亚洛代表工厂文艺小组、陈介平代表边区妇联等发言。最后一天，即1940年1月12日，通过了陕甘宁边区文化协会总决议、大会宣言、文化协会简章，还有致全国前方抗日将领士兵、致全世界进步文化界人士、致全国文化界历年来为革命和抗战而死难的烈士家属的三个通电。最后，大会选举了下届文协的执委会。

大会推举的边区文协主任为吴玉章，副主任为艾思奇和丁玲，秘书长吴伯箫；选出的文协执委会委员是：

毛泽东、洛甫、王明、罗迈、吴玉章、林伯渠、谢觉哉、王学文、陈伯达、吴亮平、杨松、李初梨、潘汉年、许光达、艾思奇、周扬、李卓然、赵毅敏、萧三、肖向荣、彭加伦、曾涌泉、徐一新、刘芝明、曹葆华、孟庆树、江青、柯柏年、向仲华、董纯才、冯文彬、李昌、胡乔木、刘光、何思敬、张庚、王曼硕、冼星海、陈康伯、傅连暲、魏一斋、马海德、江一、何其芳、马达、蔡若虹、塞克、姚时晓、李丽莲、向隅、胡蛮、马健翎、柯仲平、丁玲、饶正锡、梁金生、鲁之俊、金茂岳、陈唯实、王思人、曲伯传、成仿吾、沙可夫、杨醉乡、陈明、严文井、王震之、沈鸿、李强、胡笳、钟敬之、唐荣枚、杜矢甲、郑律成、吕骥、范文澜、力群、张琴抚、刘亚洛、林洪、李少斌、张琴秋、刘御、孙雪苇、赵枫、林纳、杨超、王斌、田方、王滨、张仃、周立波、吴伯箫、庄栋、师田手、李又然①。

边区文协副主任艾思奇的《抗战中的陕甘宁边区文化》报告，为"边区文协"的地位、作用进行了明确定位：

> 边区文协是边区文化运动的总的领导机关，负有团结全边区文化界，努力提高边区文化，并与全国文化界联合，共同为创造中华民族新文化，在文化战线上进行抗战建国斗争的责任。②

艾思奇总结了陕甘宁边区文化协会自 1937 年 11 月成立以来的工作。第一，为统一文化各部门的工作，在文协下面组织了各种文化团体：音乐、戏剧、美术、文学、世界语、新文字、哲学、教育等，或作为该部门全国总团体的分会（如文艺界抗敌协会延安分会）。第二，组织文化人上前线。文协的抗战文艺工作团先后派出 5 组，共 20 人左右，团员有的回来，大部分留在前方深入部队群众中工作，团员创作了不少文艺作品和通讯。第三，组织了部队、工厂、农村、学校的文化工作，如文艺小组。农村中的文化工作，最主要最有力的是民众剧团。民众剧团完全运用边区老百姓喜闻乐见的秦腔，在农村中有极大的影响，对于政治上的民众动员，也起了极大的推动作用。第四，出版方面，先后出版了《中国文化丛书》、《文艺突击》、《文艺战线》以及抗战文艺工作团团员们单行的小册子等。艾思奇认为，边区文协有两个缺点，一个

① 《文协执委名单》，1940 年 1 月 20 日《新中华报》第 6 版。

② 艾思奇《抗战中的陕甘宁边区文化运动——二十九年一月六日在边区文协第一次代表大会上的报告》，1940 年 4 月 15 日《中国文化》第 1 卷第 2 期。

是深入边区各地的工作还不够，除了民众剧团外，在各地几乎没有任何工作；另一个缺点是组织不健全，没有适当地组织干部有系统地经常地领导各部门的工作。①

大会进行过程中，1940年1月10日《新中华报》发表的社论《庆祝边区文协代表大会开幕》说，“在每一次革命运动中，文化运动都是起着很大的作用，它替革命运动做了思想上有力的准备。在今日的民族解放战争中，文化运动是一条重要的战线。”大会结束后，1月17日的《新中华报》又发表了社论《边区文协代表大会的成就》。

二、毛泽东的“新中国”、“新文化”观念以及张闻天关于文化人、文化团体的指示

在大会上，毛泽东讲演了《新民主主义的政治与新民主主义的文化》。他就抗战中期出现的妥协反共观点和“中国向何处去”的大问题，提出了“新中国”的政治思想。毛泽东说，中国共产党人多年奋斗的目的，“在于建设一个中华民族的新社会与新国家”，“一句话，我们要建立一个新中国”。毛泽东用一系列排比句和充满激情的语汇，描绘了“新中国”所通向的“共产主义”思想体系和社会制度在人类历史上的位置。这对于当时很多文化人具有巨大的感召力量，并借此将他们召集到延安的政治营垒和文化组织之中：

> 共产主义是无产阶级的整个思想体系，同时又是一个新的社会制度。这种思想体系与社会制度，是区别于任何别的思想体系与任何别的社会制度的，是自有人类历史以来，最完全最进步最革命最合理的。封建主义的思想体系与社会

① 艾思奇《抗战中的陕甘宁边区文化运动——二十九年一月六日在边区文协第一次代表大会上的报告》，1940年4月15日《中国文化》第1卷第2期。

制度，是进了历史博物馆的东西了。资本主义的思想体系与社会制度，已有一部分进了博物馆（在苏联）；其余部分，也已"日薄西山，气息奄奄，人命微浅，朝不虑夕"，快进博物馆了。唯独共产主义的思想体系与社会制度，正以排山倒海之势，雷霆万钧之力，磅礴于全世界，而保其美妙之青春。中国自有科学的共产主义以来，人们的眼界是提高了，中国革命也改变了面目。中国的民主革命，没有共产主义去指导是决不能成功的，更不必说革命的后一阶段了。[①]

毛泽东指出："在这个新社会与新国家中，不但有新政治、新经济，而且有新文化。"在目前的历史阶段里，中华民族的"新文化"，还只能是"新民主主义的文化"，是"民族的科学的大众的文化"。

由此，在毛泽东的报告中，在"新中国"的整个思想体系和社会大框架的拟想中，"新文化"被赋予了自己的位置和价值，而显出平行、互补、互渗于"政治"、"经济"等其他社会支架的位置和作用。但是，1942年毛泽东《在延安文艺座谈会上的讲话》里，这种理解"新文化"的意义倾向却又回复到文学（化）"服务于"、"附属于""政治"的观点里，那是在毛泽东听到了文人众说纷纭的意见之后。

毛泽东《新民主主义的政治与新民主主义的文化》对于"新中国"的描绘以及由此伸展开去的"新文化"观念，更具体翔实地表现在张闻天的报告中。张闻天的"新文化"观念，影响到延安关于文化人、文化团体政策的制定。

张闻天在边区文协第一次代表大会上的报告后来题为"抗战以来

① 毛泽东《新民主主义的政治与新民主主义的文化》，1940年2月15日《中国文化》创刊号第12—13页。

中华民族的新文化运动与今后任务”发表在《中国文化》上，也详细论述了他对于“中华民族新文化”的理解。他开篇便说：“日寇对华的总的政治目的是灭亡全中国。它使用的斗争武器，有政治的、军事的、经济的、文化的。”他接着说，日本侵略者通过多种手段，在灭亡中国的过程中，灭亡中国的文化；那么，“中国对日的总的政治目的，是驱逐日寇出中国，建立独立、自由、幸福的新中国（抗战建国）。它使用的斗争武器，有政治的、军事的、经济的、文化的”。中国在建立“新中国”的过程中，同时要建立“新文化”。张闻天在中华民族新文化运动的中心任务、内容和性质、与旧文化和外国文化的关联区别、与三民主义、与社会主义、与大众化、形式等的关系和历史发展的大框架中，谈到中华民族新文化运动当前的具体任务。在张闻天的设想中，中华民族新文化运动的当前任务就是“打破各种限制”、“组织各种文化团体”、“建立各种专门研究机关”、“政府及社会划出一定的文化经费”等。张闻天还提议组织鲁迅研究会或研究院。[①] 一年之后萧军等人成立的延安鲁迅研究会，很大程度正是受到了张闻天的鼓励和支持。

1940 年 10 月，张闻天根据《抗战以来中华民族的新文化运动与今后任务》报告中有关“中华民族新文化运动当前的具体任务”的问题，又为中宣部、中共中央文化工作委员会起草了《关于各抗日根据地文化人与文化团体的指示》，更为具体地制定了相关政策，提出“应该用一切方法在精神上、物质上保障文化人写作的必要条件，使他们的才力能够充分地使用，使他们写作的积极性能够最大的发挥”。“各类不同的文化人（如小说家、戏剧家、音乐家、哲学家等），可以组织各种不同类的文化团体，如文学研究会、戏剧协会、音乐协会、新哲学研究会

① 洛甫（张闻天）《抗战以来中华民族的新文化运动与今后任务》，1940 年 4 月 15 日《中国文化》第 1 卷第 2 期。

等。这些团体亦可联合起来，成立文化界救亡协会之类的联合团体。但应该估计到这些团体同其他民众团体的不同性质……纠正有些地方把文化团体同其他群众团体一样看待及要它们担任一般群众工作的不适当的现象。"张闻天还提出，在文化人比较集中的地区设立文化俱乐部一类的地方，供文化人集会与娱乐，等等。[①] 本书在第六章《中央和边区的文化工作委员会、宣传部等与文学社团》还将详细引述张闻天在延安任中宣部部长期间，在《抗战以来中华民族的新文化运动与今后任务》和《关于各抗日根据地文化人与文化团体的指示》等文章中所设想、所制定的文化人和文化团体政策。

张闻天有关文化人文化团体的具体翔实的诸多设想及其实施，有力地促进了延安文化组织的萌生和发展，促进了 1940－1941 年延安文学团体、文化活动的繁盛。延安出现了一定程度地脱离政治宣传基本目标、转而专注于研究和创作的一些文化组织和团体，如鲁迅研究会、文艺月会、谷雨社、草叶社、改版前的《解放日报》文艺社等；边区文协建立的"文化俱乐部"、文抗的"作家俱乐部"和鲁艺设立的"创作之家"，正是张闻天的具体"指示"。除了文学艺术团体外，还有社会科学研究会、新文字研究会、青年记者协会、新哲学会、鲁迅研究委员会、大众文化工作委员会等社会科学团体纷纷建立，并归属到边区文协的领导之下。也就是说，延安文化组织文学团体的活跃与文化人相对自由宽松的心态，都与这时担任中宣部部长的张闻天以及中共制定的一系列文化政策直接相关。

三、中共有关文化人和文化团体政策的变化

但是，1941 年 6 至 7 月，张闻天被认为是王明的右倾机会主义和

---

① 《中央宣传部、中央文化工作委员会关于各抗日根据地文化人与文化团体的指示》，《共产党人》，1940 年第 12 期。

教条主义路线的执行者,受到毛泽东的严厉批评。[①] 1941年下半年开始,毛泽东准备在党内进行大规模的思想整风运动,张闻天带领一个调查团于1942年1月离开延安,去陕北、晋西北进行社会调查,直到1943年3月返回延安。这期间由中宣部副部长何凯丰代理宣传部长。凯丰与毛泽东一起组织召开了1942年5月的延安文艺座谈会。

1943年,延安的思想整风运动转为政治审干运动。4月3日,《解放日报》第1版以边区政府主席林伯渠和副主席李鼎铭的名义,刊登了题为"各民众团体限期登记,不遵办者以违法论究"的启事:

> 陕甘宁边区政府命令　战字号第七二七号
>
> 边区各民众团体:
>
> 查本府于民国三十一年三月公布边区民众团体组织纲要与民众团体登记办法以来,虽有一部分团体已经遵令申请登记;但至今犹未办理登记者,仍不在少数,此种玩忽政府法令、违背施政纲领之行为,殊属不合。为此,特重申前令,凡职业、文化、经济、科学、宗教及其他社会性质的团体,不论过去已否办理登记,须一律重新登记。兹规定,在延市范围内者,限命令公布后十日内,迳向民政厅申请登记。在各分区范围内者,限令到后一个月内,向当地政府申请,转呈民政厅登记。并规定登记内容如下:团体名称,性质,地址或通讯处,领导机关负责人及驻会工作人员之姓名、履历。如有逾期不遵令办理登记手续,仍然玩忽法令者,本府为维护政令

① 参见《胡乔木回忆毛泽东》第二部分中《整风运动:1941年"九月会议"前后》和《整风运动:1943年"九月会议"前后》两章。此两章为《胡乔木回忆毛泽东》一书的编写组根据胡乔木生前拟定的题目和谈话精神而撰写。《胡乔木回忆毛泽东》,人民出版社,1994。

当以违法论究。[①]

1943年4月22日，延安进行了《关于延安对文化人工作的经验介绍》"党务广播"。它说，从抗战后，延安对文化人的工作可分为三个阶段：(1)从抗战初期到陕甘宁边区第一次代表大会，即从1937年到1940年1月，文化人问题不是那样严重。(2)从1940年1月到1942年5月毛泽东召集文艺座谈会之前，"延安集中了一大批文化人，脱离工作，脱离实际。……延安文化人中暴露出许多严重问题"。如对政治与艺术的关系、作家的立场观点、写光明写黑暗等问题的认识出现"偏向"，代表这些"偏向"的作品在文艺刊物甚至党报上盛极一时；还有文化与党的关系、党员作家与党的关系、作家与实际生活、作家与工农兵结合、提高与普及等问题，发生严重的争论；作家内部的纠纷、作家与其他方面的纠纷，层出不穷。为了清算这些偏向，中央特召开了文艺座谈会，毛泽东作报告与结论解决这些问题。(3)从延安文艺座谈会到现在，在文化人中讨论毛泽东的"结论"，从思想上转变他们，采取具体步骤把他们动员到实际工作中去。因此，"在现在，延安文抗全部文化人下乡去工作，而文抗也无存在之必要了，鲁艺部分人也下去工作，其他文化团体、文化机关也是这样。"这份"党务广播"就几年来延安对文化人和文化团体的工作进行了检讨：

第一，过去我们对文化人的工作，多半只着重于招待、优待他们，而对于在思想上团结他们，教育他们，做得非常不够。……第二，过去我们对文化人谈话，对党员文化人也是

① 《各民众团体限期登记，不遵办者以违法论究》，1943年4月3日《解放日报》第1版。

一样，多半只着重于客客气气……第三，过去我们的想法，总是把文化人组织一个文协或文抗之类的团体，把他们住在一起，由他们自己去搞。长期的经验证明这种办法也是不好的，害了文化人，使他们长期脱离实际，结果也就写不出东西来，或者写出的东西也是不好的。真正帮助文化人应当是分散他们，使之参加各种实际工作。……第四，整风运动是一个最好机会，应该利用整风运动来检查文化人的思想，检查我们对文化人的工作。①

从“重视文化人”到“检查文化人的思想”，从“组织各种文化团体”、“建立各种专门研究机关”到“分散文化人，使之参加各种实际活动”，延安整风运动对张闻天关于文化人和文化团体的政策，进行了根本性的改变，极大地影响了延安文学团体的活动。

第三节 “文协”与“文抗”分家以及“文协”后期的文化宣传工作

一、“复杂起来”的人事关系以及“文协”与“文抗”分家

1940年1月陕甘宁边区文协第一次代表大会后，文协机关“渐渐

① 《关于延安对文化人工作的经验介绍》(1943年4月22日)，《中国解放区文学大系·文学运动理论》(一)，第18－20页，重庆出版社，1992。

另外参见唐天然的《有关延安文艺运动的“党务广播”稿——兼及由此引起的考察》，《新文学史料》1991年第2期，第185－186页。此件现存中央档案馆。

胡乔木在讲述“延安文艺座谈会”时，说及“延安文化人中暴露出来许多严重的问题”、“作家内部纠纷、作家与其他方面的纠纷也层出不穷”、作家与作家之间“斗得相当厉害”。《胡乔木回忆毛泽东》，人民出版社，1994。

热闹起来了”。[1] 更多人搬到了延安城西北的杨家岭住址：萧三、高阳从鲁艺搬来，刘白羽从前方回来了，从重庆而来的萧军本希望去鲁艺，但时任鲁艺副院长的周扬“坚决不愿让萧军到鲁艺去”，[2]萧军就到了文协。1941 年以后从前方回文协、或者从大后方来到文协的人更多了：欧阳山、草明、艾青、罗烽、白朗、严辰、逯斐、于黑丁、曾克、周文、鲁藜、林默涵、魏伯等等，一时显得十分兴旺。与此同时，地处延安东郊桥儿沟的鲁艺也聚集了一批文学人：周扬、何其芳、沙汀、周立波、天蓝、陈荒煤、严文井、曹葆华等。

1940 年前后，延安人对于战争的理解与抗战之初相比，已有所改变。1938 年 5 月 26 日至 6 月 3 日，毛泽东在延安抗日战争研究会上进行了长篇演讲《论持久战》，批驳“亡国论”和“速胜论”，得出结论说：抗日战争是持久战，最后胜利是中国的。从 1939 年起，陕甘宁边区开始了大生产运动，以养精蓄锐、增强实力、谋求发展。当战争被常态化、日常化之后，延安作家的心态相对于抗战初期，也有一个较大的变化。抗战初期的文化抗战、到前线去、宣传鼓动、通讯报告等文学观念，不再是作家们的第一选择和唯一目的，而毛泽东、张闻天明确提出的“新中国一新文化”理念，也促发了作家们文化观念的调整，他们都很想从事“宏大作品”、“纪念碑式的作品”的创作；抗战初期关于民族、战争的焦躁恐慌等情绪，具体转为了对于文化、创作的急切焦虑。丁玲说，自己到陕北 3 年了，“开始是工作，接着是学习，这时我很想专门从事写作”。[3] 萧军写完了长诗《乌苏里江的西岸》，并准备写长篇小说

① 丁玲《延安文艺座谈会的前前后后》(1982)，《丁玲全集》第 10 卷，第 267 页。

② 王德芬《我和萧军风雨 50 年》，第 131 页，中国工人出版社，2004。另见丁玲《延安文艺座谈会的前前后后》(1982)，《丁玲全集》第 10 卷，第 267 页。

③ 丁玲《与艾思奇相处的日子——序〈论文化和艺术〉》(1981)，《丁玲全集》第 9 卷，第 140 页。

《第三代》，他说："工作几乎成了我生命的绳！我不能离开它，它是我的一切。"[①]他还曾当众说，自己"不仅要做中国的第一作家，而且要做世界的第一作家"。[②] 周扬在鲁艺开始实施"专门化"、"正规化"的教育理念；担任鲁艺文学系主任的何其芳不满意抗战初期上前方写的通讯报告，否定了搜集材料的方法，向文学系学习写作的同学提出"写熟悉的题材，说心里的话"的创作主张。[③]

与"专门写作"的创作心态相一致，呼应着中共关于文化团体的政策，延安众多专门化的文学社团渐次成立：文艺月会、谷雨社、鲁迅研究会、草叶社等。专门化的文学团体，一方面鞭策着作家们在彼此直接的对照之中写出自己个性化的作品，另一方面，作家们面对面的交流、文字批评、互相议论的机会和场合也越来越多。他们较多的时间聚居在延安，抗战初期"反侵略"主题之类的大会，改成了小规模的、专业化的讨论会，而他们之间彼此相异的文学观念、创作主张、个性情感，以及他们来延安之前的诸多宗派关系、来延安后重新组合的人缘关系等，构成了错综复杂的网络，文学观点的矛盾夹带着人情关系上的矛盾，隐伏的对立情绪爆发出来，产生了火药味十足的文字之争和口角之辩；这些争辩又随着延安政治大环境的种种突变而激化、转型。1940年以后的"文协"，随着人员的增多及其与鲁艺等其他"文化山头"间的微妙关系，也脱离了早期的"风平浪静"，关系"复杂起来"了。[④] 这些复杂关系，主要是在由"文协"改称的"文抗"中显现出来的。

1939年5月14日，中华全国文艺界抗敌协会延安分会（简称"文

---

① 1940年12月17日萧军给胡风的信，见晓风、萧耘辑注《萧军胡风通信选》，2004年第2期《新文学史料》第145页。

② 参见《胡乔木回忆毛泽东》，第54页，人民出版社，1944。

③ 何其芳《毛泽东之歌》（1976－1977），《何其芳全集》第7卷，第395页。

④ 丁玲《延安文艺座谈会的前前后后》（1982），《丁玲全集》第10卷，第268页。

抗"延安分会，或"文抗")成立，其主要目的是为了与全国"文抗"(即中华全国文艺界抗敌协会)保持互动关系。延安的"文抗"属于边区文协的团体会员，其成员基本就是边区文协成员，也就是说，延安的"文协"与"文抗"，是两块牌子，一班人马。但是，1941年以后，随着中共与国民党政治形势的变化，"文协"与"文抗"分家了。

1941年1月，皖南事变爆发，新四军遭受惨重损失，这是毛泽东事先未曾估计到的，这使他不仅思考中共苏维埃运动后期的"左"倾错误，而且对抗战初期的右倾错误有了深切认识：非左即右都根源于一个思想方法，即，不了解中国具体实际或不能解释中国革命客观规律的主观主义。1941年5月19日，毛主席在中央干部会上作《改造我们的学习》的报告，尖锐地批评理论脱离实际的倾向，"毛主席讲话用语之辛辣，讽刺之深刻，情绪之激动，都是许多同志，在此以前从未感受过的。"[①]这是整风学习的动员会议。从那时一直到1944年5月中共六届七中全会的整整4年，在延安和中共领导的根据地，都进行着整风审干的运动。在这一过程中，中共调整了自己的文化政策。一方面，中共表达出对文化工作的高度重视。1941年5月1日，陕甘宁边区政府颁布《陕甘宁边区施政纲要》，第14款说："奖励自由研究，尊重知识分子，提倡科学知识与文艺运动，欢迎科学艺术人才。"并分别以之为标题，在中共党报《解放日报》上连续发表社论，同时还提高知识分子的生活待遇和文艺稿酬，设立多种文艺奖金。另一方面，是设计中共党、边区与国民党、重庆之间"既联合又斗争"的政治谋略和文化格局。将"文抗"从"文协"中分离出来，由"文抗"与全国文协、重庆保持联系，而"文协"则着力于处理边区自身的文化问题，即是延安设想的文化谋略之一。

---

① 参见《胡乔木回忆毛泽东》第二部分，人民出版社，1994。

1941年6月19日，《解放日报》发表文章，简略说明了边区“文协”与延安“文抗”的区别：

> 中国文艺界抗敌协会延安分会，过去本系边区文化协会之一团体会员，但同时又受重庆总会之领导，致工作之进行多所混同，加以最近总会、大后方、敌后方文艺界同志多人转来延安，延安文艺界规模扩大，因而工作需要作进一步调整。今经决定，边区文协将由边区中央局及边区政府直接领导，工作中心，在于开展边区文化工作。延安文艺界诸同志，将团结于延安文抗分会之组织下，独立进行工作，直接接受总会之领导。①

1941年7月2日，《解放日报》第2版同时刊登文抗和文协“启事”，正式宣告两个文化组织的“分家”。《中华全国文艺界抗敌协会延安分会启事》是：“本分会为开展文艺工作，团结从事文艺创作及文艺运动的同志，决定自本月七月一日起改为独立工作团体，接收陕甘宁边区文化协会原有杨家岭会址、财产及一部分有关文艺工作；正式启用印记，开始办公。”“文协”的“启事”则表示将另选会址，自定工作计划。②

二、边区“文协”后期的文化宣传工作

1. 含混的工作定位

与“文抗”分家后的边区“文协”从杨家岭搬到了延安南门外西北

---

① 《文抗分会筹备改选》，1941年6月19日《解放日报》第2版。

② 《中华全国文艺界抗敌协会延安分会启事》和《文协启事》，1941年7月2日《解放日报》第2版。

旅社旧址，文协主任为吴玉章，副主任是艾思奇和柯仲平，其成员除原来的丁玲、萧三、周文、舒群等人之外，还增加了中共西北局文化工作委员会人员。丁玲、舒群主要在文抗工作，在边区文协为“挂名”理事和“开会”理事；周文有大众读物社的工作，因而，边区文协主要与所在地的中共西北局文委联合工作。

1942 年 1 月 29 日，边区文协在交际处召开第二次理事会，到会的有常务理事吴玉章、丁玲、艾思奇、萧三、陈康白，还有高长虹、柳湜、柯仲平、李卓然、白彦博、周文、舒群、庄启东等十余人。吴玉章主持会议，并说，边区文协两年间做了不少工作，然而对边区地方文化活动，除大众读物社、民众剧团、抗战剧团、新文字报社外，尚少帮助，决定端正边区文艺工作方向，尽量在各分区、县建立文协分会，开辟地方文化基地。2 月 9 日，边区文协举行第二次文协代表大会筹委会，并决定在会内设立秘书处、大众化文化工作委员会、新文字报社、群众报社、戏剧工作委员会、组织部、出版部、卫生工作委员会、会刊编辑委员会，推举柯仲平为文协主任。边区文协还筹办了边区艺术干部学校，加强与地方文协之间的工作联系。为配合延安整风运动的要求，边区文协出版了整风墙报《学习》；严格审查报纸和剧团；召集其所属团体开讨论会，批判王实味。[①]

1942 年年底，边区文协召开大会总结本年度工作时，得出 4 个讨论结果：1. 文协在领导上的特点，是强调文学各种形式的平衡发展，各种文学形态（集体创作、文艺小组、文艺集会、朗诵文艺、墙报等）以及“大形式”、“小形式”的促进，展开反宗派主义的斗争，较有计划地培养新作者。但“提高”和“普及”工作、调查研究工作未能切实展开，尚未

---

① 分别见 1942 年 6 月 23 日《解放日报》第 2 版：《边区文协集会，驳斥托派王实味反动论点》，1942 年 6 月 26 日《解放日报》第 2 版：《边区文协所属七团体，决议加强整风学习，检讨王实味托派思想行动》。

很好注意边区作者与读者的关系。2. 乡村文艺组织较差,不如部队文艺成果大。3. 整风之后,形式主义倾向正在积极克服中。4. 一年来收获了相当多文学作品,包括大作品和小作品,理论批评也有相当的展开,作家精神比过去振奋,比过去深入生活和战斗。[①] 这篇发表在《解放日报》上的工作总结,文字表达显得较为粗糙。虽然它可能出自会议中某场记之手,但它总结的4项零零碎碎的内容,大概也反映出1942年的边区文协在专业作家的"提高"和培养地方文艺工作者的"普及"、适应新的政治文化要求和贯彻原有的文化方向等方面,尚未找准自己的工作目标、难于圆满实现预设工作计划的实情。

与文抗分家后,边区文协的工作定位的确也较为含混和尴尬。当丁玲、艾青、萧军、罗烽、刘白羽、周而复等被划分到文抗后,文抗成为独立的工作团体,丁玲等人只是边区文协的"挂名理事",偶尔来南门外开开会,文协除了柯仲平不放弃"诗人"创作外,剩下的大多是政府官员和行政人员,它很难为自己再设定专业创作的"提高"位置;同时它也很难再有力量将文抗成员为主体建立的文学团体,诸如文艺月会、鲁迅研究会、谷雨社以及鲁艺文学系的草叶社等,纳入自己的"领导"范畴。边区文协曾经被设定为"边区文化运动的总的领导机关",[②] 现在,其位置也被架空了,因为1942年3月,延安又成立了陕甘宁边区文化工作委员会,代表陕甘宁边区政府领导边区的文化工作,原边区文协正副主任吴玉章和艾思奇又成了边区文化工作委员会的正副主任,而边区文协又成为文化工作委员会领导下的团体会员。

2. 丁玲、欧阳山等重回"文协"

1944年4月和5月,参加延安整风学习和审干运动完毕的丁玲和

---

① 《边区文协总结一年工作》,1943年1月4日《解放日报》第1版。

② 见艾思奇在1940年1月陕甘宁边区文协第一次代表大会上的报告《抗战中的陕甘宁边区文化》。

欧阳山，来到南门外边区文协从事专职写作。因为文抗在杨家岭的会址已经被撤销，而延安当时的行政单位同时也是一个伙食单位，所以，文协这时又成了作家们的一个栖息地。

1944年6月，丁玲和欧阳山参加了边区合作社会议，并分别以边区合作社劳动模范田保霖和刘建章为对象，写下《田保霖》和《活在新社会里》发表在《解放日报》上，毛泽东看到后写信说："替中国人民庆祝，替你们二位的新写作作风庆祝。"并约他们到枣园自己的住处面谈，留他们在那里吃晚饭。后来，毛泽东又几次在公开场合称赞丁玲，使丁玲备受鼓舞："我以为我的《田保霖》写得没有什么好，我从来没有认为这是我的得意之作。我明白，这是毛主席在鼓励我，为我今后到工农兵中去开放绿灯。他这一句话可以帮助我，使我通行无阻，他是为我今后写文、做人、为文艺工作，给我们铺一条平坦宽广的路。这不只是为我一个人，而且是为许多许多的文艺工作者。"[①]1944年秋天，欧阳山从边区文协调到延安南区合作社担任合作社的助理会计，帮助合作社主任刘建章工作，同时也是体验生活。后来，他写成了长篇小说《高干大》。[②] 而丁玲在1945年8月后也离开了文协，因为抗日战争结束后，延安需要重新与全国文协建立新的联系，成立全国文协的延安分会，丁玲再度去主持延安分会的工作。

3.改造民间文化的工作

1944年10月30日，陕甘宁边区文教工作会议在边区政府大礼堂召开，毛泽东讲演的《文化工作中的统一战线》说："我们的一切工作都是为了打倒日本帝国主义。……我们的工作首先是战争，其次是生产，其次是文化。""我们的任务是联合一切可用的旧知识分子、旧艺

---

① 丁玲《毛主席给我们的一封信》(1982)，《丁玲全集》第10卷，第285页。

② 参见靳尚君《欧阳山在延安南区合作社》，2004年第4期《新文学史料》。

人、旧医生，而帮助、感化和改造他们。为了改造，先要团结。”[①]为实施毛泽东提出的“任务”，1945年4月，边区文协成立“说书组”，由安波、陈明、林山等组成。他们采取“联系、团结、教育、改造民间说书艺人，启发、引导、帮助他们编新书、学新书、修改新书，发挥他们自己的天才，鼓励他们自己创作”的方针，成立说书训练班。延安县河庄区张家窑子民间盲艺人韩起祥是当地著名的说书先生，边区文协的“说书组”通过延安县委与韩起祥取得联系，帮助他编写了《刘巧儿团圆》、《张玉兰参加选举会》、《红鞋女妖精》、《反巫神》、《掏谷槎》、《四岔捎书》、《二流子转变》、《张家庄祈雨》、《吃元宝》等12本“时事主题”的新书，在农村说唱。1945年7月12日，韩起祥在林山等人的协助下，第二次来到延安，说书5天，共7场，得到中共西北局、教育厅的奖励。《解放日报》还发表了林山的《改造说书》，介绍韩起祥编新书的经验；[②]登载了韩起祥编、林山整理的说书词《张家庄祈雨》。

1945年10月，边区文协和延属地委合办“说书训练班”，编写新书，修改旧书，共有说书人6位。班长韩起祥说：“旧社会有钱人骂我们瞎子，现在我们也组织起来了，我们在新社会里，人叫我们说书先生。我们把新社会的好事编出来下乡去劝善，去感化人，为老百姓工作。”边区文协派专人给说书训练班讲解时事，提供各种斗争故事。鲁艺也有同志参加指导。[③] 1946年5月，韩起祥与林山沿东路到绥德县进行说书宣传，说唱《刘巧儿团圆》等剧本，宣讲中共党的政治主张和对民政策。

4. 一些政治性的文化活动

---

① 毛泽东《文化工作中的统一战线》，《毛泽东选集》第3卷，第960—961页，人民出版社，1990。

② 林山《改造说书》，付克《记说书人韩起祥》，1945年8月5日《解放日报》。

③ 林山《说书训练班的收获》，1945年11月23日《解放日报》。

抗战结束前后是中国政治局势文化情形多变的几年，边区文协时时不忘挥动它的文化旗帜，与瞬息变化的政治局势相呼应。1945 年 4 月 30 日，边区文协就国民党解散重庆文化工作委员会事件打电报慰问郭沫若及文化工作委员会诸先生。1946 年 5 月 8 日，边区文协和中华全国文协延安分会通电全国，抗议反动派枪杀民主人士。当时，主办过风行西北的《老百姓》报、《民众导报》主编李敷仁被西安特务暗杀；出任西安《秦风工商日报》法律顾问、发起西安人身自由保障会的王任，被诬为"烟犯"遭枪决。1946 年 7 月 11 日和 15 日，国民党特务在昆明接连刺杀民主同盟中央委员会的李公朴和闻一多。毛泽东、朱德电唁李公朴、闻一多家属，边区文协、全国文协延安分会也致唁电。1946 年 10 月 7 日，延安发起"美军退出中国"运动周。延安文协推举林山、高敏夫、石鲁、王汶石、史雷 5 人组成街头文艺筹委会，出版街头诗画，响应这一运动。1947 年 1 月 28 日，边区文协集会商讨"一一·四"国耻纪念宣传事宜，到会的有民众剧团、西北文工团、边保剧团、南区联合秧歌队及驻军秧歌队等代表，决定用各种形式扩大宣传，如配合剧团下乡绘画、写街头诗、编快板下乡宣传、编印各种歌词分发各分区。

1945 年 2 月 16 日，边区文协组织春节宣传队，在延安和附近农村闹秧歌《小姑贤》、《织布好》、《讲卫生》等；并到延长、固临等县演出。1946 年 9 月 30 日，边区文协为欢迎常胜军三五九旅归来，特出版街头诗，有柯仲平、张季纯、韩起祥等 10 人诗作十余首，贴在新市场口。

另外，边区文协还就法国作家罗曼·罗兰、苏联作家 A·托尔斯泰的逝世致电哀悼；就柳亚子的 60 寿辰，致电问候。

1947 年 3 月 11 日，国民党飞机对延安进行狂轰滥炸，3 月 18 日，中共中央机关撤离延安，转战陕北。1947 年 3 月 18 日至 1948 年 4 月 21 日的一年多时间，国民党派胡宗南部队占据延安。陕甘宁边区文协在1947年元宵节过后，组织土改工作组到陕北镇川堡地区进行土改，组长柯仲平，组员有石鲁、钟敬文、高维进、高敏夫、张治、王琳；边区文协所属的西北文工团、民众剧团、绥德文工团也深入农村，参加土改工作，在群众中保护自己，壮大力量。

5.边区文协的独行侠高长虹

边区文协有一个特别的人物，是高长虹。高长虹（1898－约1956），山西盂县人。1916—1917年到北京图书馆读书，去北京大学旁听。1924－1929年，断断续续地主办《狂飙》杂志、出版“狂飙”丛书、从事“狂飙运动”，曾与鲁迅有过密切往来；又因“思想界之权威”和与许广平的关系等问题，而与鲁迅发生强烈冲突。1928年，柯仲平曾加入高长虹主持的狂飙社，在《狂飙运动》杂志里负责诗歌部分，一直坚持到狂飙社终结。1930年，高长虹到日本，转而从事经济研究工作。1941年11月，高长虹因不满国民党蒋介石的独裁统治、争权夺利、贪污腐化，从重庆徒步走到延安。他被安排在边区文协当驻会作家，他在狂飙社时期的伙伴柯仲平在边区文协担任副主任。周扬曾亲自陪他到鲁艺作报告。延安有关文化艺术的活动都邀请他参加。1942年1月29日，延安文协召开第二次理事会，研究筹备文协第三次代表会议，特请他参加，并推举他担任筹委会副主任，和筹委会主任柯仲平一起“统筹一切”。1942年3月5日，高长虹被聘为边区政府文化工作委员会委员。1942年5月，延安文艺座谈会召开时，高长虹也收到了请柬，但他说自己是研究经济的，文艺只是业余爱好，没有去参加。但延安的报刊上，仍然时不时地可以看到他的短诗。1943年延安发动“抢救运动”，高长虹住在鲁艺窑洞的最高一排，居高临下。一批批干部被抓走，一声声惨叫声传来，他无法理解、无法忍受，给中央写信申诉意见。后来，高长虹渐渐地从社会活动中消失了。1945年日本投降后，延安的文艺工作者要被分配到各解放区，毛泽东找艾青、萧军、塞克、高长虹等人话别。毛泽东问他："高长虹先生，抗战胜利了，文艺工作者要下山了，你有什么想法，是留在延安，还是到哪个解放区去？"高长虹说："我想到美国去考察经济。"坚决摒弃欧美资本主义发展道路的毛泽东勃然大怒，立刻把他轰出去了。据说这次谈话在党内高级干部中传达了。毛泽东与高长虹的这次不欢而散的谈话，是鲁艺文学系诗人天蓝透露的。[①] 但高长虹并未因此受到政治上的任何处置，他的行动是完全自由的。1946 年春，随着延安文化人大规模向东北华北迁移，高长虹则独自一人行往东北。1946 年 10 月 19 日，东北成立"文协"时，高长虹是成员之一，但已基本不参加集体性的文化活动。他除了吃饭、散步，就是写作，直到 1956 年。但他的写作成果不为社会承认，无处发表，也没有保存下来。[②]

延安时期的高长虹，虽然近有柯仲平这样的旧同事，远有周扬、徐懋庸那种 30 年代受鲁迅公开批评的"同类人"，但他始终保持着特立独行的思想原则和生活形式。他是延安边区文协这个文化组织里不应该被忽略的一个身影。

边区文协的核心人物之一柯仲平在 1947 年 5 月随军上了前线，后来又被安排在中共晋察冀阜平县城南庄，协同陆定一、周扬等人编选"中国人民文艺丛书"。1948 年初冬，柯仲平回到了中共收复后的延安，与边区文协的其他成员胡采、戈壁舟、林山、杨醉乡、谭碧波、高敏夫等，在边区政府交际处工作。1949 年 5 月，柯仲平一行 30 人组成西北代表团，到北京参加第一次全国文学艺术工作者代表大会，陕甘宁边区文协的工作就结束了。

---

① 言行《高长虹晚年的"萎缩"》，1996 年第 4 期《新文学史料》，第 182 页。

② 参阅言行《高长虹传略》，1990 年第 4 期《新文学史料》第 189—199 页。

第四节 《文艺突击》和《中国文化》等刊物

一、《文艺突击》

1938年1月，边区文协成立之后，作家们都迫切地感到需要有地方发表自己的作品，但是，延安还只能勉力供应党报党刊《新中华报》和《解放》以及一些党内资料的印刷出版。于是，作家们除了把自己的作品远远地投寄给重庆、桂林、香港等地的报刊杂志外，还在边区文协成立了《文艺突击》社，由刘白羽和周而复担任编辑。最初是出壁报，每周一次，张贴在边区文协附近以西的鼓楼内的门洞里，吸引了许多读者。但壁报篇幅有限，较长的稿子不易刊出，读者必须到鼓楼下面看，不能拿在手里在任何地方看，刊物的影响受到限制。刘白羽等人提议出铅印的《文艺突击》，得到了艾思奇和柯仲平的支持，《解放》社的工人文艺小组更是热心积极地承担印刷任务，因为《文艺突击》壁报曾经发表工人文艺小组组员的稿子，文艺小组成员认为这是自己的刊物。[①] 由于铅印条件受到限制，最初几期刊物还是只能油印，四开大小，如普通小报一样。

1938年10月16日，边区文协文艺突击社编印的《文艺突击》出刊，1939年6月25日终刊，断断续续地出了6期。刘白羽主编，编委为文协的柯仲平、林山和抗大政治部的奚定怀。毛泽东应其要求而题写刊名。油印的创刊号虽然只有4版，但发表的文章却是作家们正正规规的作品：艾思奇《学习鲁迅主义》、柯仲平《持久战的文艺工作》、刘

---

① 周而复《往事回首录之一：空余旧迹郁苍苍》，第94—95页，中国工人出版社，2004。

白羽的小说《战斗者》、卞之琳的速写《钢盔的新内容》等。卞之琳1938年8月底到延安后，很快得到机会，随边区文协组织的文艺工作团去了晋东南前线，其《钢盔的新内容》即取自前线的材料。

大家的创作热情很高。《文艺突击》的创刊号设为月刊，从第2期开始起就设为半月刊，然而出到第4期，就主要因为纸张困难而告一段落。过了几个月，到1939年5月25日，又继续出《文艺突击》新1卷1期，改为24开，每期24页，售价5分。新出的《文艺突击》设有两个特辑：一是纪念鲁迅逝世两周年，一是工厂文艺专辑。除了文协作家作品外，还有个别鲁艺作家的作品：小说类有严文井《春天》、师田手《劳动日记》、雷加《炮位周围》，诗歌类有乔木《青年颂》、萧三《天山》、高士其《不能走路人的呐喊》；另外登载了鲁艺美术系沃渣、王式廓、马达等的作品，以及塞克的音乐作品《生产大合唱》及其座谈会记录，他们当时分属于边区文协领导下的美术家协会和音乐家协会。又过了一个月，《文艺突击》出版了新1卷第2期，设立"民族形式问题"讨论专栏，发表了杨松、艾思奇、萧三、柯仲平的相关文章，另发表了雷加、周而复、林山等人的小说诗歌作品。此后，《文艺突击》不得已停刊了。

1938年、1939年延安文艺刊物少而且很快终刊的主要原因，还是"纸张困难"。艾思奇在《抗战中的陕甘宁边区文化运动》中说，边区有两个印刷厂，每月排印的字数，一个是60万以上，一个是80万以上，也就是说，边区每月出版字数总计140万以上。全国一个最大的新华书店每月所能出版的字数，最多也不超过60万。但是，"边区出版存在着困难和缺点，主要在于纸张困难，不能不限制印刷份数，又因此，文艺方面的出版物没有力量印刷。文艺方面的出版物，直到现在，除文协曾经出过几期《文艺突击》及准备中的《中国文化》外，还只有手工印刷的木刻集油印刊物之类，这不能不说是一个应该急谋设法补救的重要缺点。”①

二、《大众文艺》和《中国文艺》

1940年边区文协第一次代表大会后，边区政府显然加大了对文艺刊物的支持力度，毛泽东、张闻天、艾思奇有关“新中国”和“新文化”的报告和指示，一定程度地落到了实处。《文艺突击》又继续出刊下去，但名称改为了《大众文艺》。《大众文艺》断刊后，又改名为《中国文艺》续刊。《大众文艺》和《中国文艺》虽然名号挂到“文抗”延安分会，但由于“文抗”1941年7月之前仍然属于边区文协，所以，这两种刊物其实还是在边区文协编辑出版发行的。

《大众文艺》1940年4月15日创刊，同年12月15日停刊，共出9期，周文主编，萧三编辑，方纪协助。《大众文艺》的稿源基本来自边区文协和鲁艺，作者面很广，有艾思奇、萧三、雪苇、丁玲、刘白羽、柳青、曹葆华、塞克、林默涵、李又然、周文、雷加、何其芳、公木、郭小川、雷加、田间、刘御、魏伯、吴伯箫、师田手、柯蓝、胡蛮、叶克等。刊物还开辟了多种专栏，显得十分活跃。1940年5至10月，茅盾在延安鲁艺讲“中国市民文学概论”，《大众文艺》常常向他去约稿：《谈〈水浒〉》、《关于〈呐喊〉和〈彷徨〉》、《中国青年已从十月革命认识了自己的使命》等。与《文艺突击》体现边区文协“大文化”风格类似，《大众文艺》除文学稿件外，还登载歌词曲谱、戏剧、木刻等作品。1940年7月《大众文艺》第1卷第4期登载了鲁艺文学系师生组织的“鲁艺文艺工作团”的一些通讯报告，如陈荒煤的《鲁艺文艺工作团在前方》和黄钢、葛陵、杨明、梅行等人的作品。第5期开辟了“八路军诞生十三周年”和“鲁迅先生六十生辰纪念”两个专栏。第6期有“‘九·一八’九周年特辑”。《大众

① 艾思奇《抗战中的陕甘宁边区文化运动——二十九年一月六日在边区文协第一次代表大会上的报告》，1940年4月15日《中国文化》第1卷第2期。

文艺》第2卷第1期开辟了“纪念鲁迅先生”专栏。第2卷第2期几乎成了鲁艺文学系专刊。这一期除了“庆祝十月革命二十三周年”专栏外，为鲁艺文学系第1期学员以参加秋收作为创作实习课而开辟了“秋收特辑”，另有鲁艺文学系教员沙汀、严文井的《如何写人物》的创作指导文章。1940年12月15日第2卷第3期为“戏剧专号”，主要登载了鲁艺戏剧系张庚的讲课教程《什么是戏剧》，还有史行的《演剧杂谈》等戏剧理论文章以及王震之的独幕剧《过节》。

因为《大众文艺》越来越倾向于刊登鲁艺师生的作品，而主编周文还另有大众读物社、《大众习作》的工作和编辑任务，文抗主办的《文艺月报》也准备在1941年新年伊始出版，因此，《大众文艺》转到了鲁艺编辑出版，改名为《中国文艺》，由周扬主编，但仍然由文抗出版。周扬请毛泽东题写了刊名，1941年2月25日出版，仅仅出了1期，有周扬的《抗战以来创作的成果和倾向(上)》、周立波《谈阿Q》、丁玲《什么样的问题在文艺小组中》、邢立斌《夜景》、何其芳《叫喊》、贺敬之《生活》、荒煤《新的一代》。

三、《中国文化》

建设“新中国”的“新文化”最突显的理论成绩之一，就1940年这一年来说，是《中国文化》的创刊。

《中国文化》，1940年2月15日创刊，1941年8月停刊，共出15期，延安陕甘宁边区文化协会主办，艾思奇主编，林默涵等编辑。

从编目上看，《中国文化》大体分为4个板块：文艺性政论、学术研究（包括理论翻译、文学研究团体或会议活动资料等)、文艺创作、新书新刊广告（包括新书的内容简介）；从作者来看，由于1940年边区文协第一次代表大会几乎将延安较有影响的政治家和文化人都列为会员，《中国文化》出刊于边区文协与文抗尚未分家之时，因而也可以说，《中国文化》基本上为会员之刊；从编辑原则上说，刊物曾在“编后”发布过“特别声明”：“本刊研究栏的文章，是一般自由讨论性质的作品，这里每一篇文章的观点和见解，是不需要一致的，各种相反的意见，都可以在这里出现。”[①]这种“自由讨论”的编辑主张，也体现在刊物发表的文章里。历史学者尹达有关殷商社会性质和分期问题不同于中央研究院副院长范文澜观点的文章、王实味不同意刊物主编边区文协主任艾思奇和陈伯达、郭沫若等人观点的《文艺民族形式问题上的旧错误与新偏向》等，编辑部当时都有过不同意见，然而，艾思奇则鼓励争鸣，主张发表，让不同观点的文章来活跃刊物。[②] 艾思奇主编《中国文化》，有意识地实践着张闻天在边区文协第一次代表大会上《抗战以来中华民族的新文化运动与今后任务》的思想，使“大胆地创作、写作、著述、介绍、翻译”，“打破各种限制，打破各种陈旧的观点与标准，建立新观点，建立新标准，以发展学术、提高学术”等想法，能够一定程度地得以实现。

《中国文化》的创刊号刊登了毛泽东在边区文协第一次代表大会上的讲演《新民主主义的政治与新民主主义的文化》，第2期登载洛甫（张闻天）的《抗战以来中华民族的新文化运动与今后任务》和艾思奇的《抗战中的陕甘宁边区文化运动》。《中国文化》的“研究栏”涵盖了历史、哲学、文学、文字学、美术、音乐等“文化”学科，连载了范文澜《中国通史简编》、艾思奇《哲学是什么》、胡蛮《中国美术史》、杨松翻译的“黑格尔的哲学”、吴玉章“新文字学”、“民族形式问题”的讨论等，很多文章在万字以上。文学类的文章有：周扬《对旧形式利用在文学上的一个看法》和《关于“五四”文学革命的二三零感》、沙汀《记贺龙将军》、

① 1940年9月25日《中国文化》第2卷第1期“编后”。

② 参见杨苏《艾思奇传》，第338－339页，云南教育出版社，2002。

何其芳《一个泥水匠的故事》和《过同蒲路》、丁玲《入伍》和《我在霞村的时候》、茅盾《论如何学习文学的民族形式》和《旧形式·民间形式与民族形式》、郭沫若《"民族形式"商兑》、黄钢《我看见了八路军》、艾青《赌博》(长诗《溃灭》代序)、萧军《延安鲁迅研究会成立经过》、萧三《关于高尔基的二三事》、刘白羽《太阳》、欧阳山《抗战以来的中国小说》、《中华全国文艺界抗敌协会延安分会第五届会员大会记录》(专载)等。延安文化人最闪光的一部分创作是在《中国文化》上亮相的。《中国文化》不仅是边区文协历史的光点,同时也保存了延安一些重要文学团体如鲁迅研究会、文抗延安分会、鲁艺文学系的珍贵资料。

但是,刊物一直为纸张缺乏且昂贵而焦急。它最初每册定价 2 角,到 1940 年 6 月出第 4 期时,因"篇幅增加,纸张昂贵"而提价到 3 角;1941 年 5 月 20 日出版第 2 卷第 6 期时,刊物说,近来因为马兰草纸缺乏,改用晋恒纸印刷,成本昂贵,不得不提高售价,每册零售 1 元;到 1941 年 6 月出第 3 卷第 1 期时,刊物发布"启事","停止赠送,各机关、学校、团体,请向新华书店直接订购"。1941 年 8 月第 3 卷第 2 至 3 期合刊的《中国文化》"编后记"说,因为篇幅长,本期文艺、创作的稿子暂不登载。编辑部大概还存有若干文艺稿件,但这一期"合刊"却成了没有任何先兆的"终刊"。

第五节 边区文协内的诸多文艺组织团体

1940 年边区文协第一次代表大会将边区文协定位为"总的文化领导机关"后,边区的文学团体在组织关系上基本都归属于文协。文协副主任柯仲平是个热情澎湃的浪漫主义诗人,不仅喜欢诗歌创作和诗歌朗诵,而且常常愿意跟延安一些充满理想热情梦幻的青年互相交流。后来,萧三、艾青也来到边区文协,延安的诗歌活动更为频繁。延安先后出现了战歌社、战地社、山脉文学社、诗歌总会、新诗歌社等诗歌社团。延安一些爱好旧体诗词的政府干部则成立了怀安诗社。柯仲平另外还组织了民众娱乐改进会和民众剧社,常年奔波在边区各乡镇,进行文化宣传工作。

一、战歌社、鹰社和山脉文学社

1.战歌社

1937年12月,陕北公学召开"一二·九"纪念大会,会上的诗歌朗诵节目受到了欢迎,于是,边区文协的林山、吕剑等诗歌爱好者串联起来,商议组织业余诗歌团体战歌社。陆续加盟的还有抗日军政大学第四期第四大队的本科学员魏巍、侯亢、朱子奇、胡征、李雷、冯塞伟、夏雷、侯光焘(孟冰)、侯光慈、王荣、周洁夫等。1937年12月底,战歌社召开成立大会,推举刘御为社长。刘御上前线后,由边区文协副主任柯仲平兼任社长。柯仲平建议战歌社扩大范围,隶属边区文化协会领导,而边区文协的师田手、公木、丁里、徐懋庸、高士其、李又然等人,也成了战歌社成员。

战歌社是延安较早的一个群众文艺团体,在当时文艺团体稀少的情况下,颇有影响,许多地方和单位还组织了战歌社的分社或小组,开展新诗创作和朗诵活动。战歌社活动频繁,几乎每周一次例会,每次大约十几到二十几人。抗日军政大学虽然是军事学院,但魏巍、朱子奇、胡征等当时20岁左右的小伙子,对于文艺,特别是对于诗歌的创作与活动,热情很高。每个星期天上午,战歌社的这些同学,涉过延水,到城内的边区文协去参加战歌社的例会。当时,因研究细菌受感染而下肢瘫痪的科普作家高士其也是新诗的爱好者,几乎每次战歌社例会,他都会坐着轮椅车来,每次总有新的创作拿来朗诵,给与会者以极大的鼓舞和鞭策。战歌社社员们朗诵自己新作,然后由柯仲平主持讨论。1938年的柯仲平36岁，蓄须，秃顶，有长者风范，青年们都尊称他为“柯老”。柯仲平有“行吟诗人”之风，情绪容易激动，激动之时喜好朗诵诗歌。有一天，刘白羽跟柯仲平在一家古老的饭铺里饮酒，柯仲平突然诗兴大发，从饭桌边站起，神情立刻变得十分严肃，伸出手，用粗犷激越的声音朗诵起来，旁边桌上的几个女青年忍不住笑了，柯仲平用手一指，说：“你们不要妨碍我崇高的朗诵。”[①]1938年8月21日，丁玲率领的西战团回到延安，战歌社在文协院内举行欢迎会，大家在古槐树下围坐成一个“C”字形，柯仲平和丁玲坐在“C”字形的缺口处。柯仲平致欢迎词，然后，情不自禁地朗诵起自己的《边区自卫军》来。他朗诵完“序曲”，丁玲笑着挡住他说：“老柯，你等一等再念吧，大家先说说话。”[②]

战歌社成立伊始，曾就诗歌朗诵问题进行过一次较为深入的理论化讨论，其缘由主要是1937年年底陕北公学新年晚会上柯仲平朗诵诗歌节目的失败。1938年1月25日《新中华报》的《边区文艺》第4期开辟“关于诗的朗诵问题”专辑，刊载了林山、雪苇、沙可夫、柯仲平的发言稿。沙可夫说，朗诵诗歌应该注意三点：一是合乎诗的音韵旋律而清晰地把握朗诵调子的抑扬顿挫，二是朗诵者的情感表现应与诗歌相吻合，三是应该避免不必要的动作与姿势。沙可夫说，朗诵艺术在中国舞台上还是很新鲜的，柯仲平的朗诵虽有缺点，却是有功的“舞台艺术的开拓者”，希望柯仲平还是“最好的果实的收获者”。柯仲平在发言稿里表示“我（并且我们）不但接受、而且感谢沙可夫和其他同志的严正批评”。柯仲平阐释了自己对于朗诵诗的理解：朗诵是在讲话与歌唱之间的、最富于律动（旋律运动）的一种声音艺术；朗诵的最初

---

① 刘白羽《心灵的历程》（新版）（上册），第290页，解放军文艺出版社，2003。

② 胡征《“抗大”诗情录》，1992年第1期《新文学史料》第101页。

基础是讲话、言语，但比讲话接近于歌唱，富于旋律的运动；朗诵的第二个基础是歌唱音乐，但又比歌唱使人易于听懂内容；因此，诗歌朗诵就是用朗诵的声音艺术，将诗歌本身的内容、律动，适度地、不要过火也不要减色地传达给听众。①

延安当时的诗歌朗诵分为两大流派，一派以柯仲平为首，如黄河奔腾，一泻千里，淋漓尽致；一派是李雷（原抗日军政大学学员）的低吟浅唱，回味无穷。有一次，柯仲平在台上朗诵，毛主席和大家在下面看、听，柯仲平一忽儿跳跃如龙，一忽儿波平浪静，一眨眼间吹胡子瞪眼，转瞬间笑容似花，惹得一群女同志嘻嘻咯咯。李雷朗诵时坐在人群中，头发向后一撇一撇，大家对他像绣花刺朵一样的细线密针，非常欣赏；对柯仲平激昂慷慨、狂风暴雨的动作表情和诗句，常常报以暴风雨般的掌声。②

抗日军政大学的几个同学不满足于每周去边区文协参加战歌社例会，他们又联络了一些爱好诗歌的学员，在第四大队院子里，成立了战歌社抗大分社，编大型诗歌墙报“战歌”，出过很多期，还油印诗传单到处张贴。魏巍和胡征等人常常把自己写的一些小诗拿给柯仲平，请他修改示教，柯仲平也总是欣喜地满足他们的要求。当时每个连队都有救亡室，其活动相当于俱乐部。他们把创作的许多鼓动士气的诗歌带到军事大演习中，带到救亡室，吸引了更多人来参加战歌社抗大分社。学校对这方面活动热情支持，“要什么给什么，提供了很多方便”。战歌社抗大分社的活动，从1938年6月延续到11月学习结业。③

战歌社还有一项重要活动，是从事街头诗运动。街头诗，就是把

---

① 《关于诗的朗诵问题》，1938年1月25日《新中华报》，第2版。

② 侯唯动《柯仲平领导边区民众剧团》，1983年第1期《新文学史料》，第151页。

③ 刘锦满记录整理《回忆延安“战歌社”——胡征同志访问记》，《新文学史料》1981年第2期，第156—157页。

形式短小、表现力强的诗歌贴到街头上，写到墙头上。按照当时人的认识，提倡街头诗主要有三重目的：(1)利用诗歌作为抗战的武器，使诗歌服务抗战需求。(2)使诗歌走到真正大众化的道路上去，不但要有知识的人参加抗战的大众诗歌运动，更要引起大众中的“无名氏”也多来参加，“求得诗歌从学校里，课堂上，文人的会议席上，少数的知识分子中解放出来”，使之真正成为大众的诗歌。(3)街头诗可能创造出一种诗歌新形式。[①] 以柯仲平、林山为主的边区文协“战歌社”和以田间、邵子南、高敏夫、史轮等为主的西北战地服务团“战地社”，在延安联合发起了“街头诗运动”。他们在《街头诗运动宣言》里呼吁：“有名氏、无名氏的诗人们啊，不要让乡村的一堵墙，路旁的一片岩石，白白的空着，也不要让群众心上的空气呆板沉寂。写吧——抗战的，民族的，大众的！唱吧——抗战的，民族的，大众的！”[②]

1938 年 8 月 7 日，延安城变成了诗歌的海洋。在延安主要大街的中心，高高地悬挂着一幅长条红布，上书“街头诗运动日”，许多地方挂起的红布上写着一首首短诗，城门楼旁、大街小巷也贴满了诗，街头有人散发《街头诗宣言》。头扎白毛巾的延安群众，手执红缨枪的自卫军，身穿灰军装的战士学生和干部，还有延安各界人士，纷纷站在街头读诗。[③]

由于处在战争环境，战歌社成员流动很大，“街头诗运动日”之后，诗社活动时断时续。1938 年 10 月 15 日，边区文协联合战歌社和战地社等团体，成立延安诗歌总会，以田间、史轮、刘御等为骨干，创办《诗歌总会》半月刊。但由于田间等人又上了前线，诗歌总会转入了后来

---

① 史轮《关于街头诗》，1938 年 10 月 26 日《抗敌报》。

② 战歌社、西北战地服务团战地社《街头诗运动宣言》，1938 年 8 月 10 日《新中华报》。

③ 甄崇德《西北战地服务团的文学创作活动》，1989 年第 1 期《新文学史料》，第 192 页。

的延安新诗歌会。

1940年6月2日，战歌社在延安文化俱乐部召集社员大会，出席会议的有雷波(缪海陵)、刘御、师田手、余修、张惊秋、张松如(公木)、东方明、王亚凡、凌丁(孙滨)、王若望、陆石、戴碧湘、戈壁舟等32人。大会对诗社进行了整顿和重组，公推柯仲平为社长，刘御、雷波、公木、张惊秋为执行委员，提出“加强组织”、“深入工作”两个口号。1940年9月，战歌社与山脉文学社联合出刊油印的《新诗歌》。这年12月，延安新诗歌会成立，战歌社加入其中，其活动也融入了新诗歌会。

2. 鹰社

战歌社的一些成员，如公木、朱子奇等，另有晋驼、李洁、方杰等人，在军直政治部领导人胡耀邦、邓飞以及总政宣传部文艺科科长、《八路军军政杂志》文艺负责人吴奚如的支持下，编辑由总政治部主办的刊物《部队文艺》。为了“拉一批长期撰稿人”，他们也组建了一个文学团体“鹰社”，成员除了公木等5位编辑外，还有麦播(李之琏)、黄既(黄树则)、周洁夫，侯唯动介绍来了鲁艺学生贺敬之、李方立、林沫、张棣庚，晋驼介绍了延安星期文艺学园学生周民英、东方白(柳勉之)。

抗日战争中，陕甘宁边区23县在地图上就像一只昂首东翘的雄鹰，关中分区是它伸向八百里秦川要扑击西安的一只利爪，所以，侯唯动当时提议取名“鹰社”，意思是鹰形地带的一个文学团体，目的在于为抗战服务。侯唯动当时跟从柯仲平领导的“民众剧团”，回延安后到鲁艺读书，之后到总政治部直属队文艺室实习。公木等人在那里办《部队文艺》。文艺室就是鹰社地址。他们时常开作品讨论会，参加延安的文艺活动，常常参加边区文协组织的文艺小组活动，互相推荐作品，聊天，唱歌，“是一个热火朝天的文学团体”。“当年的文化沟口，有塞克领导的青年艺术剧院，后沟有柯仲平领导的民众剧团和萧三负责的文化俱乐部，再加上文艺室和‘鹰社’，真是文化气息浓厚！八路军大礼堂也在沟中间，沟口有青年食堂，沟中间有清真寺，每逢星期日，文化活动很多；下午，傍晚，成群成队的同志来看两家墙报，像看对台戏一样。"[①]

鹰社在延安文化沟口出过一期机关墙报《蒺藜》，与《轻骑队》并列，其中有讽刺作品，也有歌颂诗。取名"蒺藜"，是说它生长在大路旁，走正路的人不会受刺，它专刺不走正路和横冲直撞的人。康生在一次审干报告中说："《轻骑队》旁边有个《蒺藜》，里边也有坏分子。"不久，鹰社星散。[②]

3. 山脉文学社

1938 年，边区的文艺刊物很少，最早的《文艺突击》创刊号只用油印出了 4 个版页。当时《文艺突击》收到的投稿中以青年作者写的诗歌占多数，很多单位的文艺青年苦于无处发表自己的作品。1938 年 10 月，对各单位文艺青年情形有所了解的抗大政治部秘书科奚定怀发起组织群众性文艺团体"山脉文学社"。

山脉文学社的名字，源于八路军依托吕梁山、太行山、太岳山、大青山等"山脉"建立根据地，其成员以抗日军政大学和鲁迅艺术学院的学生为主，另有马列学院、边区政府、八路军总政治部、后方留守兵团等十几个单位的人员，成员登记最多时达 200 多人。诗社完全以自愿结合为原则，没有什么章程或登记手续，主要通过自己联络。其主要成员有：奚定怀、郑西野、徐明、劳森、缪海陵（雷波）、栾萍、李维新，以及朱子奇、魏荣章、赵从容、安适（安观生）、庄涛、王令篪、汪洋、朱力生等，这其中的有些人，如缪海陵、朱子奇等，还同时是战歌社成员。

1938 年 11 月上旬的一个星期天，山脉文学社在延安北门外王家

---

① 侯唯动《五十年前的"鹰社"及其他》，1982 年第 3 期《新文学史料》，第 188—190 页。

② 晋驼《对延安〈部队文艺〉和鹰社的回忆》，1982 年第 2 期《新文学史料》，第 84—85 页。

坪小树林举行第一次社员会议,到会社员数十人。会议交流了各单位的情况和意见,决定按单位正式建立文艺小组,发展社员,扩大群众性抗战文艺活动,并集体参加"边区文协"。当即成立了由各单位代表参加的社务委员会,选出9人为社务委员,规定设立社员登记簿,每人每月交会费一角,以支付刊物出版、印发传单等费用。这次会议后,社员每周假日经常碰头,工作有较大发展。1939年初,由于形势变化,较多成员调往敌后工作。1939年1月,山脉文学社召开第二次社员会议,商议在人员流动的情况下如何坚持和发展抗战文艺活动,制定群众文艺活动"十大工作方式"。

山脉文学社的主要目标是帮助青年发表作品。他们商定出版一个兼顾青年习作和诗文的《山脉文学》不定期刊。奚定怀给毛泽东写信,请他书写刊头。毛泽东写来了"山脉文学"的字书,同时建议将"山脉"改成"山头"。由于铅印条件有限,文学社决定先出油印本《山脉诗歌》。1938年10月底,《山脉诗歌》创刊,为油印32开本,刊名的"山脉"二字取自毛泽东的手笔。诗刊由奚定怀、徐明、劳森等担任组稿审稿编辑,抗大文印股股长西野承担蜡板刻写、封面设计、编排装帧等。刊物出版的经费,主要靠每人每月缴纳的一角钱会费,有时也有抗大政治部的补助。由于印刷纸张、油墨没有稳定供应,因而《山脉诗歌》的出版时间和纸质也不确定,有时是半月刊,有时是月刊,毛边纸、马兰纸、油光纸或其他杂纸都印过,大小开张颜色不一。诗刊大约每期油印一百份,除了赠送毛泽东和其他单位外,或寄往延安外的敌后根据地,或交延安新华书店代售。《山脉诗歌》大约出了10期。

延安文艺晚会频繁,山脉文学社有时带诗歌节目去朗诵表演,有时自己单独举办活动,请外单位来参加指导。他们还有组织地开展了普及文艺的活动,在延安及其周边地区建立了十多个文艺小组或分社,并配合重大政治任务联络各单位文艺小组协同举行文艺活动,组织一些提高写作能力的活动，曾请丁玲来谈创作经验。

1939年12月4日，山脉文学社召开留延安社员会议，选出汪琦、海陵、师田手、河清、朱子奇、庄涛、张惊秋等7人负责该社工作。1940年9月，山脉文学社与战歌社联合编辑出版诗刊《新诗歌》；1940年12月8日，又与战歌社等团体合并成立“延安新诗歌会”，诗刊《新诗歌》转为会刊。①

二、延安新诗歌会和文化俱乐部

1. 延安新诗歌会

1940年4月，曾经在鲁迅艺术文学院担任编译部主任并代理文学系主任的萧三，因与周扬、何其芳产生矛盾而离开鲁艺，到边区文协组织开办文化俱乐部。喜欢写诗、读诗的萧三与同样爱诗的柯仲平有了较多往来，与常来边区文协交流诗歌作品的战歌社等成员也有了较多往来。由于边区文协力图树立一个“文化领导”的形象，因此，大家商议以文化俱乐部为活动中心，由萧三牵头，联合延安的战歌社、战地社、山脉文学社、鲁艺文学系多个诗歌团体和诗人，组成新诗歌会。1938年10月边区文协曾联合战歌社和战地社等团体，成立过延安诗歌总会。可以说，延安新诗歌会是诗歌总会的延续。

1940年12月8日，新诗歌会在边区文协文化俱乐部召开成立大会，到会的有50余人，海陵代表筹委会讲述新诗歌会的筹备过程，萧三讲话，指出过去中国诗坛和延安诗坛的成绩、缺点及今后方向，着重强调了诗歌大众化的意义。会议进行了4个小时，最后选出11人为

---

① 奚定怀《毛泽东指导下的延安早期文艺运动——纪念毛主席题写“文艺突击”、“山脉文学”六十二周年》，2000年第2期《新文学史料》，第23页。

有关山脉文学社、山脉诗歌社的材料，另外参见刘锦满《延安时期的山脉文学社》和《山脉诗歌》(1983年第4期《新文学史料》，第216—220页)，刘锦满《历史的忆念——解放区几个诗歌组织和刊物的回顾》(1995年第5期《新文学史料》，第195—196页)。

新诗歌会执行委员：萧三、柯仲平、胡乔木、何其芳、天蓝、李雷、公木、海陵、刘御、罗夫、郭小川，主要负责人为萧三和柯仲平。[①] 当时在延安从事诗歌创作的人很多，他们差不多在此前此后都参加了新诗歌会。

新诗歌会延续了战歌社时期社员们在一起读诗、讨论诗的风习，其主要活动之一是集体读诗会，读自己写的诗，读自己喜欢的诗人的作品，充实街头诗运动、诗歌朗诵运动的内容。萧三在《读诗会上的开场白》曾这样朴素地说："新诗歌会成立不久，/第一次集体读诗。/我们虽则没什么天才，/但是都爱好歌唱。……我想读读好诗，/如同害了相思病。/今天只有一件心事：/能见到我的"爱人"。/在座的各位朋友，同志，/请不客气的都来试试。"[②]萧三担任延安文化俱乐部主任，对于群众性的诗歌创作和普及活动，有着无比的热情和劲头。新诗歌会常常在文化俱乐部举行周末文艺晚会，进行诗歌朗诵，或者座谈讨论名家名作。

新诗歌会以战歌社和山脉文学社原来编辑出版的《新诗歌》为会刊，由萧三主编。在《出版〈新诗歌〉的几句话》里，萧三说明了诗人结为团体、出版诗歌刊物的意义："写诗歌要有诗歌气氛，在这里面彼此吟咏、推敲，彼此欣赏、批评，然后大家能前进、向上，然后能使得诗歌的声音更大、更宏亮，达到得更远。"[③]抗战初期，延安被很多人当做"诗境"、具有"诗的生活"，喜欢写诗的人很多，但是，在1940年9月《新诗

---

① 《延安新诗歌会成立》，1940年12月15日《新中华报》第3版。

② 萧三《读诗会上的开场白》(1941)，《萧三诗文集·诗歌篇》第163页，北京图书馆出版社，1996。

③ 萧三《出版〈新诗歌〉的几句话》，1940年9月1日《新诗歌》第1期。这段话收入《萧三诗文集·诗歌篇》中改为："写诗歌要有诗歌气氛，写出来的东西要拿到群众中去读，以便接受他们的批评，然后大家乃能前进，然后能使得诗歌的声音更大，更宏亮，达到得更远。"(萧三《诗人，起来！——出版〈新诗歌〉的几句话》，《萧三诗文集·诗歌篇》第162页，北京图书馆出版社，1996。)

歌》出刊前，延安只有《文艺突击》、《大众文艺》、《中国文化》三个文艺刊物，篇幅少，纸张贵，诗歌和别的文章不一样，总是被抽掉。因此，专门出版一个诗歌类的刊物很受文艺青年欢迎。

延安出版的《新诗歌》为油印单面四开本，1940 年 9 月 1 日到 1941 年 5 月 21 日的 8 个多月时间，共出版 6 期。第 1 期刊头由战歌社和山脉文学社署名合编，1940 年 10 月出版的第 2 期刊头正式以新诗歌会名义编印，并告知读者：来信和稿件统一寄边区文协，由边区文协转编辑部。《新诗歌》主要发表的是社员作品：萧三、海陵、公木、刘御、高敏夫、张铁夫、王若望、隐夫、胡征、朱子奇、黎帆、李方立、贾芝、李雷、井岩盾等。1940 年 12 月出版的第 4 期《新诗歌》除发表柯仲平、萧三、朱子奇、孙剑冰的新诗外，还刊登了朱德、叶剑英、董必武、田汉的旧体诗词。《新诗歌》的稿子由萧三、刘御在文化俱乐部收齐编审后，统一交给抗大政治部宣传科担任时事政策教育干事的公木负责刻制印刷。诗刊印制所需的纸张和油墨，均由宣传科办公费用调剂供给。由于边区的物质条件非常困难，《新诗歌》大约印制近百份，向外发行量不多，分别赠阅和馈送。有时在机关俱乐部或街头小饭店里张贴，对外零售小部分，每期定价边币 5 分。①

萧三对于《新诗歌》的主要编辑原则是“文艺的功利主义”。他说：“我读了列宁《党的组织和党的文学》后，认识到文学是革命斗争的武器，把诗歌当作‘子弹和刺刀’，当作严肃的革命事业，我抱着‘文艺的功利主义’想法进入诗坛。……在延安时期主编《新诗歌》油印小报，就是以这样的思想为指导。”②萧三当时在《号召》一诗里曾写道：“诗人，今天是什么时候，/谁还能做香甜的春梦？……暂时丢下你的万言

---

① 刘锦满《油印本〈新诗歌〉集目拾记》，《新文学史料》1982 年第 2 期，第 76—84 页。

② 萧三《我与诗》(1982)，《萧三诗文集·诗歌篇》第 481—483 页，北京图书馆出版社，1996。

长篇。/诗人,你到街头战壕歌唱!……今天我们要大声喊叫,/没功夫多做字眼的推敲。……我们的每字、每句,/都是刺刀、子弹。”①他还发表了《我的宣言》:

我的诗诚哉是非常粗浅。
只希望,读下去,顺口顺眼。
不敢说大众化和通俗化,
但求其写出来,像人说话。
如认为,不能登大雅之堂,
那我就把它们贴在街上。
假如是这形式和这内容
读起来,听起来,比较好懂,
我宁肯被开除“诗人”之列,
将继续这样唱和这样写。②

延安《新诗歌》出版6期停刊后,新诗歌会成员高敏夫在绥德建立分会,于1941年6月继续出版《新诗歌》,高敏夫主编,参加编务的有张蓓、郭小川等,铅印单面四开本,诗风沿着延安《新诗歌》的方向继续发展。张蓓在《边区青年作者的“新地”》里说:“我们愿意而且有这种意图,把《新诗歌》成为边区青年诗作者陈列他习作的场所。我们没有太大的雄心,想从我们粗糙的刊物上,来发现惊人的诗篇,或者把《新诗歌》成为一面旗帜,飘扬在边区的诗坛上。不过,我们还是有一些朴素的愿望的。……我们想《新诗歌》应当和青年密切联系着,成为他们

① 萧三《号召》(1942),《萧三诗文集·诗歌篇》第175页,北京图书馆出版社,1996。

② 萧三《我的宣言》(1941),《萧三诗文集·诗歌篇》第174页,北京图书馆出版社,1996。

的心声，和谐他们的情感，它应当像东方刚升起的太阳，是新鲜的，亮着耀眼的色素。它是粗野而茁壮的，像大风回旋在陆地上。它是广阔而深沉的，渲染着我们斗争的信念。”①

1941 年 9 月，新诗歌会在绥德的会员陆续回到延安。10 月 13 日上午，他们在延安鲁迅艺术学院举行了会员大会，重新改选理事会，调整了组织领导机构，主要负责人为萧三和柯仲平，会员有林山、公木、刘御、朱子奇、陈山、高敏夫等。会议决定，该会今后将在党的领导下，致力于诗歌的大众化和民族化建设，努力提倡群众性的街头诗和朗诵诗活动。会后，他们把会刊《新诗歌》从绥德搬到了延安，继续编辑出版。② 其主要作者有：贺敬之、郭小川、张蓓、冯牧、公木、李雷、风涛、赵烽、萧三、隐夫、袁烙、俞波、启明、余修、费格娜等。继续出版的《新诗歌》出至 1942 年 1 月 25 日第 6 期停刊。

1942 年 10 月 22 日，新诗歌会和其他文艺团体联合举办诗歌大众化问题座谈会，萧三、天蓝、高敏夫、艾青、鲁藜、郭小川等 40 余人参加会议，就诗歌大众化的内容和形式、诗人与大众的结合、大众化运动的展开等，进行了讨论。由于新诗歌会会员的调动和整风运动，新诗歌会于 1942 年底终止了活动。

2. 边区文协的文化俱乐部

延安从政府机关到文化团体、从部队高层指挥研究机构到基层连队，大多设有列宁室、救亡室，后来称为文化俱乐部，供人们开会、娱乐、聊天、张贴作品、讨论座谈等。张闻天在 1940 年 1 月边区文协代表大会上的报告已经明确提出建立“文化俱乐部”之类的地方，使来到延安的作家有地方住，作家有地方交流并展开文化活动，从而可以加

---

① 张蓓《边区青年作者的“新地”》，《新诗歌》(绥德版)1941 年第 5 期。

② 刘锦满《历史的忆念——解放区几个诗歌组织和刊物的回顾》，1995 年第 5 期《新文学史料》，第 194 页。

强作家间的团结，促进中国新文化运动的开展。

边区文协的文化俱乐部是延安正规筹划、较早建立的较大的公共文化场所。1940年年初，张闻天找到丁玲，希望她出面筹办文化俱乐部，但当时的丁玲想要“专心写作”，“实在怕管事”，后来由萧三担任文协文化俱乐部主任。之后，文抗也有了自己的“作家俱乐部”，鲁艺也建立了“创作之家”。“所谓俱乐部，也就是拥有三四间比较宽绰的窑洞，一个平台，平台上用蒿草放在木架上，搭了一个凉棚。这便是非常适宜的开会地址。”[①]很多小团体小组织的成立会、例会、理事会、纪念活动、讨论座谈会、诗歌朗诵会、小型演剧、下棋、聊天、玩牌等，常常是在文化俱乐部进行的。建立文化俱乐部，建立公共文化活动场所，显然影响着文化人的“社团”、“组织”意识，大大促进了延安社团活动和组织运动的开展，并酿造出延安特有的某种情绪氛围。边区文协文化俱乐部举办过很多活动，最活跃的时期是1941年和1942年。

1941年：

5月25日，延安音协与文化俱乐部合办“星期音乐学校”开学典礼。

5月31日，延安新诗歌会与文化俱乐部为纪念屈原召开座谈会。

6月14日，文化俱乐部跳舞班成立。

6月25日，延安音协与文化俱乐部合办延安乐队。

7月9日，文化俱乐部讨论如何开展延安文娱工作，为俱乐部添置各种玩具。

7月27日，艾青报告《中国诗人》。

8月20日，文化俱乐部请雪苇报告《文学学习的几个问题》。

12月6日，文化俱乐部成立摄影小组。

12月14日，延安文艺界在文化俱乐部举行追悼丘东平大会。

---

① 刘锦满《油印本〈新诗歌〉集目拾记》，1982年第2期《新文学史料》，第77页。

1941 年 7 月 20 日，丘东平在苏北盐城敌人扫荡中牺牲，年仅 30 岁。参加会议的有：艾青、丁玲、欧阳山、高长虹、吴奚如、荒煤、刘白羽等。

12 月 31 日，文化俱乐部举行跳舞晚会。

1941 年，边区文协延安文艺顾问委员会为使文艺小组和其他团体的文艺习作者有系统地了解文艺理论，特约请延安作家每两周在文化俱乐部报告一次。报告题目与报告人是：陈荒煤：主题与典型；刘雪苇：文学的发源及其发展；周扬：现实主义；艾思奇：文学与生活；何其芳：欣赏与批评；茅盾：中国文学运动史；萧三：苏联文学；周立波：欧洲文学；丁玲：漫谈《子夜》；周文：《阿 Q 正传》；研究报告：抗战以来的中国创作；研究报告：新民主主义的现实主义。1941 年，文艺月会的例会活动常在文化俱乐部进行。

1942 年：

1 月 4 日，文化俱乐部举行诗歌晚会，到会数百人，由艾青、柯仲平、高长虹、公木、孙剑冰、李方立、朱子奇、侯唯动、萧三等朗读中外新旧诗作，鲁艺音乐系的杜矢甲引吭高歌，会场情绪热烈，深夜始散。

2 月 10 日，文化俱乐部举办纪念俄罗斯诗人普希金逝世 105 周年纪念活动，萧军、艾青、萧三、柯仲平、高长虹等百余人参加，众人通过朗诵小说诗歌来代替纪念辞。

2 月 18 日，文化俱乐部举行"毛泽东日"，徐特立报告"毛泽东片段"，张如心报告"怎样学习毛泽东"，萧三报告"毛泽东童年"，另有毛泽东著作展览室。

4 月 12 日，文化俱乐部举行马雅可夫斯基逝世 12 周年纪念会。萧三等朗诵马氏的诗，高长虹朗诵自己的诗，艾青提出"把诗送到街头去"。艾青说，纪念马雅可夫斯基最珍贵的纪念品，乃是"让诗脱去神父的可憎的黑袍，穿上清道夫的红背心"。

7 月 5 日，文化俱乐部请胡乔木报告"铁牛角"的政治形势，6 日请柯柏年报告“抗战五年来的国际形势”,8日请周扬报告有关整风中的文艺创作问题。

7月19日,文化俱乐部召集延安音乐界纪念聂耳逝世7周年,并举行小型音乐会。

8月15日,文化俱乐部举行音乐跳舞晚会招待在延国际友人,特请延安国乐社表演器乐合奏。

8月17日,文化俱乐部召集星期音乐社、业余剧团、延安国乐社、延安合唱团等业余文化团体负责人30余人举行夏季茶会,讨论展开延安街头娱乐活动问题。

9月28日,剧协临时工委会在文化俱乐部召开联欢会,招待120师战斗剧社。

9月10日,文化俱乐部开展街头文艺活动,在文化沟口建街头艺术台一座,设“街头画报”、“街头诗”、“街头小说”三种巨型墙报。

1942年下半年之后,延安整风运动逐渐转向审干运动,政治风声渐紧,文化俱乐部里的歌声、舞会、诗歌朗诵、戏剧表演、各种纪念活动渐渐地消停了,因为延安文化组织文学团体已纷纷改组、转向或从事其他活动去了。

三、怀安诗社

延安的文学团体中,以诗歌团体为多,且多以写作新诗为主;诗歌朗诵活动或街头诗运动,主要采用的也是新诗形式。但是,延安也有一些旧体诗词的爱好者和写作者,他们后来组成了怀安诗社。

1941年9月5日,陕甘宁边区政府主席林伯渠和边区参议会副议长谢觉哉在延安交际处联名宴请寓居在延安的戚绍光、贺连城、安文钦、白钦圣、汪雨相、施静安、李丹生等十余位60岁以上的民间诗人墨客,请中央政治局常委王明作陪,当时在边区政府工作的李木庵、高自立、张署曙、鲁拂民、朱婴、吴谦等也出席作陪。这些民间诗人墨客中，有秀才5人，拔贡1人。他们畅谈当年入场及清末遗事。因为他们多为诗词之士，因而，林伯渠提议成立一个切磋诗艺、互相联络的诗社，得到与会者的一致赞同。林伯渠说，边区建设民主政治，必须使老者能安，少者能怀。李木庵也指出，自抗战以来，延安成为抗日民主中心，光辉灿烂，如日方中，天下葵倾，万民拥戴，爱国志士，不畏险阻，不远万里而来，汇为革命洪流，在中国共产党和毛主席领导下，对日寇进行了英勇的艰苦卓绝的搏斗，卒能挽救民族危亡，而奠国基于磐石，这不就是天下怀安吗？因此，大家将诗社定名为怀安诗社，推举陕甘宁边区高等法院院长李木庵主持诗坛，负责诗笺的抄存、传送、保管、整理等工作，称诗社的活动为“延水雅集”，与东晋王羲之的“兰亭雅集”相呼应。[①]

怀安诗社是一个松散的业余诗歌组织，既未明文发布宣言章程，也无固定的入社手续和种种规定，只要经常以诗词投社，在同好中互相唱和的就是社员。董必武在重庆时写了《闻延安成立怀安诗社赋四绝句》，他回到延安后，就成了诗社成员。朱德、叶剑英、吴玉章、徐特立等将自己的作品寄给诗社，也成为诗社成员。后来入社的有续范亭、熊瑾玎、钱来苏、黄齐生、刘道衡、陈毅、陶铸等。

诗社成立后，1941年9月7日延安《解放日报》和9月15日重庆《新华日报》进行了报道。诗社在《解放日报》开辟“怀安诗选”专栏，刊发社员诗作。1941年10月16日刊出林伯渠、谢觉哉、朱婴、李木庵等人的诗词6首。1942年2月21日又刊出续范亭、林伯渠、李健侯、李木庵、张曙时的7篇作品。李木庵后来将大家的作品结集为《怀安诗刊》，以旧体诗词为主，兼及新诗、译诗、戏曲和诗话。但因战争时期，

① 《怀安诗社成立》，1941年9月7日《解放日报》。

时局动荡，条件欠缺，人员流动，已经编好的诗刊也不能出版。《解放日报》上的"怀安诗选"专栏刊出两次后，也未能继续。

1980年，李木庵主编的《怀安诗社诗选》得以出版，他用骈赋体写下《序言》，说明雅俗之辞、新旧之体均可汇为洪流以"扬民族之性，振中国之魂"：

一国兴亡，视乎民气；民气升沉，系乎士志；士志激越，发为心声。诗词歌曲，皆心声也。时至今日，四海横流，法西肇祸于西欧，倭寇逞暴于东亚。吾国积弱，首遭侵凌，大好河山，竟成破碎。国中志士，敌忾同仇，义愤所激，恒多泣血锥心，歌哭无地。西北为抗日民主根据地，五载以还，相率艰苦奋斗之中，不无慷慨悲歌之士，披襟述怀，吮毫抒愤，情无间于儿女，而敷陈时艰，痛心国难，志不失为英雄。意切共鸣，言出自由，或创作，或译述，辞在雅俗之间，体无新旧之限。不以地囿，相应声同。积篇成贴，随期公布，俾草木天籁，合成巨响，涔蹄浅沼，汇为洪流，既可扬民族之性，亦可振中国之魂。则心声可及，国运可回；军歌与战鼓齐鸣，吟坛共战场并捷。直可辅翼武功，岂徒目为文艺。[1]

四、民众娱乐改进会与民众剧团

边区文协的另一重要活动是组建民众娱乐改进会和民众剧团。

1938年4月，边区工人代表大会组织晚会，演出京剧《二进宫》、秦腔《升官图》和《武家坡》，老年人穿着新衣服，女青年搽粉戴花，赶来看

① 叶镜吾《怀安诗社概述》，《怀安诗社诗选》，第292页，陕西人民出版社，1980。

戏，剧场挤得满满的。也在晚会上看戏的毛泽东对边区工会主席齐华说："群众非常喜欢这种形式。群众喜欢的形式，我们应该搞，就是内容太旧了。"齐华向毛泽东介绍了边区文协副主任柯仲平。毛泽东对柯仲平说，应该搞这种群众喜闻乐见的中国派的形式。柯仲平便着手准备建立一个"旧瓶装新酒"的剧团。在齐华的帮助下，柯仲平寻找住房，寻找经费，反复劝说当时还在延安师范学校任教的马健翎，共同筹建新剧团。马健翎是陕西米脂人，专演秦腔，吹拉弹唱、导演、写剧等，都是一把好手，他当时在延安师范学校主持着一个乡土剧团。成立边区民众娱乐改进会的准备工作就绪了。

1938 年 5 月 15 日，边区民众娱乐改进会召开筹备会，大家推举柯仲平和总工会的郑义起草简章和宣言。5 月 23 日下午 6 时，民众娱乐改进会在边区文协举行成立大会，到会的有延安各方面爱好民众文艺的 50 多人。柯仲平担任主席，边区文协秘书柳青担任记录，郑义报告筹备经过。大会讨论并通过了简章和宣言，选举马健翎、杨笑平、郑义、高敏夫、柯仲平、温涛、李丽莲、张季纯、吕骥、柳青、钟敬之、崔嵬、艾丁、向隅、丁里、沃渣、丁克礼等 17 人为干事。柯仲平在《边区民众娱乐改进会成立经过》里说，中国的全面抗战已进行了 10 个月，民众所唱的仍是"奴家呀，情郎呀"之类的"不能配合时代的情歌"，所看的仍是《升官图》、《五典坡》等"足以麻木大众的旧戏"，因此，他们发起组织"陕甘宁边区民众娱乐改进会"。[①] 民众娱乐改进会在中共机关党报《新中华报》上发表了《陕甘宁边区民众娱乐改进会宣言》：我们爱我们的歌谣、小调、大鼓、莲花落、花鼓、戏曲等，它们是我们生活的一部分，而且是最重要的一部分，不过，这些"好东西"只是"民族的大众的"，还不是"抗战的民族的大众的"。我们今天应该努力的方向是"创造抗战

① 《边区民众娱乐改进会成立经过》，1938 年 5 月 25 日《新中华报》第 3 版。

民族大众的文学艺术”，因此，民众娱乐改进会的宗旨是，“在这从古未有的大抗战中，改进我们的歌子和戏曲——使我们的一切娱乐能够帮助，能够配合我们的抗战。”①

民众娱乐改进会召开成立大会后，1938年7月4日在延安火神庙进行了第一场演出。其中演出的马健翎的《一条路》、张季纯的《回关东》等，讲述的都是抗日故事，使得很多观众叹息流泪。当演到日本鬼子闯出来时，一块石头飞到舞台上，差点砸在装扮鬼子的演员党奎身上。柯仲平赶紧站出来大声说：“同志们！同志们！这是演戏，他们都是我们的同志，好人，不是日本鬼子，可不敢扔石头了！嗯！砸了好人那就不行了！”②这次演出的成功，坚定了马健翎等人对于新戏曲的信心。马健翎很快动员了他所在的延安师范学校乡土剧团的重要演员张云、史雷、党奎等，另加上延安秦腔业余剧团的一部分人，正式成立陕甘宁边区民众剧团。

边区文协把民众剧团当做中心工作之一去做。③ 民众剧团由柯仲平任团长，刘克礼任副团长，马健翎为编导部主任，张季纯为剧务主任，墨遗萍为教务主任，李丽莲任音乐教员。柯仲平称马健翎是剧团“一个最坚定的支柱”。④ 他后来又想方设法请到了民间艺人李卜担任剧团老师，并留在剧团工作。1938年7月起，剧团得到王若飞的指导，决定走向“职业化”。柯仲平以他诗人的工作热情到处筹款筹物。毛泽东送了300元光洋给剧团。剧团用100元买来汽灯和驮行李的小白马等，另外200元，柯仲平学着陕北人的样子，做了个围肚，把钱缝

① 《陕甘宁边区民众娱乐改进会宣言》，1938年5月25日《新中华报》，边区文化界救亡协会编《边区文化》第6期。

② 王琳《狂飚诗人·柯仲平传》，第163－164页，中国文联出版公司，1992。

③ 柯仲平《生长着的民众剧团》，1938年10月25日《新中华报》。

④ 柯仲平《生长着的民众剧团》，1938年10月25日《新中华报》。

在围肚里，天天围在身上，睡觉也不解下来。当剧团碰到困难、演员们有烦恼情绪、柯仲平生气的时候，他便解下他的围肚子，抖着叫大家看："你们以为这剧团好办呀？……"[①]剧团还得到了周恩来、博古、贺龙、陈云、王明、边区教育厅等个人和单位的经济帮助和设备支持。民众剧团先后请刘白羽、柳青、方纪、草明、林山、杨造、艾思奇、吴玉章、吕骥等人来讲文化课和音乐课。

1939年2月13日，民众剧团首次从延安出发，带着《一条路》、《查路条》、《好男儿》、《回关东》、《有办法》等秦腔现代戏和快板剧，到延川、定边、盐池、志丹等地巡回演出。剧团团旗写着"大众艺术野战兵团"，舞台两边的对联是"中国气派，民族形式，工农大众，喜闻乐见"和"明白事理，尽情尽理，有说有笑，红火热闹"。横额是"团结抗战"。剧团唱着柯仲平作词的团歌，步行二千五百里，历时四个月零三天，于6月16日返回延安，被称为"小长征"。[②] 1940年7月11日至12月15日，民众剧团又到战争前线的陇东分区和三边分区演出。

柯仲平性格直率、豪迈、开朗，有人比喻他"就像陕北天空湛蓝的颜色"；但同时他也是脾气暴躁的，爱骂人，开会时他一个人讲，讲完就吩咐照办，谁也不敢有二话。诗人鲁藜、音乐家杜矢甲为此离开民众剧团，而刚从陕北公学毕业热爱写诗的刘御和侯唯动就忍耐着。[③] 1942年9月，毛泽东为《解放日报》第4版征稿之事宴请博古、王若飞、舒群、柯仲平等。毛泽东对柯仲平说："老柯，你带个剧团，常在乡下奔波，辛苦了。喝吧！请喝这碗慰劳酒！"[④]毛泽东的话，使柯仲平感到知己的温暖。

---

① 王琳《狂飚诗人·柯仲平传》，第211页，中国文联出版公司，1992。
② 鲁藜《我们在窑店子》，1938年3月19日《新中华报》。
③ 侯唯动《柯仲平领导边区民众剧团》，1983年第1期《新文学史料》，第146页。
④ 舒群《枣园之宴》，收入艾克恩编《延安文艺回忆录》，中国社会科学出版社，1992。

1941年，柯仲平调到边区文协专职工作后，剧团由马健翎负责。1943年秋，毛泽东特邀柯仲平、马健翎、杨醉乡到枣园，赞扬民众剧团和抗战剧团的活动。1944年11月9日，陕甘宁边区文教大会表彰民众剧团并为之颁发"特等模范"奖旗，授予马健翎个人特等奖和"人民艺术家"称号。①

1946年9月26日，记者林间在《解放日报》上发表《民众剧团下乡八年》，使用了一系列数字说明民众剧团的演出活动：抗战8年中，下乡最多的是民众剧团，平均8天有3天在乡下，共走了23个县（全边区31个县市），190处市镇村庄，演出1475场戏，平均2天演1场，观众260万人次。8年中，剧团共创作49出戏，改编15出，上演团外戏15出，演出最多的是马健翎写的《血泪仇》、《查路条》、《中国魂》、《中国拳头》、《官逼民反》、《穷人恨》、《十二把镰刀》、《好男儿》、《三岔口》、《两家亲》、《抓破脸》、《大家喜欢》、《桃花村》、《三妯娌》、《反徐州》和黄俊耀改编的《滁安州》等。

作为一个有着宏大抱负的"狂飙派"浪漫主义诗人，柯仲平献出了他个人的诗歌创作时间和精力，为民众娱乐改进会和民众剧团奔波，为边区文协的文化服务工作奔波，将思考的重心转到适应宣传的大众化、通俗化方向上。他的这些工作，当时受到来自鲁艺文学系、戏剧系的有些诗人剧作家的批评和讽刺。当柯仲平跟丁玲说起这些事，他常不免"为那些无端的嘲笑，有意的排斥，为一些窃窃私语、带笑的谗言而愤懑"。② 民众剧团"长期以来受到文艺界某些人的冷遇与讽刺"。③柯仲平曾当着鲁艺文学系主任何其芳"大大地批评了鲁艺一阵"，说鲁

① 《七年来始终为边区人民服务，民众剧团成绩卓著》，1944年11月9日《解放日报》第2版。

② 丁玲《一块闪烁的真金——忆柯仲平同志》(1979)，《丁玲全集》第6卷，第22页。

③ 丁玲《延安文艺座谈会的前前后后》(1982)，《丁玲全集》第10卷，第270页。

艺是中央领导的单位，条件很好，却不为边区群众服务；民众剧团是地方剧团，条件很差，却努力为边区群众服务，他要和鲁艺挑战竞赛；而何其芳的观点是，艺术虽要"普及"，同时应当要"提高"。[①] 民众剧团的活动得到了毛泽东的支持，而张闻天也从"民族文艺"的角度，支持这个剧团的努力方向，他说："我不赞同个别同志的意见。有人认为民众剧团没有办法，才不得不实行民族化、大众化，认为民族化、大众化是降低艺术。我认为，要到民众中去了解民众，了解民众究竟需要什么，才能使中国的文艺成为民族的文艺。如果只是模仿欧美，是不会有重大成绩的。"[②]艾思奇也指出，边区文化存在一个缺点是，边区文化"提高"、"输入"的多，而从地方发扬起来的少，广泛性、深入性、民众性不够，"提高"工作要和深入民众的工作相配合，文化工作者应该对保存着许多地方特色然而为流俗低级的趣味所腐蚀了的文化生活进行指导和改善。[③]

当时前线不断说着"文化饥荒"，呼吁延安"送文化粮食与文化干部到前线去"，[④]民众剧团在陕北的沟沟壑壑、在中共根据地行走 8 年，"送来了优秀的节目，鼓舞了士兵，教育了人民"。[⑤] 他们的演出、演讲、个人性的思想工作，深受将士们尤其是战士们的欢迎，战士们需要懂得打仗、行军(甚至行军走路时都可能会睡着)、流血、艰苦生活的意义，他们的生活有时是单调无味的，情绪有时也是沉闷压抑的。柯仲

① 何其芳《毛泽东之歌》(1976－1977)，《何其芳全集》第 7 卷，第 399 页。

② 张闻天《支持长期抗战的几个问题》(1939)，《张闻天文集》第 3 卷，第 22 页，中共党史出版社，1994。

③ 艾思奇《谈谈边区的文化》，1938 年 3 月 5 日《新中华报》。

④ 林山《送文化粮食与文化干部到前线去》(1938 年 8 月 30 日《新中华报》)，编者《救救前线的文化饥荒》。(1938 年 9 月 10 日《新中华报》，《动员》第 8 期。)

⑤ 1940 年，时任关中地委书记、政委的习仲勋给柯仲平、民众剧团的信。见王琳《狂飚诗人·柯仲平传》，第 211 页，中国文联出版公司，1992。

平、马健翎带领的民众剧团与丁玲、周巍峙率领的西北战地服务团一样，他们的宣传演出不仅仅给部队官兵带去了党的工作方针政策、娱乐、兴奋，同样重要的，是为中共党铺垫了广泛的民众思想情感基础。

第三章
"文抗"延安分会：作家之间的合作与冲突

第一节 "文抗"延安分会的组织机构

一、全国"文协"以及"文抗"延安分会的成立

全面抗战的局势形成之后，1938 年 3 月 27 日，中华全国文艺界抗敌协会（简称"文协"）在汉口成立，大会选举老舍、郭沫若、茅盾、丁玲、胡风、张道藩、胡秋原、沈从文、曹禺等 45 人为理事，周扬、吴奚如、罗烽、舒群、立波、欧阳山、宗白华、梁宗岱等 15 人为候补理事。周恩来为名誉理事，老舍负责全国"文协"日常工作。[①] 4 月 20 日，艾思奇在延安《新中华报》发表《祝全国文艺界抗敌协会的成立》说，文艺界的阵线素来混乱，"文人相轻"的传统成语，似乎就是为着暴露文人不能团结的特性；但现在，中国处在生死存亡的抗战之中，中国人民已经看见了争取生存的大政方针：抗日民族统一战线，"文艺界的个人主义时代

① 《全国文艺界空前大团结》，1938 年 3 月 28 日《新华日报》。

应该完结了，起来代替的应该是集体战斗的时代。文艺人的自由主义的时代应该被克服了，起来代替的应该是共同为民族为国家而尽其所能的时代”。[①] 1938年10月，武汉失陷后，全国文协机关转移到重庆。

1938年9月11日，在边区文协的召集下，延安成立了陕甘宁边区文艺界抗战联合会，以作为边区文艺界的总组织机构并与各文艺小组构成工作联系。[②] 1939年2月10日，延安成立中华戏剧界抗敌协会陕甘宁边区分会。[③] 受其影响，陕甘宁边区文艺界抗战联合会为与全国文协取得密切联系，决定改名为“中华全国文艺界抗敌协会延安分会”（简称“文抗”延安分会，或“文抗”）。

1939年5月14日下午2时，文抗延安分会在边区文协召开成立大会，到会者有周扬、丁玲、艾思奇、沙可夫、李公朴、卞之琳、塞克、白澄、林山、张振亚、李雷、陈学昭等30余人，还有刚从苏联回来的萧三。首先，由主席周扬报告筹备经过以及成立文抗延安分会的意义，接着卞之琳代表边区文协抗战文艺工作团第3组报告去前线工作的情形以及所获得的经验教训，之后，萧三报告了苏联最近文坛动态，详细介绍说明了苏联作家对于社会活动和第3个五年计划所起的作用。然后，会议选举理事，成仿吾、周扬、萧三、沙可夫、丁玲、艾思奇、柯仲平、张振亚、严文井、陈学昭、赵毅敏当选，张庚、骆方为候补理事，周扬、萧三、沙可夫为常务理事，张振亚为秘书长。会员67人。会议讨论了分会的工作、《文艺战线》的编辑计划、扩大鲁艺文学系的提案等事项。会议于下午5时结束，大家到延安抗日军政大学合作社会餐。[④]

---

① 艾思奇《祝全国文艺界抗敌协会的成立》，1938年4月20日《新中华报》。

② 林茫《我们的“文联”成立了》，1938年9月20日《新中华报》。

③ 《中华戏剧界抗敌协会边区分会正式成立》，1939年2月13日《新中华报》。

④ 《中华全国文抗会延安分会成立》，1939年5月19日《新中华报》第3版。另可参见庄栋《延安文艺界成立文协分会》，1939年6月16日《文艺阵地》第3卷第5期第977—979页。

从此，文抗正式挂名工作。1941年7月1日以前，文抗与边区文协虽然名称有异，但成员和活动是一体的，成员笼括了当时延安大部分活跃的文化人。

后来的历届会员大会和理事会上，文抗延安分会改选和增补的理事先后有：塞克、何其芳、吴伯箫、曹葆华、天蓝、雪苇、周文、刘白羽、周立波、陈荒煤、庄启东、雷加、于黑丁、李伯钊、舒群、欧阳山、艾青、罗烽、吴奚如、萧军、草明、白朗、魏伯、李又然，候补理事魏东明、黄既，常务理事丁玲、周文、曹葆华、雪苇、李伯钊。

文抗延安分会先后驻会的作家有：林默涵、高长虹、马加、罗丹（程追）、石光、高原、方纪、于黑丁、曾克、周而复、柳青、庄启东、魏伯、雷加、高阳、舒群、罗烽、白朗、严辰、陆斐、鲁藜、李雷、韦明、张惊秋、师田手、董速、金肇野、崔璇、方紫、伊明、郑文、王琳、艾青、韦荧、张仃、杨朔、草明、欧阳山、萧军、刘白羽等。①

1939年9月9日，全国慰劳总会北路慰问团经过延安，慰问团总团长张继，团长贺衷寒，全国文协总会代表是老舍。慰问团受到毛泽东等人和延安各文化团体的热情欢迎。9月16日，老舍在陕北榆林给周扬写信，商谈文协总会和分会的工作。谈工作之余，老舍的话说得热情洋溢而充满希望："我们团结了，我们团结得好！……我们团结，我们彼此关切，真挚的友谊能使我们永远携手前进啊！"9月22日，慰问团返回延安时，老舍又就文艺界形势作了详细报告。10月19日，周扬给老舍回信，认为文协总会在团结全国文艺家上，在推进战时文艺政策，尤其是通俗文艺运动上，在扩大国际宣传上，有不少成绩。周扬向老舍推荐了延安"具有才能的青年作者"：野蕻、天蓝、梁彦、魏伯、黄

① 艾克恩《延安文艺运动记盛》，第262页，文化艺术出版社，1987。

钢、康濯等,都是当时鲁艺文学系的学员。[①]

继文抗延安分会之后,1939—1940年,在延安文化人的工作地、边区文艺工作团所在地和鲁艺学生所在地等中共其他根据地,延安文化人与当地文化机构联合起来,还建立了若干文抗分会,如鲁艺文学系学生非垢、莫耶所在的晋西分会,莫耶是为许多延安青年传唱的《延安颂》词作者;晋东南分会由李伯钊、陈荒煤、刘白羽、徐懋庸与当地文化工作者组成;晋察冀分会由成仿吾、田间、沙可夫、周而复、何干之、魏巍、康濯、邓拓等组成。陕甘宁边区的文化工作,就像一张巨网,通过多种方式,辐射整个边区。

二、文抗成立一周年工作汇报

1940年4月15日文抗延安分会成立一周年的时候,由常务理事丁玲、萧三、周扬、周文、曹葆华署名,向重庆全国文协总会详细地"报告会务近况"如下:

1940年1月3日全体会员大会选出第2届理事会,当选理事为:丁玲、萧三、周扬、塞克、何其芳、吴伯箫、曹葆华、天蓝、柯仲平、雪苇等,2月15日举行扩大理事会,增选周文、刘白羽、立波、荒煤、庄启东5人为理事,推选常务理事:丁玲、萧三、周扬、周文、曹葆华。常务理事会推周文担任总务部,丁玲担任组织部,萧三担任出版部,周扬担任研究部工作。分会所进行的工作有:

1.组织方面:会员已登记67份。直接领导的文艺小组,在工厂、部队、学校、机关先后建立起来的有19个单位,29个小组,会员325人。派出的抗战文艺工作团共6组,领导者分别为:第1组刘白羽,第2组雷加,第3组卞之琳,第4组仍然是刘白羽,第5组周而复,均先后

① 参见周扬《关于文协的工作》(并老舍来信),1940年2月16日《文艺战线》第1卷第6期。

前往山西、河北、山东等地工作，最近又组成第6组，由萧三领导，前往晋西北工作。

2. 出版方面：分会出版的《文艺突击》已满一卷，经第二届理事会扩大会议决定改名《大众文艺》，将内容改变为适合大众教育的刊物。因发行困难，拟暂只发行前方部队和延安附近各地。出版通俗的文艺丛书，专供前线士兵和群众阅读。

3. 研究方面：在研究部之下成立了文学顾问委员会，聘请作家担任，经常替各文艺小组看稿，每月出席文艺小组一次，作各种文艺报告，并负有编印文选、介绍读物的责任。每月由研究部召开文艺座谈会3次，文艺演讲会1次。

4. 总务方面：每月召开全体文艺晚会1次，报告本分会各部工作进行状况，发动出版募捐、征收经费等。由总务部经常和总会通信，报告本分会所有工作，取得密切联系。必要时，召集本分会有关的各文化团体举行联席会议，以推进整个抗战文化活动。

延安分会对“总会”也有所请求：每月补助200元，使分会刊物和丛书能经常出版；按期寄总会会刊《抗战文艺》；给分会67名会员发会章；在重庆设分会办事处和负责人。[①]

三、文抗会议、工作安排以及领导机构

1941年1月4日，文抗延安分会举行年会，到会会员30余人，欢迎从大后方来延安的于黑丁、曾克、陈学昭和由前方返回延安的李伯钊、下乡归来的柯仲平。分会各部报告一年来的工作后，决定：1. 改选理事，加强实际领导工作。2. 在文协内设立文协分会办事处，集中人力，充实与健全文艺小组工作。3. 全体会员应切实支持文协刊物《中

① 《向总会报告会务近况》，1940年4月15日《大众文艺》创刊号。

国文艺》。最后，选出理事9人：丁玲、周扬、萧三、周文、雷加、于黑丁、刘雪苇、李伯钊、舒群，从中选出常务理事5人：周文（总务部）、丁玲（组织部）、刘雪苇（研究部）、周扬（出版部）、李伯钊。

1941年8月，文抗召开全体会员大会。

1941年8月3日上午9点到下午5点，文抗分会第5届会员大会在杨家岭大礼堂召开（下午因雨改在文抗俱乐部）。到会会员60人，来宾有中宣部代部长凯丰和鲁艺副院长赵毅敏等10人。刘白羽带领大家向抗战死难文艺工作者致哀，并报告大会筹备工作。艾青、罗烽、萧军、欧阳山等7人当选为主席团。中央研究院文艺研究室主任欧阳山主持会议。这天是鲁迅61岁诞辰日，全体人员向鲁迅遗像行礼致敬。周文、吴伯箫分别报告上届理事会和4年来文抗分会工作：(1)目前已与45个单位（包括工厂、机关、团体、学校、部队等）成立了85个文艺小组，拥有组员667人；(2)成立抗战文艺工作团（前后6组，22人，足迹遍及华北各抗日根据地，深入北平、天津、高碑店等敌后方）；(3)成立文艺顾问委员会（组织"文艺讲座"和文艺座谈会20—30次，阅稿400篇）；(4)出版《文艺战线》、《文艺突击》、《大众文艺》、《中国文艺》等刊物；(5)由会员自由组织了文艺月会（开座谈会9次，出版《文艺月报》7期），举办星期文艺学园（拥有正式学员百人，学习期限2年）等。

柯仲平主持讨论会章。会章规定："本会以联合在延安文艺作家，共同坚持对日抗战，坚持全国作家团结，力求文艺工作之活跃与进步，推进新民主主义文艺运动并保障作家权益为宗旨。"

会议改选了27人理事：丁玲、欧阳山、艾青、萧三、柯仲平、周扬、舒群、罗烽、吴奚如、周文、吴伯箫、立波、何其芳、艾思奇、萧军、刘白羽、荒煤、雪苇、黑丁、雷加、草明、李伯钊、白朗、庄启东、魏伯、李又然、曹葆华。另有候补理事5人：严文井、张庚、魏东明、陈学昭、黄既。

刘雪苇主持通过大会通电。通电说，今后要加强与总会及各地分会、文化文艺团体的亲密联系，保障作家的权益，争取民主自由，更好地用文艺配合抗日建国的事业。萧三主持通过致苏联作家书。艾思奇主持讨论提案。大会原则通过欧阳山等 3 人提议的“请边区政府决定并转呈国民政府颁布八月三日为文艺节”一案，并商议了具体做法。[①] 分会召开了理事会，选举常务理事 9 人，确定各部门负责人。[②]

1941 年 8 月 3 日，《解放日报》特地为文抗这次大会发表了社论《努力开展文艺运动》，历数文抗成立后的工作成绩，同时也指出了延安边区文艺工作的缺点表现在优待文艺作家、帮助作家更深入地体验现实生活、创作的出版和鼓动、训练更多的文艺青年等问题上。9 月 12 日，叶澜在重庆《新华日报》上撰文《文艺活动在延安》，详细介绍了延安文抗的文化活动以及第 5 届会员大会的情况，并记录了 27 位理事的名单。

第二节　日常生活·《谷雨》·文化普及活动

一、文抗俱乐部里的欢声笑语和会刊《谷雨》

“文抗”的生活很有意思，是我一生中难忘的、常常激起

① 《中华全国文艺界抗敌协会延安分会第五届会员大会记录》（专载），附录：一会章；二理事；三通电；四致苏联作家书，见 1941 年 8 月 20 日《中国文化》第 3 卷第 2—3 期合刊。另外，可参见《延安文抗分会会员大会，通过提案多项，建议总会定“八三”为文艺节，加强分会与总会的联系》，1941 年 8 月 4 日《解放日报》第 2 版。

② 1941 年 8 月 19 日《解放日报》第 2 版“边区点滴”。

我感情冲动的一段生活。①

啊！延安的生活，艰苦而又欢乐，多么令人怀念啊！②

在延安，人与人之间存在着最和谐、最融洽的气氛，这是新世界里一种新型的人际关系——这是同志的友爱。它是那样自由、平等、舒适、酣畅。从一九三八到达延安以来，我一直徜徉在友爱之中。③

这是当年的文抗作家方纪、李又然、刘白羽在回忆延安生活时所写的语句。这些闪烁着阳光色彩、温柔情调、理想化梦境的言词，在很多关于延安的回忆录里都能看到。1941年秋，方纪从南区边区文协调回蓝家坪文抗，当时在文抗的有吴伯箫、刘白羽、柳青、舒群、罗烽、马加、丁玲、魏伯、萧军、张仃、金肇野、欧阳山、周而复、李又然、草明、艾青、厂民（严辰）、逯斐、黑丁、程追、白朗、曾克、师田手、韦嫈等30多人，文抗机关由中共党支部负责，支部书记郑汶，秘书长黑丁和石光。文抗作家们的日常生活是这样的：

当时，作家们对生活也无过分要求，大家待遇都一样，每日无非一斤菜二钱油。每逢开饭时间，"小鬼"（对通信员亲切的称呼）用两个半截煤油桶作饭担挑上山来，一边是香喷喷的金黄色小米干饭，一边是清水煮白菜，一吹哨子，大家各自从自己窑洞中出来去打饭。……那时，白天除了看书，学

① 方纪《新的起点——回顾延安文艺座谈会前后》（方衡笔录），1982年第2期《新文学史料》，第48页。

② 李又然《最富的穷人——纪念朱总司令》，《李又然散文集》，第179页，长江文艺出版社，1984。

③ 刘白羽《心灵的历程》（新版）（上册），第362页，解放军文艺出版社，2003。

习马列书籍和时事外，其余的时间就是写作了。文艺书籍不多，但可以到杨家岭图书馆去借。[1]

大家都在写作，行政事务有人管。作家们都住在一排窑洞，颇不寂寞。[2]

1941年，文抗在蓝家坪开设了"作家俱乐部"，萧军曾向许多领导同志募捐，用来整修和装饰它，毛泽东分3次给了一千元，朱德说，也捐一千块，但钱让战士们拿去驮盐了，回来后才能捐，边区政府主席林伯渠一次就给了三千元。[3] 美术家张仃将俱乐部布置得美观而雅致。1941年10月18日晚6时，文抗"作家俱乐部"正式开张，陆续举办"世界名画展"、"郑景康摄影展"、"张仃漫画展"、小型话剧演出、周末舞会等，"非常活跃，气氛热烈"。张仃画的多是作家头像：陈荒煤、刘白羽、白朗、丁玲、舒群等，小型话剧是作家们自己配对合演的一些苏联剧目《第四十一个》、《人约黄昏后》、《茨冈》。

第一次周末舞会盛况空前，女同志们换下军装，化了妆，淡抹脂粉，梳了各种发式，有的穿旗袍，有的穿连衣裙或西装，有的穿皮鞋，有的穿布鞋，有的在鞋头装饰彩色绒球，一扫平时千篇一律的装束，一个个打扮得非常美丽，精神焕发。毛主席、朱总司令、江青都来了。[4]

我们的乐队是几张磨坏的唱片，加上脸盆和碗筷，沙沙

---

① 方纪《新的起点——回顾延安文艺座谈会前后》（方衡笔录），1982年第2期《新文学史料》，第48页。

② 章明《只把春来报[三]——一位女作家的自述》，1996年第3期《新文学史料》，第63页。

③ 刘增杰、王文金《有关〈谷雨〉的一些材料》，1982年第2期《新文学史料》，第75页。

④ 王德芬《我和萧军风雨50年》，第113－114页，中国工人出版社，2004。

沙、叮叮咚咚地伴奏起来，大家从中体会到莫大的愉悦。……当时有些同志反对我们跳舞：怕会像上海滩上那样糜烂；毛主席、朱老总都去参加，是默默地要这些同志放心：不会弄成洋场上的舞厅；我们的同志要有些正当的娱乐，来调剂艰苦的生活。①

1942年5月1日下午，延安文艺界在文抗作家俱乐部举行萧红追悼会，参加者有文抗、边区文协、草叶社、谷雨社、解放日报文艺栏、部队文艺社及鲁艺等团体，以及丁玲、萧军、舒群、艾思奇、周文、周立波、塞克、何其芳、艾青、罗烽、柯仲平、白朗、陈企霞、公木等50余人。壁上挂着萧红画像，会场充满严肃悲痛气氛，丁玲任主席，萧军报告萧红生平及著作。②

《谷雨》是文抗的另一会刊，创办于1941年11月15日。这是继文抗已有会刊《文艺月报》后的另一刊物。由于文艺月会及其《文艺月报》弥漫了浓厚的“口诛笔伐”的硝烟气味，《谷雨》改变了编辑方针，以“纯文艺”刊物的面目出现。从作者群来看，虽以文抗会员为主，但每期都有鲁艺文学系文人的身影。《谷雨》没有特殊的作家集会活动，也没有编辑部的集体讨论，由艾青、丁玲、舒群、萧军轮任编辑，采取当班编辑负责制。《谷雨》创刊号上登载的作品有：丁玲小说《在医院中时》、柳青小说《一天的伙伴》、厂民的诗《我们的队伍》、何其芳的诗《饥饿》、庄启东的诗《塞外杂吟》、吴伯箫散文《书》、周扬翻译的《艺术与现实之美学的关系》（车尔尼雪夫斯基著）。1941年12月14日，延安各文艺刊物编辑联席会在作家俱乐部举行，确定各刊的性质，提出大家

① 李又然《最富的穷人——纪念朱总司令》，《李又然散文集》，第179页，长江文艺出版社，1984。

② 《延安文艺界追悼女作家萧红》，1941年5月3日《解放日报》第2版。

应建立友谊，加强联系，交换稿件，交流经验。

以下是《谷雨》其他各期目录：

1942年1月15日第1卷第2—3期合刊：舒群《快乐的人》，罗烽《追逐》、刘白羽《在旅部里》、魏伯《争吵》、雷加《沙湄》、黑丁《我们第四队》、天蓝《我，延安市桥儿沟区的公民》、艾青《语言的贫乏与混乱》。

1942年4月15日第1卷第4期：立波《第一夜》、白朗《狱外记》、黑丁《炭窑》、马加《恐惧》、奚如《在晚霞里》、黄既《热情者》、陆地《落伍者》、李雷《号角之歌》、陈企霞《鸡啼》、张潮《樱子姑娘》、王实味《政治家·艺术家》、萧三《抗战中苏联文艺动态一瞥》。

1942年6月15日第1卷第5期，临时增加了整风运动中丁玲、艾思奇和刘白羽等人对当前文艺运动的"表态"文章，而丁玲同时还发表了写自己内心波动寻找思想行为借鉴的回忆萧红的文章：丁玲《关于立场问题我见》和《风雨中忆萧红》、艾思奇《谈文艺工作者的立场、态度和任务》、刘白羽《对当前文艺上诸问题的意见》、萧军《杂文还废不得说》、严文井《论文人的敏感和自我意识》、刘白羽《花朵》、何其芳《寂寞的国土》、周扬《关于艺术的内容与形式——读书笔记》、陈企霞《手——几段轮廓》、厂民《春耕》、柳青《在故乡》、邢立斌《夜》。

1942年8月15日第1卷第6期：艾青《我的父亲》、贾芝《织羊毛毯的小零工》、方纪《马》、余修《闻铃》、马加《宿营》、周而复《荒村》、鲁藜《散文二题》、萧三《关于高尔基》。这一期成为《谷雨》的终刊号，没有结束语，从文章的编排上也看不出"终刊"迹象。不同于此前边区文协的《文艺突击》和《中国文化》结束是由于纸张匮乏、价格昂贵，《谷雨》终刊是由于文抗开始了整风，人员开始流动，编辑风向必须转变了。

二、文抗作家的文化普及工作

文抗作家作为延安吃住不愁、略有津贴、发表文章有稿酬的"驻会作家”，除了专注创作之外，还用了较多时间从事文化普及工作。文抗开办了文艺小组，后来又专门开辟了“星期文艺学园”来培训那些热爱文学却不能进鲁艺文学系的青年。丁玲、萧军等作家显得很快乐地做着文化普及工作。

文艺小组首先由边区文协开办。延安有很多青年爱好文学，自发地成立了文艺小组，请作家们来辅导，请他们修改文稿，很多单位相继成立文艺小组，于是，边区文协便把文艺小组纳入工作中的一部分。1940 年 1 月，边区文协第一次代表大会后，各单位文艺小组迅猛发展，据 1940 年底的统计，成立文艺小组的有 45 个单位(包括安塞、保安、茶坊、曲子、甘泉等地区)，85 个小组，共 667 个组员。[①] 承担辅导、看稿、讲课的，主要仍是文抗成员。当文抗从边区文协中分离出来，文艺小组的工作也自然而然地归属到文抗组织中。文抗成立文艺小组工作委员会，采用巡回座谈会的方式进行辅导。1941 年 11 月，中央文委就文艺小组事情专门给延安各机关学校颁发“通知”，制定办法：“各机关学校的俱乐部应把文艺小组的组织工作作为自己工作的一部分”，“文抗分会文艺小组工作委员会只负教育上的责任”。[②]

1940 年 12 月，萧军从延安给胡风的信里说起文艺小组的“巡回座谈会运动”：文艺小组分成 13 个区，“每一星期在两个区里各开座谈会一次，由一个人先作点报告，而后就由他们提问，每一次问题总有十几个，有些是一般的，有些问题也很值得注意。到现在为止，已经举行了五次，每次常常要花费七八个钟点，路程远的来回可四十里。每一次，我，丁玲，有时周文也来参加。”[③]1941 年《文艺月报》第 4 期和第 6 期

① 雷加《七次巡回座谈会的经过与检讨》，1941 年 4 月 1 日《文艺月报》第 4 期。

② 《中央文委关于组织文艺小组对延安各机关学校的通知》，1941 年 10 月 1 日《文艺月报》第 10 期。

③ 晓风、萧耘辑注《萧军胡风通信选》，2004 年第 2 期《新文学史料》，第 145 页。

登载了两篇文章：雷加的《七次巡回座谈会的经过与检讨》和高阳的《又五次巡回座谈会风景录》，描述文抗作家到各地文艺小组进行巡回座谈会的一些情形：雷加耐着性子排次序表，发通知；高阳让草明、白朗、吴伯箫在文艺小组事前寄来的问题上划记号准备解答；丁玲在座谈会上笑着跟大家讲着风趣话，"全体大笑"；萧军叮嘱雷加把座谈会"开完"，在座谈会后高唱高尔基《夜店》里的《囚徒之歌》，"夜里，他那嗓子特别响亮"。[①]

1941年2月，丁玲提议办一个"星期日文艺补习班"之类的组织，因为她在巡回座谈会中感到，应该更具体地帮助文艺小组，帮助那些热心文艺工作却不能进鲁艺的文艺青年，这样使他们既不妨碍个人的本职工作，又可以满足自己的爱好。1941年1月"皖南事变"以后，艾青、罗烽、严辰、逯斐、于黑丁、曾克、舒群等陆续来到延安，文抗的作家更多了，于是，"大家兴高采烈地要办一个学校"，开会商议"要有系统地讲授文学史，创作方法，名著研究等"。因为在星期天，所以叫"星期文艺学园"。[②]

原来在讨论"星期文艺学园"时，大家有很多设想，[③]由于整风运动，从1941年4月开学到1942年8月，"学园"办了一期就结束了。尽管只有一年多时间，但文抗作家仍然认真而扎实地做了不少具体工作。在《文艺月报》设立的《延安星期文艺学园结束纪念特辑》上，萧军、高阳、雪苇、尤淇著文归纳了他们所做的事情：[④]

第一学期以学习中国文学史为主，以雪苇的"中国新文学运动史"

---

① 高阳的《又五次巡回座谈会风景录》，1941年6月《文艺月报》第6期。

② 《第五次文艺月会例会》，1941年6月《文艺月报》第5期。

③ 参见《拟创办"星期文艺学园"座谈会纪要》（1941年4月《文艺月报》第4期）和雪苇《关于"星期文艺学园"的产生》（1941年5月《文艺月报》第5期）。

④ 《延安星期文艺学园结束纪念特辑》，1942年8月15日《文艺月报》第16期。

为主课，邀请众作家作报告，介绍分析中国各地文艺运动：罗烽“九一八前后哈尔滨文艺运动情形”，魏东明“七七前后北平的文艺运动”，李伯钊“华北的文艺运动”，柯仲平“狂飙社”；另有雪苇的“鲁迅的精神和思想”。第一学期的“看稿委员会”11人：舒群、丁玲、刘白羽、高阳、雷加、李又然、师田手、陈企霞、须旅、萧军、李雷。

第二学期以创作为主，就“创作的准备”、“题材”、“人物”、“写景”、“怎样写通讯”、“现代欧美诗理论”、“关于文艺小组”、“作家与生活”等课题，讲了25次课：1. 高长虹“对文学的认识”，2. 萧军“文学的本质”，3. 魏东明“文学上所具备的几个条件”，4. 丁玲“风格与形式”，5. 雪苇“主题”，6. 萧军“典型”，7. 舒群“技巧”，8. 荒煤“语言”，9. 萧军“萧红的《手》”，10. 李雷“诗”，11. 吴伯箫“契诃夫的《套子里的人》”，12. 陈企霞“修辞学”，13. 李又然“修辞学”，14. 塞克“漫谈戏剧”，15. 严文井“童话”，16. 雪苇“《奔月》及其他”，17. 周立波“关于报告文学”，18. 李雷“诗人”，19. 艾青“诗的形象”，20. 艾青“诗的语言”，21. 柯仲平“诗与民谣”，22. 萧三“苏联的诗人”，23. 何其芳“诗与散文”，24. 雪苇“《铸剑》及其他”，25. 高阳“诗与生活”。第二学期“看稿委员会”5人：舒群、陈企霞、雪苇、李雷、高阳。两个学期共看稿187篇，其中小说80篇，诗53篇，散文38篇，批评、童话、译文、短剧等16篇。在这些习作中，除在《文艺月报》上发表18篇之外，另介绍到《解放日报》“文艺栏”发表3篇。

第三节　“鲁迅研究会”以及三个“文化山头”的形成

鲁迅在延安，是被热心塑造着的一个特殊形象。

在政界，时任中央军委主席、中央政治局常委的毛泽东和中宣部部长、尚未辞去中央书记处总书记的张闻天，对鲁迅给予了极大的关注和极高的评价。1936 年 10 月 19 日，鲁迅在上海逝世，22 日，张闻天便以中共中央和苏维埃政府的名义起草并发表了三个文件：《为追悼鲁迅先生告全国同胞和全世界人士书》、《致许广平女士的唁电》、《为追悼与纪念鲁迅先生致中国国民党中央委员会与南京国民党政府电》。其中，《为追悼鲁迅先生告全国同胞和全世界人士书》说，为永远纪念鲁迅先生，中共决定在全苏区设立鲁迅文学奖金，基金 10 万元，搜集鲁迅遗著，翻印鲁迅著作等。[①] 1937 年 10 月 19 日，毛泽东在延安纪念鲁迅逝世一周年大会上作演讲，称鲁迅是“新中国的圣人”。毛泽东说，纪念鲁迅，“不仅是因为他的文章写得好，成功了一个伟大的文学家，而且因为他是一个民族解放的急先锋，给革命以很大的助力。他并不是共产党的组织上的一人，然而他的思想，行动，著作，都是马克思主义化的”。毛泽东认为鲁迅有三个特点：政治远见、斗争精神、牺牲精神，由此“形成了一种伟大的‘鲁迅精神’”。[②] 在毛泽东看来，“文艺是一支军队，它的干部是文艺工作者。它还要有一个总司令，如果没有总司令，它的方向就会错。鲁迅、高尔基就相当于总司令，他们的作品，他们说的话，就当作方向指导。”[③]1940 年 1 月边区文协第一次代表大会上，毛泽东讲述的《新民主主义的政治与新民主主义的文化》再次给鲁迅以极高的评价，说“鲁迅的方向，就是中华民族新文化

---

① 参见张闻天《哀悼鲁迅》，《张闻天文集》第 2 卷，第 192—193 页，中共党史出版社，1993。

② 《毛泽东论鲁迅》，大漠笔录，1938 年 3 月 1 日胡风主编《七月》（汉口）第 2 集第 4 期。

③ 毛泽东《文艺工作者要同工农兵相结合》，1942 年 5 月 28 日毛泽东在中央学习组上的报告，收入《毛泽东文集》第 2 卷，第 431 页，中央文献出版社，1993。

的方向”。① 也是在这次大会上，张闻天的报告提议：“组织新文化运动大师鲁迅先生的研究会或研究院等”，并委托中央研究院文艺研究室研究员刘雪苇编辑《鲁迅论文选集》，他以“编者”名义写《关于编辑〈鲁迅论文选集〉的几点声明》。② 10月19日，延安举行鲁迅逝世4周年大会，会场贴着两条标语：“纪念鲁迅：要用真正的业绩，纪念鲁迅：要懂得他，研究他发展他。”丁玲在大会上再次提出，成立鲁迅研究委员会，分组研究其遗著。

在这种种高声的呼唤中，延安鲁迅研究会成立了。

一、鲁迅研究会成立以及萧军拟定的研究纲领

1941年1月15日上午10点，延安鲁迅研究会在边区文协文化俱乐部召开成立大会，到会的有艾思奇、周扬、丁玲、萧军、周文、周立波等30余人。艾思奇任主席，萧军报告筹备经过和他拟定的研究纲领。会议选举艾思奇、萧军、周文3人组成干事会，萧军任主任干事，周扬、陈伯达、范文澜、丁玲、萧三、胡蛮、张仲实等10人为编委会，准备编辑出版《鲁迅研究丛刊》，计划每年出一册。

萧军的报告很长。他说，如果没有对鲁迅认真研究的工作成绩，

---

① 《新民主主义的政治与新民主主义的文化》发表在1940年2月15日《中国文化》创刊号时，用的是毛泽东演讲的原题，登载在1940年2月2日出版的延安《解放》杂志第98、99期合刊本时，改题目为《新民主主义论》。后以《新民主主义论》为题，收入《毛泽东选集》第2卷(1953年人民出版社)。毛泽东说，“五四”以后，中国产生了完全崭新的文化生力军，“而鲁迅，就是这个文化新军的最伟大的最英勇的旗手。鲁迅是中国文化革命的主将，他不但是伟大的文学家，而且是伟大的思想家与伟大的革命家。鲁迅的骨头是最硬的，他没有丝毫的奴颜与媚骨，这是殖民地半殖民地人民最可宝贵的性格。鲁迅是在文化战线上，代表全民族的大多数，向着敌人冲锋陷阵的最正确、最勇敢、最坚定、最忠实、最热忱的空前的民族英雄。”

② 《鲁迅论文集》，1940年延安解放社出版。1941年，张闻天又请刘雪苇编《鲁迅小说选集》，同年解放社出版。(参见《张闻天文集》第3卷，第121页，中共党史出版社，1994。)

"每年纪念会总是那样一套——开一个会，讲讲演，发一篇宣言——是没什么意思的。这不独对不起死者和参加开会的人，也真对不起自己的'宣言'，那成了撒谎的支票了。"萧军认为，成立"鲁迅研究会"的目的是：

第一个，应当说到延安。因为延安现在是中国革命的策源地：抗战主力培植和生长的地方。可是无论"革命"还是"抗战"，在它进行的过程中，错误，不良的倾向，落后意识的残余等等，这绝不是一个"决定"，一个"规定"，一个"命令"，一条"原则"，就能够彻底改正过来或者去根了的。它需要更深和更韧性的强力的东西来和它战斗，这就是"文化"。在中国目前能够发生这样深刻的、宽广的、韧性力量的作品，那是谁全知道，除开鲁迅，还不能找到第二人。因此，在延安研究鲁迅，以我看，那是比中国任何地方全要不同。在别的地方用一倍力气，在延安是应该用三倍或者几倍力量的。使每个在延安在边区的党人和非党人，能够懂得鲁迅，承继起鲁迅的精神……使他们自动地强健"自己"，自动地把整个身心埋进革命和民族解放的事业里，这研究的工作不是切要的么？延安不是最尊敬、最肯承认、最懂得鲁迅精神和事业的地方么？[①]

萧军拟定了相当详细的"研究纲领"，包括思想、行传、创作、翻译、学术、鲁迅作品在国外这样 6 个方面，并对每一个方面的研究项目也

① 萧军《鲁迅研究会成立经过》，1941 年 1 月《中国文化》第 2 卷第 6 期。另见《延安鲁迅研究会成立纪要》，1941 年 2 月 1 日《文艺月报》第 2 期。

进行了非常学术化的"问题"设计。譬如关于鲁迅的"翻译",萧军又细分为三个方面,并且设定了很多具体问题:第一是鲁迅"翻译的发展":鲁迅为什么要从事翻译?先译的是哪一个国家哪一个作家的作品?他为什么要单翻译它?它当时给了他怎样的影响和感应?后来为什么又翻译了很多文艺理论以至果戈理的《死魂灵》,以结束了他自己的一生?第二,鲁迅的翻译主张和见解:他起始是怎样主张翻译的?后来又是怎样主张翻译的?他与轻视翻译者和滥译者有过怎样的论战?在翻译事业和运动上他所发生的影响以及业绩——如创刊《译文》等。第三,鲁迅的翻译技术和特点:他的技术如何?有什么优点?有什么缺点?有什么特点?对于原文的忠实程度,对于原作家的研究程度,他所善于使用的翻译的文字,译品的总数量等等;某一部某一篇是他译得最好的,自己满意的?某一篇是最坏的?

萧军还设想了"研究的步骤":第一步:准备搜集资料,第二步:聘请基本研究人员和特聘的赞助人员,第三步:出版年刊。

在成立大会上,大家就萧军拟定的研究项目,进行了初步分工。

第一批参加研究的人员名单及研究项目是:

思想研究:艾思奇、陈伯达、雪苇

行传研究:萧军

创作研究:丁玲、周文、舒群、周扬、立波

学术研究:范文澜、江丰、胡蛮

第二批参加研究的人员:罗烽、艾青、草明、欧阳山、张仃、李又然、卢正义、金灿然、魏东明、须旅、何干之。

鲁迅研究会的通讯处设在杨家岭边区文化协会内,1941年8月随着文抗搬到了蓝家坪。

二、具体工作

鲁迅研究会首先遇到的问题,是"地处边陲",资料匮乏。于是,

“研究会”在《中国文化》杂志上发布了《鲁迅研究会启事》。《中国文化》不仅在延安发行，同时也在重庆等国统区通过新华书店代售。

> 本会自正式成立以来，即以先生的“一点一滴”的精神自勉，甚愿于研究先生的工作中，聊尽微力。无如地处边陲，于先生有关的材料既多不易得，而先生精神事业的研究，亦断非百数十人所能胜任，“鲁迅先生是每一个不愿做奴隶中国人的鲁迅”。因此，敢请国内外各界贤达，予以帮助，匡以真言……谨约如下：一、研究方面：凡与先生的思想、生活、创作、学术等有关的研究著作（不拘体裁、长短、赞成或反对），请抄录一份寄下，本会将别类分存，或辑专书，或择要刊登于本会研究刊物以及其它刊物。稿费、版权、版税等仍为原作者所有。二、材料方面：凡与鲁迅先生有关的书籍、杂志、报章、信件、墨迹、照像、书像以及其它各项材料，如能捐赠，当然铭感（本会除将赠者姓名缀于该材料以外，并分别以书面或其他纪念品致谢）。如需报酬，也请来函相商，本会也必尽可能以付雅意。①

1941年3月15日下午，延安鲁迅研究会在文化协会内举行第一次工作商讨会，到会的有范文澜、江丰、雪苇、艾思奇、罗烽、丁玲、周文、萧军。大家认为，自从1月15日研究会成立以来，因为预购的《鲁迅全集》还没有运到，以至于众人还不能开始研究工作。但不能因为这一点理由，就不进行工作。大家在座谈会上商定了6个做法：1.研

① 《鲁迅研究会启事》，1941年1月《中国文化》第2卷第6期。该“启事”还刊发于1941年4月1日《文艺月报》第4期。

究人员自己设法寻找材料开始研究。2.把拟好的通知、启事、聘书经过全体通过后，就开始印发、登报。聘书式样由江丰负责。3.出席的各基本研究人员，当时就把自由分担的题目大致拟好了，没出席的研究人员，另行通知其寄来题目。4.为纪念鲁迅逝世5周年，除了出版年刊一种之外，还打算搜集历年来关于《阿Q正传》的各方面论文，出版一本《阿Q论集》，作为"研究丛刊"的一种。5."鲁迅文艺奖金"拟在本年开始颁发，因此要征集各种作品，征求与鲁迅有关的各种文学、乐谱、木刻，择优给以稿酬(详细章程将来另行规定)。6.本年举行鲁迅纪念会时，打算特制较大的鲁迅油画像一幅，大小石膏像和铜质浮雕像若干座。可能时，还打算开一次与鲁迅有关的画展，已经分别写信与各专家商量去了。①

为了编辑出版《阿Q论集》，"研究会"又在《文艺月报》和《解放日报》上发布"启事"，说明鲁迅研究会拟于鲁迅逝世5周年纪念前，出《阿Q论集》一册，但搜集到的材料甚少，谨向各界征求凡与"阿Q"有关的文章。"启事"列出了已有的几篇研究文章：钱杏邨《死去了的阿Q时代》、茅盾《阿Q相》、徐懋庸《关于阿Q》、鲁迅《〈阿Q正传〉的成因》、张天翼《阿Q论》、立波《论阿Q》等9篇文章。② 确实如萧军所说，延安地处边陲，几乎没有新文化的资料根基，想要研究、理解鲁迅，不是一桩容易的事情，不但缺少鲁迅本人的作品文章，就是与鲁迅相关的资料也很难得到。搜求"启事"还是产生了一些作用，"研究会"收到了关于阿Q的研究论文十多篇。

1941年6月7日，鲁迅研究会举行第二次工作会议，出席人有：艾

---

① 《延安鲁迅研究会第一次工作商讨座谈会摘记》，1941年4月1日《文艺月报》第4期。

② 《征集〈阿Q论〉文献》(1941年5月1日《文艺月报》第5期)，《敬征关于讨论阿Q文献启事》(1941年5月27日《解放日报》第2版)。

思奇、雪苇、欧阳山、草明、艾青、范文澜、江丰、罗烽、舒群、周文、萧军。他们交流第一次商讨会设想工作的落实情况：A.“阿Q”文献收到约十多篇。B.鲁迅大画像聘请张仃担任，并担任研究会一切美术方面指导。C.浮雕鲁迅像聘请王朝闻，已开始塑造。D.与鲁迅有关的诸种文章题目，已由陈布文从各图书馆抄录成册，本会同志可随时参考。会议决议的事项是：A.除罗烽、艾青、草明、欧阳山等所有新从外面来延安的同志的研究文章可延至7月15日交稿外，其余均于6月底交出。B.待大众读物社搬家后，拟与文抗分会商量成立一个“鲁迅纪念馆”，收藏与鲁迅有关的文物图书。C.拟扩大征求其他各界参加鲁迅的研究。D.鲁迅逝世5周年纪念会征文及奖金等，待基金委员会开会后再定。①

1941年9月25日，《鲁迅研究丛刊》第1辑出版，封面设计者为鲁艺美术系的张仃，收录了9篇文章，“数量虽不多，但每一个部门也总算有了一篇”。② 按照鲁迅研究会上的讨论分类排列：

萧军：《前记》

“思想”：艾思奇《鲁迅先生早期对于哲学的贡献》

何干之《中国和中国人的镜子》

“创作”：魏东明《鲁迅创作的道路》

须旅《辛亥的儿女——一九二五年的〈离婚〉》

须旅《一出悲壮剧——一九二五年的〈伤逝〉》

“行传”：萧军《时代一鲁迅一时代》

“学术”：金灿然《鲁迅与国故》

正义《鲁迅语言理论的初步研究——杭育杭育派的语言

① 《三月间》（消息），1941年8月1日《文艺月报》第8期。

② 萧军《鲁迅研究丛刊·前记》，1941年《鲁迅研究丛刊》第1辑。

理论》

胡蛮《鲁迅的美术活动》

“附录”:《鲁迅先生逝世四周年延安各界纪念大会宣言》

萧军《延安鲁迅研究会成立经过》

《延安鲁迅研究会启事》

关于鲁迅的研究论文,萧军解释说:“第一批和第二批的参加研究者,有的是按期交卷了;有的因了其他工作过于繁多,时间不易;有的则是为了过度谨慎,不忍轻易落笔。”[①]后来,主要就是萧军在《解放日报》零零星星地发表着研究鲁迅的论文,如《“铸剑”篇一解——鲁迅先生小说研究》、《纪念鲁迅:要用真正的业绩!》等,而后篇论文主要是借纪念鲁迅来批评延安现实的“黑暗”。

另外,鲁迅研究会费心费力搜集而来的各家评论《阿Q正传》的《阿Q论集》,在延安时,本来印刷厂说好与《鲁迅研究丛刊》第1辑同时出版,但终于没有面世。据说纸型已经打好,萧军曾经催问过几次,却没有得到回答。1945年,研究会作家们陆续准备离开延安,萧军希望把《阿Q论集》的纸型带出来,也没有回答。萧军“不能‘忘情’于它”,[②]但最终也只能限于“不忘情”了。

1941年10月19日,延安在中央大礼堂举行鲁迅逝世5周年纪念大会,各界人士千余人参加。会前筹委会散发《鲁迅先生逝世五周年纪念特刊》和《鲁迅语录》等。大会主席萧军作报告,总结过去的工作,提到成立“鲁迅研究会”,出版《鲁迅研究丛刊》第1辑、《阿Q论集》、《鲁迅小说选集》。他说,去年纪念会上通过的提案没有实现的有:没

① 萧军《两本书的“前记”》(一)、(二)——鲁迅研究丛刊第1辑、《阿Q论集》,分别见1941年10月13—14日《解放日报》第4版。

② 萧军《鲁迅研究丛刊·新版前记》(1947年),哈尔滨鲁迅文化出版社“学术丛刊”,1947。

有在全国确定10月19日为“鲁迅纪念日”,《子夜》与《八月的乡村》未翻印,各机关“鲁迅研究小组”未建立。

1942年1月15日,鲁迅研究会在蓝家坪文抗内举行新年第一次商谈会,李又然、卢正义、刘雪苇、尹达、金灿然、欧阳山、魏东明、艾青、张仃、罗烽、艾思奇、萧军出席。驻会干事萧军报告去年两次座谈会所定事项的实施情况。会议作出决定:1.出席者每人任写一篇研究文章,充实《鲁迅研究丛刊》第2辑。2.分发聘书通知。3.筹款装修纪念馆。4.收集各刊物有关研究鲁迅的文章。5.与中央研究院文艺研究室取得联系。6.出版新文字的鲁迅小传。7.请出版局即出《阿Q论集》。

然而,这些设想随着延安整风运动的展开而被悬置了。

1945年年底,萧军随着文抗和鲁艺联合组成的文艺工作团第1团从延安到了张家口。萧军一家住在晋察冀日报社宿舍,等待去东北的机会。当时,晋察冀日报社社长是擅长史学研究、书法、写诗的邓拓。萧军、何干之、欧阳凡海、邓拓等在一起商议,仍然希望继续延安鲁迅研究会的工作。于是,萧军和邓拓、成仿吾、何干之、欧阳凡海、何洛、王磊、唐伯弢、陶然等人,建立了“鲁迅学会”和“东北同乡会”,同时还在张家口举办了“鲁迅文艺讲座”、“暑期讲坛会”。半年之后,萧军离开张家口到哈尔滨。这时的哈尔滨,聚集了众多从延安来的老朋友:舒群、罗烽、白朗、草明、李又然、高阳、章煌等,舒群还担任了东北大学副校长。中共东北局的领导也是萧军在延安所熟识的人:彭真、凯丰、林彪等。鉴于自己作品出版所曾遇到的周折,由于费心编辑的《阿Q论集》迟迟没有下文,萧军便设想要建立自己的系列文化机构,他用“鲁迅”来命名:“鲁迅学会”、“鲁迅文化出版社”、“鲁迅社会大学”。关于“鲁迅学会”,萧军、何干之、欧阳凡海等在张家口已谋划建立,到了哈尔滨,萧军便着手实施其工作,“作为学会工作之一的,就是要印几本于鲁迅先生有关或于革命文化运动有关的书”。学会以“鲁迅文化出版社学术丛刊”为名，翻印了《鲁迅研究丛刊》第1辑，“为了存真，一切照排、字句全照旧”。另有何干之的《鲁迅思想研究》和瞿秋白的《乱弹》，何干之的书请东北书店代印，但《阿Q论集》则无法付印了。[①]

1947年5月4日，萧军在中共东北局的资助下，创办了《文化报》和“鲁迅文化出版社”。1948年8月到1949年春，萧军的《文化报》与刘芝明领导、宋之的编辑的《生活报》产生激烈冲突，萧军被扣上反苏、反共、反人民的罪名，《文化报》停刊，萧军所有关于鲁迅的研究以及出版鲁迅研究著作的工作都停止了。

延安鲁迅研究会的支柱人物是萧军，文抗诸多作家是这个社团的主体成员。1941年1月“研究会”成立时，鲁艺的周扬、周立波不仅是参与者，被分配撰写鲁迅创作的研究文章，而且是《鲁迅研究丛刊》编委会委员，但后来他们就很少参加“研究会”的活动了。周扬连载于1941年8月12—14日《解放日报》的长篇论文《精神界之战士——论鲁迅初期的思想和文学观，为纪念他诞生六十周年而作》，并没有收入萧军主编的《鲁迅研究丛刊》第1辑。大致上说，从1941年3月文抗会刊《文艺月报》批评何其芳的《旧故事的新感想》开始，尤其在1941年8月，萧军等5人联名对周扬《文学与生活漫谈》一文进行“商榷”之后，文抗与鲁艺之间的对立日益公开化。在延安，文抗、鲁艺文学系以及边区文协构成三足鼎立式的“文化山头”的局面，特别是文抗与鲁艺文学系的对峙状态，已日趋明显。

三、三个“文化山头”

1939年5月延安文抗正式挂名工作后，其主要文化活动与边区文

---

① 萧军《鲁迅研究丛刊·新版前记》(1947年)，哈尔滨鲁迅文化出版社“学术丛刊”，1947。

协的活动基本上是同体同步的，着力于边区的文化宣传和文化普及工作，其它的主要时间是在杨家沟住地安静地写作，这地方与党中央所在地杨家岭一沟之隔。杨家沟半山腰有两排窑洞，坐北朝南，窑洞前面有平台可以散步纳凉。文抗是延安的一个伙食单位，每日三餐是集体伙食，由“小鬼”(勤务员)担着小木桶，挨家挨户地送；开水也有人送来。作家们的伙食标准属中灶，除小米干饭外，还能吃到馒头，过年过节会餐时就能痛痛快快地吃一顿红烧肉大米饭和几样带肉的菜。大人孩子每月能领到一些津贴。[①] 除了写作，很多作家没有其它工作，被称为“驻会作家”。战乱时期，延安却能生活稳定，衣食无忧，报刊常在说着延安的“思想自由”和大后方的言论钳制，因此，文抗的作家们大多情绪比较平和。

1940 年之后，随着文艺月会等文学团体的建立，随着抗战初期的宣传主题逐渐转移到“持久战”时期的“学术化”、“专业化”，随着文学团体的专业化活动开展，作家之间原来隐伏的、后来出现的诸种矛盾关系，也一天天公开化、白热化了。1941 年 7 月，边区文协与文抗分家，以柯仲平为主任的边区文协与中共西北局联合工作，他们在延安南区南门外西北旅社旧址办公，着力于边区文化宣传普及和政治化的文学活动；而以丁玲为副主任的文抗，则以创作为本位，希望创作出“纪念碑式”的大作品，聚集了延安最有影响力的一批专业作家：萧军、艾青、舒群、罗烽、白朗、欧阳山、草明、刘白羽、周而复、柳青等等。1941 年 8 月，由杨家岭搬到了窑洞更多、条件更好些的延安西北部的蓝家坪；1941 年 4 月，周扬离去担任了两年的陕甘宁边区教育厅厅长职位，回到鲁艺，担任鲁艺副院长，施行“专门化”的“提高”性的文学教育活动，在他的周围，有周立波、何其芳、陈荒煤、严文井和一批鲁艺文

① 参见王德芬《我和萧军风雨 50 年》，第 97 页，中国工人出版社，2004。

学系学员，而萧三、舒群则先后离开了鲁艺文学系。鲁艺在延安东部桥儿沟，距离蓝家坪约有七八公里。当时延安的主要交通方式是骑马，而只有极少数领导配有马匹，丁玲、艾青等需要使用马的时候，必须提前到军需处借，也不是一件太容易的事情。延安的办公单位大体沿着延河而铺排，延河的形状像一个“丫”字，从西北部的蓝家坪，到东郊的桥儿沟，再到南门外，边区文协、文抗、鲁艺文学系三个“文化山头”的局面凸显出来，而三个文化单位的地理位置又成为几者各据一阵的天然理由：

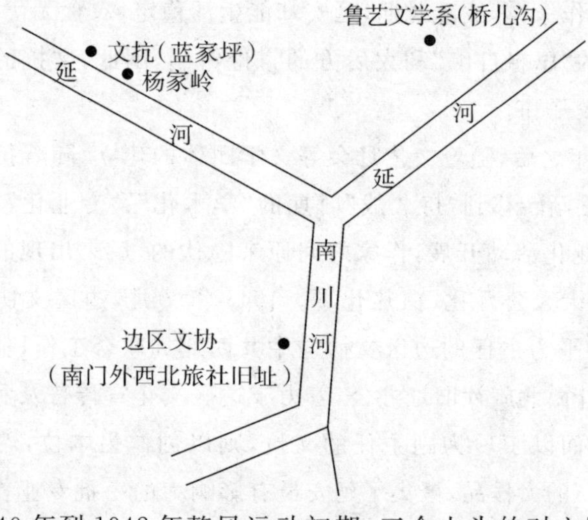

从1940年到1942年整风运动初期，三个山头的对立阵势，尤其是文抗作家与鲁艺文人之间的交锋，相当激烈。交锋主要在文抗主持的文艺月会活动以及萧军等人主办的《文艺月报》刊物上。

第四节 “文艺月会”及其“批评”之风

1940年6月14日，萧军一家三口和舒群到了延安。这是萧军和舒群第二次到延安。萧军第一次来延安是在1938年3月，面对烽火正起的民族战争，他声称自己要去五台山打游击，随丁玲率领的西北战地服务团，路过延安而已。这次萧军拖家带口地来到延安，本意是想去鲁艺文学系。作为鲁迅的学生，他觉得自己理应去这所以“鲁迅”命名的学校任教。丁玲为此与鲁艺副院长周扬联系，但“周扬坚决不愿让萧军到鲁艺去”，原因是1936年上海“两个口号”之争，周扬与鲁迅意见不合。于是，萧军就到了丁玲担任副主任的文抗，而舒群则去了鲁艺，因为其小说《没有祖国的孩子》曾被视为“国防文学”之作。[①] 萧军与舒群，一人西去文抗，一人东到鲁艺，左联时期的纠葛已隐隐地牵扯着大家的情绪了。

到了文抗的萧军，对延安的文化空气颇感寂寞。1941年7月以前的文抗只是一个名义，合在边区文协的工作里。于是，萧军提议文抗组织文艺月会，出版《文艺月报》，得到了中宣部部长洛甫的同意。丁玲向周扬建议，把《文艺月报》编辑部设在鲁艺，由荒煤、萧军、舒群编辑，周扬领导，但周扬没同意，因而，《文艺月报》落脚文抗，舒群由鲁艺又搬到文抗。[②] 舒群搬到文抗，大概并非全因为要编刊物，另外的一个原因是文抗聚集了一帮东北文人：萧军、罗烽、白朗、雷加、马加、师田手等。

文艺月会开办起来，《文艺月报》出刊，各路文人面对面交流，有意张扬文艺批评，这时的文抗不仅具有了区别于边区文协的个性特征，而且其内部文人间的合拍与不合拍、其外部与鲁艺文学系之间的合调

---

① 王德芬《我和萧军风雨50年》，第131页，中国工人出版社，2004。

不过，周扬发表在1936年6月25日《光明》第1卷第2期上的《现阶段的文学》不仅把舒群小说视为“国防文学”之作，同时把萧军的《八月的乡村》和萧红的《生死场》等作品也当做“国防文学的提出之作为现实的基础和根据”。

② 丁玲《延安文艺座谈会的前前后后》(1982)，《丁玲全集》第10卷，第268页。

与不合调，也渐渐显露出来。

一、文艺月会的9次例会以及“批评”风格的确立

1. 第一次座谈会

文艺月会第一次座谈会的通知是以丁玲、舒群、萧军3人名义发出的：

> 为了提高文艺创作兴趣，展开文艺讨论空气，我们想成立一个“文艺月会”。兹定于十月十九日下午二时，在杨家岭文化协会俱乐部第一次座谈会，临时除交换此后一切进行的步骤意见外，兼以纪念逝世四周年的鲁迅先生。①

1940年10月19日下午，文艺月会第一次座谈会在杨家岭文化协会俱乐部举行，到会近30人。除赶排《巡按》的塞克外，鲁艺的人员全来了。会议由丁玲主持，讨论文艺月会的组织、性质和任务，会刊《文艺月报》的编辑方针以及纪念鲁迅逝世4周年事宜。大家各有各的想法说法。周立波、萧军、雪苇、周文等发言，认为要把这个刊物办成一个短小精悍、有斗争性的刊物，要有小说、诗歌、批评、杂文。关于纪念鲁迅，周扬提出召开一个规模较大的座谈会，以纪念鲁迅实事求是的精神。萧军说，鲁迅的精神一是不苟，一是实践，《瞿秋白文集》有很多编辑委员，结果是鲁迅一人把《海上述林》编出来了。周文说，延安的作家要加紧团结，努力创作。丁玲最后说，不要自满，也不要自卑；自满就是不虚心，妨碍进步；自卑就是缺乏信心。②

文艺月会的第一次座谈会宣告了这一社团的正式成立。记录这

---

① 《简记文艺月会·第一次座谈会》，1941年1月1日《文艺日报》第1期。
② 《简记文艺月会·第一次座谈会》，1941年1月1日《文艺日报》第1期。

次会议消息的《文艺月报》没有登载参加会议者的名字，但从《文艺月报》的整体情形来看，文艺月会大致应该包括如下人员：文抗（文协）的丁玲、萧军、舒群、艾青、罗烽、白朗、欧阳山、草明、刘白羽、吴伯箫、厂民、逯斐、李又然、高阳、雷加、李雷、魏东明、郭小川、洛男，鲁艺的周扬、何其芳、周立波、陈荒煤、张仃、曹葆华、贾芝、冯牧，以及大众读物社、《解放日报》社、中央研究院中国文艺研究室等社团和机关里的周文、雪苇、陈企霞、韦君宜、陈适五、黄既等。

1940 年 11 月 9 日，舒群、萧军、丁玲又邀请了鲁艺的周扬、大众读物社的周文，以及边区文协的李雷等 20 多人，在边区文协开了一个会，大家认为把文艺月会办成一个不拘形式的座谈会，有利于团结延安的文艺工作者努力创作，加强理论研究，并决定出版《文艺月报》。

2. 第二次例会与"批评"风格的设想

大概由于第一次座谈会大家"座谈"的面太宽，话题较为分散，到发第二次会议通知时，"月会"附录了一份供讨论用的纲领"草案"，而且把"座谈会"改称为"例会"，即一种常规性的工作讨论会。这份纲领"草案"分为当前创作问题、当前理论问题、当前文艺运动问题、文艺工作者本身修养问题 4 大类，每一类还拟定了 A、B、C、D 等一些具体问题。

第二次例会于 1940 年 11 月 17 日举行，仍然在文协俱乐部，有人因事请假，参加者只有 12 人。会议由萧军主持，主要讨论纲领"草案"。大家认为，纲领不过是一个轮廓，一个大体的范围。大家谈到工作中要展开讨论和批评。丁玲本来头疼，声明不多说话，这时又说起来了："听人家意见要有大度，几句恭维话有什么用呢？原来就是要别人指出自己的缺点来。而批评人要直爽，要贡献意见给别人，是爱护人的。作家见面不谈作品的现象一定要打破。"萧军表示很赞成丁玲的意见，他说，对于批评的态度是，不管别人说话的方式怎样，只要动机好，就要容纳，就要选择接受。[1]

这次例会，定下了文艺月会的“批评”风格。丁玲1940年12月写的《大度、宽容与〈文艺月报〉》是这次例会发言观点的文字表达，文章刊登在《文艺月报》的创刊号上：

> 今天谁也明白，谁也说要掌握革命武器——批评与自我批评，然而一些腐朽的士大夫的高尚情绪和小市民的趋炎附势却在妨碍这一武器的获得。我以为《文艺月报》要以一个崭新的面目出现，把握斗争的原则性，展开深刻的、泼辣的自我批评，毫不宽容地指斥应该克服、而没有克服，或者借辞延迟克服的现象。自然，《文艺月报》的内容应该各方面都有，然而我只说了这一点。无论如何，不要使《文艺月报》成为一个没有明确的主张、温吞水的、拖拖沓沓的可有可无的、没有生气的东西就好。[2]

后来的几次例会，大家仍在不断地议论、催促这种“批评”风格的具体实施。“批评”风格的谋划，同时也就确立了文艺月会参与者说真话、说直话、看问题缺陷面的思路；《文艺月报》的编辑立场，也同样如此。丁玲自觉地借鉴了鲁迅编辑《语丝》采用自由活泼的文风进行社会批判、文明批评的方式，她后来在《我们需要杂文》里还有力地说道：“现在这一时代仍不脱离鲁迅先生的时代。……即使在进步的地方，有了初步的民主，然而这里更需要督促，监视。”[3]“批评”的风格，与丁玲编辑中共党报《解放日报》“不展开争论”的编辑观念有很大的区别。

---

① 《简记文艺月会·第二次座谈会》，1941年1月1日《文艺日报》第1期。
② 丁玲《大度、宽容与〈文艺月报〉》(1940)，《丁玲全集》第7卷，第49－50页。
③ 丁玲《我们需要杂文》，1941年10月23日《解放日报》。

而《文艺月报》后来登载的一系列论争，也跟这种编辑意图相关。所以，后来发生在陈企霞与何其芳之间、萧军等人与周扬之间的文字论争，一方面的确是几个“文化山头”诸种矛盾的爆发，另一方面，也是《文艺月报》为了提倡一种批评文风所造成的。

第二次文艺月会例会上，大家还提了5条建议：1.赶快建立“文化村”，使作家一进边区便有住处。2.作家有活动，必须有文艺刊物，出版文艺书籍。延安现在只出版过一本《鲁迅论文选集》，太少。第1、2条可请边区文协负责。3.组织下乡、上前方的文艺工作团。这一条要看时间。4.作家深入文艺小组，使文艺小组与有经验的作家取得联系，提高边区的文艺兴趣与水平。这一条已由文抗分会进行，他们领导的40多个小组，正在进行巡回座谈会。5.提高对文艺的认识，开展文艺理论活动。①

从此以后，文艺月会形成了一些规则：按月例会，轮流主持，主题讨论，专设秘书记录整理会议情形并在《文艺月报》上文字发表，准时出刊，表现出“说干就干的作风”。②

3.第3至9次例会

1940年12月15日，文艺月会在鲁艺东山俱乐部召开第3次例会，出席约30人，舒群主持。这次讨论的提纲是周扬拟的，标题是“漫谈抗战三年来的文艺活动”，分为4个方面：抗战三年对文艺活动的影响、抗战三年出现的文艺新问题和新论争、创作上的新成果与倾向、对于今后文艺的意见，每个方面还有些具体问题。

第4次例会到了1941年2月3日的一个星期日，地点在文化俱乐部，荒煤任主席，论题是“我的创作或理论上的优点和缺点”，出席的

① 《简记文艺月会·第二次座谈会》，1941年1月1日《文艺月报》第1期。
② 《第五次文艺月会例会》，1941年6月1日《文艺月报》第6期。

有:荒煤、萧军、李雷、丁玲、雪苇、陈企霞、周扬等。《文艺月报》第6期记录此次例会情形时说:“此次座谈会虽然是有了题目,但是还是没能按题目说话。”记录者概括了大家谈论的6个问题,如抗战作品的人物大致为农民和军人,但多半看不出个人性格;一般作家,舍不得割弃材料,不懂得艺术加工,把作品弄成“新闻报道”;有些理论文章写得冗长、累赘、滥调、态度模糊、八股化;批评家和创作家怎样“打通心”,怎样合作,互相辅助批评,统一着前进。

第5次例会在1941年3月9日,也是一个星期日,地点在文化协会,主席是周文,题目是“我对于民族形式的看法和意见”。萧军先报告4项会务:“月报”增加篇幅的问题、创办星期文艺学园、下次例会旅行兼会餐的提议、今日文艺运动。对于“月报”,大家有不同的意见,有人说,消息可以少些;有人说,“月报”不同于《中国文化》,也不同于《中国文艺》,自有“咱家”作风。关于“月报”的性格,大家都说,性格是有些了,内容要更充实更泼辣,篇幅增加了,大家都要写稿了。关于“星期文艺学园”,本来是丁玲在巡回座谈会中感到应该更具体地帮助文艺小组而提出来的,现在,延安从大后方来了很多文艺作家,办一个文艺学校的条件成熟了。大家谈到怎样开展文艺运动,谈到延安各机关学校的文艺活动,周文说起部队文艺活动。萧军又报告了鲁迅研究会拟于本年出一本《阿Q论集》的计划。可以看出,整个会场的气氛相当活跃。

关于“旅游和会餐”的题目,记录者这样描述:

> 会餐这个热心的题目,却为“无处好去”难倒了。万花山,季节还早;枣园,不大合适。有人提醒说桃林,于是大家抖擞了一下,仿佛已经看见了正在开放的桃花,东一句、西一

句嚷："带毯子!""借架留声机!""多买一点肉!""最好捐钱喝酒!"[①]

《第五次文艺月会例会》的记录者最后总结道："此后走了题，差不多变成了漫谈。这次又是言不对'题'地散会了。"在这个月(3月)出版的《文艺月报》上，登载了陈企霞的《旧故事的新感想》，不点名地批评了何其芳在一次诗歌报告中用"新民主主义"的政治概念框套到诗歌里的观点。

第6次文艺月会例会，在《文艺月报》上没有记录。《文艺月报》在记录第7次例会时有一个简单的"补志"：1941年4月19日在桃林公园举行，名为"春花会"，是一次野餐会。4月份出版的《文艺月报》上，发表了何其芳情绪激动的《给陈企霞同志的一封信》。5月出版的《文艺月报》登载陈企霞的反驳文章《我射了冷箭吗？——答何其芳》。

第8次例会于1941年6月8日举行，萧军报告过去半年的工作，并征求批评意见。会议决定：A.7月份起，"月会"事务换由舒群负责，"月报"编辑工作由萧军负责。B.本会秘书洛男已由组织部另调工作，所余工作由高阳接替。C.7月份起，会员缴纳二角以上的会费。D.此后尽可能讨论延安文艺动态。会议剩下的时间，讨论了周立波的短篇小说《牛》和何其芳的《革命，向旧世界进军》。萧军将他的观点整理成文字《第八次文艺月会座谈会拾零》发表在《文艺月报》第7期上，并且说，参加者雪苇、艾青、荒煤、陈企霞、赵文藻等，对鲁艺文学系作家的这两篇作品大致"全是不满的"。雪苇在第9期《文艺月报》上又发表《给萧军同志的公开信》，认为萧军"无识和武断"、"未免欠些公正"地

① 延河东岸有个王家坪，那里有一片果园，有桃、杏、李、梨和丁香，以桃花最多，故名"桃园"。四五月之交，林中盛开各种花，桃红李白，缤纷怒放。(参见萧三《窑洞城——献给党的60周年诞辰》，《萧三诗文集·散文篇》，第422页，北京图书馆出版社，1996。)

概括了自己的观点。这一次例会,周立波、何其芳都没有来。自从3月份陈企霞批评何其芳的文章在《文艺月报》上发表之后,鲁艺文学系参加文艺月会活动的人越来越少,文艺月会和《文艺月报》越来越成为文抗个性的小团体和刊物了。

第9次文艺月会于1941年7月9日举行,主席雪苇,题目是“延安作家的创作生活问题”。①

1941年8月1日出版的《文艺月报》登载了萧军等5人的长篇文章《〈文学与生活漫谈〉读后漫谈集录并商榷于周扬同志》。这时,鲁艺的三个“头面人物”:副院长、文学系系主任、讲课最受学生欢迎的老师——周扬、何其芳、周立波,都在《文艺月报》上受到批评。其实,《文艺月报》大概也并非有意为之。然而,以周扬、何其芳为首的鲁艺文学系越来越倾向于“政治化”的文学观点和生活言行,与以萧军、丁玲、艾青为代表的文抗对于五四新文学运动中社会批判思潮的自觉继承及其个人本位的生活追求,的确有着本质的区别。再加上原有的复杂纠缠着的宗派关系,文抗与鲁艺的对峙局面,顺势演变而浮现出来。当然,对峙局面也不是说两处人员无所例外地列队布阵,不满意周立波《牛》和何其芳《革命,向旧世界进军》的,也有鲁艺文学系的荒煤;丁玲在延安时期对周扬的态度是模棱两可的;萧军、艾青主办的文抗“星期文艺学园”的讲课教师里,仍有周立波、何其芳和周扬。但是,自从1941年8月萧军等人诘难周扬的文章发表之后,《文艺月报》关于文艺月会例会的记录就停了,或许,各路人马每月例会面谈所曾经维持的表面上的和气场合,也难以为继了。理论上张扬“批评”风格,可以义正辞严;但真正成为众矢之的,脸面就难得阳光灿烂了。

---

① 《三月间》(消息)简略地报道了文艺月会例会第7次、第8次、第9次的情形。1941年8月1日《文艺月报》第8期第4页。

此后，文艺月会的活动主要转向星期文艺学园的教学和文艺小组的文化普及工作。文抗在学生疗养院、边区师范、马列学院、供给学校、边保教导营、女子大学、陕北公学、青年干部学校、清凉山印刷厂、抗日军政大学等单位组织巡回座谈会 12 次。

1942 年 9 月以后，文艺月会停止活动，因为文抗成员一个个被分到中央党校三部(或一部)参加整风学习去了，后来，蓝家坪文抗作为一个伙食单位也撤销了。

二、《文艺月报》的编辑

1941 年 12 月，萧军发表《为本报诞生十二期纪念献辞》，对已出刊的 12 期《文艺月报》进行了较为详细的一个总结。萧军说，《文艺月报》是跟着"文艺月会"而产生的，1941 年 1 月 1 日创刊。从编辑人员上来说，本来决定由舒群"独裁"，但因为他那时住在鲁艺，来往不方便，就由萧军代替。后来，舒群搬到文协，就实行了"少数民主"。从第 7 期到 12 期起，又由萧军独编。[①] ——在这里，萧军大概用"少数民主"略过了丁玲最初对于《文艺月报》的参与。丁玲的说法是，她本来建议《文艺月报》由周扬放到鲁艺编辑，但没有得到同意，"结果由萧军、舒群和我编。……月刊的头两期是三人合编的，每一期在稿件的选择上都有一点不同意见，我却常常处于少数，因此在编第三期时，我就表示要退出编委。"[②]丁玲在文艺月会头几次会议上的发言观点以及她在《文艺月报》创刊号上发表的《大度、宽容与〈文艺月报〉》，对于文艺月会和《文艺月报》"批评"之风的建立，应该说，是相当有力量的风标。——萧军《为本报诞生十二期纪念献辞》接着"编辑人员"的话题说，编辑的标准和材料的配备，也有一些变化：有的主张多登短小精悍

① 萧军《为本报诞生十二期纪念献辞》，1941 年 12 月《文艺月报》第 12 期。

② 丁玲《延安文艺座谈会的前前后后》(1982)，《丁玲全集》第 10 卷，第 268 页。

的杂文，有的主张多登些艺术性较高的小说之类，有的主张以报道为主，论争为辅，也登载诗歌、译文……到后来决定这样：

一、每期应有类似社论式论文一篇，针对一月中延安文艺现象而来。

二、登载五千字左右的小说一篇。

三、较有价值的译品也登。

四、杂文、诗歌、消息、记录、通知等也登。

五、从古典到现在的各流派的作品也登。

六、每期有一个中心。

七、每期尽可能登载“星期文艺学园”学员习作一篇。

萧军说，这些决定，大致做到了一些。现在每期约二万四千字，印五百份。它们的去路是各文艺小组、星期文艺学园、“月会”会员、各学校、机关、图书馆等，有时候也卖几份。但因为成本太高，定价太低，总是以不卖为原则。“这里应该对‘公家’表示感谢，因为在这一个时期里，别的刊物全停了，只有这小报还能出下来，也是很不容易的事。”“如今总算好现象！延安每月竟有了近乎几十万字的文艺作品产出——《解放日报》、文抗会刊《谷雨》、诗歌会的《诗刊》、鲁迅校刊《草叶》以及其他的半文艺性的刊物若干种。”①

《文艺月报》从1942年1月1日第13期之后，由舒群主编。舒群的编辑原则与萧军相比，主要有两个较大的变化，一是论战的文章没有了，或者说论战的对象不再针对个人，而是批评某种文化现象（例如1942年4月第14期《文艺月报》上发表的严文井《关于使人读不下去的文章》和欧阳山《公式主义是怎样产生的》），第二个变化是不再刊登

① 萧军《为本报诞生十二期纪念献辞》，1941年12月1日《文艺月报》第12期。参阅雷加《四十年代初延安文艺活动》（一、二、三、四），1981年第2—4期、1982年第1期《新文学史料》。另参阅刘增杰《新发现的三期〈文艺月报〉》，1989年第3期《新文学史料》。

或极少披露"消息、记录、通知"，而主要登载小说、诗歌、散文、翻译，成为了较为明晰的"纯文艺"刊物。《文艺月报》第 15 期为《纪念萧红逝世特辑》，登载了白朗、萧军、高原、刘白羽的纪念文章以及萧红的短篇小说《手》；第 16 期为《延安星期文艺学园结束纪念特辑》，主要登载了文抗主办的"星期文艺学园"学员们的习作，萧军有一篇《献辞》；《文艺月报》的末期，即 1942 年 9 月 1 日出版的第 17 期登载了两篇文学评论文章《和现实的步调一致——〈解放日报〉文艺栏七月份作品评介》和雪苇的《〈野草〉的〈题辞〉》，均属较为客观的、分析理解性的论文。

也就是说，《文艺月报》从 1941 年 1 月 1 日创刊到 1942 年 9 月出刊第 17 期后结束，由于编辑原则的变化，可分为前后两段。萧军为主主持的前 12 期，有着较为强烈的批评之风，关注文人的日常文化活动；而舒群主持的后 5 期，风格较为稳健，着力于文学作品本身。

三、《文艺月报》上的论争

文艺月会提倡论争，要求对延安文艺敢于"说话"，用丁玲在第 2 次例会上的话来说，"作家见面不谈作品的现象一定要打破"，《文艺月报》不要成为可有可无的"温吞水"。《文艺月报》上登载的论争主要有 5 场，论争的几方，不仅有文坛新手，如刚从鲁艺毕业的冯牧等，也有文坛老将，如萧军、何其芳、陈企霞等。在延安当时所有的文艺报刊中，《文艺月报》因这些论争而充满了锐气。

1. 陈企霞与何其芳关于"诗歌的新民主主义"问题的论争

陈企霞（1913—1988），浙江鄞县人，1932 年在上海与叶紫创办无名文艺社和《无名文艺》，并加入左联。1940 年 3 月到延安，1941 年调《解放日报》编辑文艺副刊。1941 年 3 月 1 日，他的《旧故事的新感想》发表在《文艺月报》第 3 期上，不点名地批评了何其芳关于诗歌与"新民主主义"关系的判断。陈企霞首先用了一个小孩子学写"万"字的故事，说明“把世界看成太容易原是孩子们普遍的‘弱点’”，之后，把批评矛头对准了何其芳：

有一位同志在一次关于诗的报告中说到诗的主题时，他说：“现在我们的诗的主题就是新民主主义……”以下他又作了一些很普通的关于新民主主义本身意义的说明。

对于诗，我懂得很少。对于在当前所有各方面、各部门的工作，必须服从于整个民族、全体人民斗争的现实目标，我是能坚决相信的。但是想到人们能够这样简便地拿着政治的口号来“概括”诗的主题，好像一下子就用了轻松的办法把诗作了战线的俘虏，我却有着很大的疑虑。

陈企霞的文章又讲了一个“差役押解犯罪和尚远道充军”的故事，然后说：

我们有许多知识分子和作家，他们由于正义感，由于社会生活的某些启示，或是由于自己对于正确的世界观的追求，在他们的生活进行中，也不得不押着带着枷锁的“旧的自己”，走在长长的远道——这是一个艰苦的历程。……

如果说在目前，我们有些“新的作品”里为什么留着许多不健康的、扭扭捏捏的，甚至是难免丑陋的东西？或是说有许多陷入在这样苦闷境地的作家：自己觉得自己一经爱好着的——在趣味上，情绪上说——认为能够写得“好”一点的东西，却不能适合新的客观、新的读者的需要；而自己目前意识着的——在任务上，在理智上说——认为应当写的东西，却甚至连自己都不满意，我认为无疑地这些都是那个“和尚”在作怪。……平心地说，还能够喊出"我"来的人，总比连"我"都记不起来的人(那样的人曾经有过多多少少呀!)要强得多。

陈企霞的文章，以何其芳(虽然文章没有点名)为例，分析了延安作家们所面临的新环境/旧思想、新的现实要求/旧情趣、作家个人新的追求/旧的遗留、作家个体迷失等文学现象。

陈企霞的文章，很快激起了何其芳的情绪波动，因为 1941 年 1 月 5 日何其芳在文化俱乐部报告《抗战来的诗歌及其前途》，[①]提到了"新民主主义"。他认为，新诗的道路或方向，其"范围应该服从于新民主主义这个政治口号"。

有关"新民主主义"的观点，1940 年 1 月毛泽东在边区文协第一次代表大会上曾经着重讲述过。毛泽东分析抗战之后中国的政治、文化情形时，认为中国正处在一个"新民主主义的政治和新民主主义的文化"时期，"新民主主义"同时也是中国当下的奋斗目标。毛泽东的报告在中共理论刊物《中国文化》创刊号上发表，同时又更名为《新民主主义论》，由解放社出版了单行本。毛泽东自己很喜欢这部作品，曾送书给 1940 年 5 月到延安的茅盾。

接着陈企霞的文章，何其芳《给陈企霞同志的一封信》登载在 1941 年 4 月 1 日的《文艺月报》第 4 期。何其芳开首便说："陈企霞同志：读了《文艺月报》第三期上你的《旧故事的新感想》，我很不满意。我想我应该很直率地把我要对你说的话都写出来。"何其芳解释了自己的报告对于诗歌与"新民主主义"关系的说法，并进一步予以说明：

---

① 《消息·延安文艺活动》，1941 年 2 月 1 日《文艺月报》第 2 期。

我为什么要在讲新诗的内容问题的时候提到新民主主义呢？我并不是在做政治八股，也不是随便地运用政治口号，而是根据我自己的长期的写作诗的经验，根据我对于五四运动以来的中国的新诗的了解，我感到了有这样的提出的必要。中国的新诗从初期白话诗到新月派，再到现代派，它的内容是明显地越来越小，越狭隘了，只剩下个人的情感，甚至于只剩下自己的感觉。这种严重的贫血病是需要医治的。我开的药方是扩大了它的内容。对于新诗，正如对于别的文学形式一样，中国的土壤其实是非常肥沃的，还有太多太多的东西值得人们去歌唱而还没有被歌唱。旧的中国，新的中国，新旧矛盾着，错综着，斗争着的中国，在这样的中国的土地上的人民的生活，故事，快乐，苦痛，希望，等等，那是要怎样去划定这样广泛的，复杂的内容的范围呢，我想只能用新民主主义来作疆界，只要它不违反新民主主义。这也说明了新民主主义这个政治口号的伟大，因为它可以运用到各种运动，各种部门，只要我们是具体地，正确地运用。

何其芳从理论上说明了自己用“新民主主义”概念理解中国新诗的思路，还表明了自己作为“诗人”在新环境里的角色定位以及对于陈企霞文章的不满：

我不但把我自己看作一个文艺工作者，而且还把我自己看作一个做启蒙工作的人。今日的中国是太需要启蒙工作了……在这种精神上我是相当佩服梁启超的。

最后，我还有一点点对于杂感的杂感……今天，我们在延安，而且以同志相称呼，有什么话不可以痛痛快快地说呢？

有什么必要还得埋伏着，暗暗地射这一个冷箭，又射那一个冷箭呢？①

陈企霞用《我射了冷箭吗？——答何其芳》的文章，立即回复了何其芳。陈企霞的文章也在理论层面和人情层面上，与何其芳进行了对话：

当我写那篇感想的时候，虽然指的是何其芳同志的那次报告，但实在并不是存心攻击个人的。而且感想也真真只是些随便的感想。……必须有一颗肯让别人发表意见的虚心，……“而且没有加上一张红涨着脸的激动”。

我觉得人们套用抽象的政治原则……常常可以发现不妥当的地方的。而这种“容或还有粗浅的地方”，也常常真的发生一些坏的结果。②

2. 萧军评论何其芳《革命，向旧世界进军》等

在陈企霞与何其芳发生文字论争的时候，1941 年 6 月 8 日在文艺月会第 8 次座谈会上，萧军也具体针对何其芳新近写作的一首政治倾向的诗《革命，向旧世界进军》，进行了批评，后来他整理成文字，发表在《文艺月报》第 7 期上。萧军说：

我觉得在延安文艺运动开展上，有着两个现象——也可以说两个障碍——应该想法克服它。第一个是属于作家本

① 何其芳《给陈企霞同志的一封信》，1941 年 4 月 1 日《文艺月报》第 4 期。

② 陈企霞《我射了冷箭吗？——答何其芳》，1941 年 5 月 1 日《文艺月报》第 5 期。

身的。我读过一些作品，总好像这些作家们在一个似乎看见而又看不见的圈子里做文章，既不敢迈出去一步，也不敢少迈一步的样子……这恐怕也就是“公式主义”的病根。第二个是属于非作家的。有的人在某一些学术部门确有一些研究和原则上的一些把握了，有时他就喜欢根据自己的原则来谈一谈文艺。……根据自己的原则也不妨，不过那是不应该太流于武断或执着就好……因为延安这地方，只喜欢听取“首长”的意见，而自己懒得思想的人确有很多。我们至诚愿意这些喜欢谈文艺的人，能够更深或更多对于文艺的本质和特殊性加以研究和理解，帮助文艺运动开展。但对于这一部分对于自己的“原则”怀着“放在四海而皆准”有着高度“优越感”的人们的武断和执拗，却也不应该过度容忍才是道理。①

接着，萧军提出了刚发表在《解放日报》上的何其芳的诗《革命，向旧世界进军》和周立波的短篇小说《牛》，征取大家的看法。萧军说，可惜当天何其芳和周立波都没有来，不然，结果会更热烈些，当时参加谈论的人雪苇、艾青、荒煤、陈企霞、赵文藻等，“大致全是对这两篇作品不满的”。萧军评说《革命，向旧世界进军》以及“何其芳写诗”时说：

关于那诗，我感觉不到情绪，形象，音节，意境……即使作者的思想，也只是一根棍子似的僵化了的硬梆梆的东西，感觉不到它的能动性和说服力，只是一片抽象语言的排列。我不承认它是诗。这诗，如果是个初学写作的人，我不能深责他；如果是何其芳同志将奔向革命的大路，写下这样的诗，

① 萧军《第八次文艺月会座谈拾零》，1941年7月1日《文艺月报》第7期。

我也无话可说。如今，我却觉得他似乎不适于再写这样的诗了，还应该更深些，更深些……（这是艺术上的深）。

对于周立波的《牛》，萧军认为，作品使用的是庸俗"自然主义"的手法。

3. 萧军与雪苇的争论

在文艺月会第8次座谈会上，萧军提出，登载《革命，向旧世界进军》和《牛》的《解放日报》也应该负一些责任，成名作家的作品可以"文责自负"，这些说法，引起了当时在《解放日报》担任文艺栏编辑的雪苇的不快。萧军认为，报馆完全对文艺作品不负艺术上的责任的做法是不对的，"即使一条广告的排列，这里多多少少也应存着点责任吧"。"我很不敢相信如陈企霞同志所说过收到的三百多份稿件里，不会有比这两件作品稍好些的作品。即使稍差一些，在我看来还是多登一些无'名'作家的作品，总比有'名'无'实'要好一些。"[①]萧军还回驳了雪苇所言"何其芳的诗不独鲁艺文学系的学生普遍模仿着，甚至连他的字体，学生们也全在模仿着的"。

雪苇在《文艺月报》第9期发表《给萧军同志的公开信》，对萧军的说法进行了逐条解释和反驳。雪苇说，萧军写自己的观点时是"委婉周到"的，但概括雪苇的观点时却"黑白画"式地简单化了，譬如鲁艺文学系学生"崇拜""模仿"何其芳，并没有用"全"的说法，而是通过了解鲁艺文学系的实情来证明何其芳的诗拥有相当数量的读者。关于作家的"文责自负"，雪苇有较为翔实的"辩正申诉"：

就拿诗来说吧，据一般流行的说法，有着"大众诗"和"艺

① 萧军《第八次文艺月会座谈拾零》，1941年7月1日《文艺月报》第7期。

术技巧很高的诗”的存在；有着“歌谣风”诗和“亚欧风”诗的区别；有着主张“无韵诗”和主张“有韵诗”的不同；据说还有根本否定“叙事诗”这诗体的存在和肯定这诗体的意见对立。这些，都可以在诗的写作上形成各自不同的“艺术的”“方向”以至组成不同“艺术的”流派的。……作为是一个“同人性质”的杂志或报纸副刊，那他自然完全有以艺术上的主见来选择稿件的自由，甚至只等他主张或赞成一派的作品而全不让别一派的作品有占一席地的机会。但假若是这样一种杂志或报纸的副刊呢——这种杂志或报纸副刊不是艺术上的一派见地作它的指导原则，而是以公共的“抗战的文学活动”作它的指导原则，那据我的了解，至少在这些艺术的争端还未得到公认的解决以前，就不能以编者的主观，以他在文艺上的某种立场来作选稿的标准，而应只要是“一定艺术水平”的文学作品，而且是适应于“抗战利益的”作标准了。①

雪苇(1912—1998)，原名刘茂隆，贵州郎岱人，1932年在上海加入左联，1937年9月到延安，1941年下半年曾借调到《解放日报》文艺副刊栏工作过3个月，后任文抗常务理事兼研究部长、中央研究院文艺研究室研究员，曾有写一本“中国新文学运动史”的执著想法。

4. 冯牧与肖梦关于“歌颂”问题的争论

冯牧(1919—1995)，北京人，1937年到延安，1941年从鲁艺文学系毕业后到鲁艺文艺理论研究室工作。他发表在1941年11月《文艺月报》上的《欢乐的诗和斗争的诗》认为，在诗歌创作中，那些“脱口而出的无条件的赞颂，和那些离现实生活还太辽远的渺茫的梦想”，是现

① 雪苇《给萧军同志的公开信》，1941年9月1日《文艺月报》第9期。

实所不需要的。对于那些缺乏艺术性、空喊口号的所谓"斗争的诗"，冯牧也进行了尖锐的批评。他说："搜集材料派，多产派，粗制滥造派，一切对于诗的创作不严肃的人，一切把写诗看作过分容易的事情的人，都把你的笔移动得慢一点吧，再思索一下吧，不然，你的笔尖将会折断的。"冯牧认为，不能狭隘地理解作家的责任感，每个作家应该写自己更胜任的东西。[①]

有人署名"肖梦"发表了《旁观者言——关于〈欢乐的诗和斗争的诗〉》说，边区之所以出现了一批颂诗、欢乐的诗，"原因就在于边区是一个新的现实，而且是民主自由的这一点。这里的经济、政治是新型的，这里的人是不同的；因而，生活的基调、律动都呈现了前所未有的姿态，于是，诗人兴奋了，写了。……这正是真实的，现实主义的。"文章还针对冯牧观点下面的情绪表示了自己的不满："诗人……应该接受读者、大众的批评建议，并真正向大众学习，对于批评自然也不应发脾气，也不会发脾气。但若盛气凌人，夹风带雨，当然不好忍受，口呼'同志'而无'同志'态度是不好的。且甚要者，像冯牧同志这篇文章，不敢说任何读者，恐怕有不少读者都会叫道：'天哪，这样空洞无物的东西，为什么要算诗的批评'的了。"[②]

《文艺月报》后5期发表的几篇评论文章，就不再针对个人，而是针对某种现象。欧阳山《公式主义是怎样产生的》认为延安文坛存在"公式主义"的创作现象，文章从作家的"生活方式"、"生活体验"、"生活能力"等方面，提出了克服公式主义的办法。严文井《关于使人读不下去的文章》认为，有些文章读不下去的根本原因在于"缺少一点点实

---

① 冯牧《欢乐的诗和斗争的诗》，1941年11月1日《文艺月报》第11期。

② 肖梦《旁观者言——关于〈欢乐的诗和斗争的诗〉》，1942年4月15日《文艺月报》第14期。

在生活的反映,一点点作者自己的见解”。[①]

第五节 萧军等诘难周扬:前因与余波

一、萧军等人诘难周扬

《文艺月报》上最长的一篇批评文章,当属1941年8月1日《文艺月报》第8期上发表的白朗、艾青、舒群、罗烽、萧军5人署名的《〈文学与生活漫谈〉读后漫谈集录并商榷于周扬同志》。这篇文章的执笔者是萧军,针对的是周扬的《文学与生活漫谈》。

萧军的这篇文章曾经由毛泽东之手。萧军的文章完成后,投给登载周扬文章的《解放日报》,却给退了回来,萧军找毛泽东说,这太不公平,太不民主。毛泽东请萧军把报纸和萧军写的文章寄去,又找萧军面谈,建议他把自己的文章发在《文艺月报》上。

当时的《解放日报》文艺栏主编丁玲后来曾经这样叙写此事:萧军等的“漫谈集录”“对周扬文中所提的作家要到生活中去并无异议,只对周扬在漫谈中的态度和对作家写不出作品的原因的几条假设不同意。……我们无意去组织文章,展开争论。当时《文艺月报》发行量很少,读到这篇文章的人并不广泛。这件事很快就过去了。”[②]也就是说,在丁玲看来,萧军对周扬的不满,一是在“态度”,二是周扬针对作家创作的几点“假设”意见。在丁玲的口气里,这似乎不是一件多么了不得的事情,双方的观点似乎没有什么可以令人吃惊的。但丁玲所言“这

---

① 欧阳山《公式主义是怎样产生的》,严文井《关于使人读不下去的文章》,均见1942年4月15日《文艺月报》第14期。

② 丁玲《延安文艺座谈会的前前后后》(1982),《丁玲全集》第10卷,第275页。

件事很快就过去了"则可能失之表面。因为，在此之前和从此之后，很多文艺界的矛盾问题，交汇到毛泽东、周恩来、张闻天那里，随后而来的延安整风运动中，文艺界的"内部纠纷"就被当做"脱裤子割尾巴"、整顿三风、思想改造的基本原因。1942年3月9日，由毛泽东的秘书胡乔木执笔的《解放日报》社论《教条与裤子》，就毛泽东2月份《整顿学风党风文风》、《反对党八股》讲演中所说的党内"三风不正"的问题、很大数量的人"或长或短地拖着一条小资产阶级的尾巴进党来"的延安情况，说：

> 为免得词严而意宽，我们就来数一数延安的家珍吧。延安的某些干部与名流，难道不是主观主义教条主义的大师吗？……延安有许多机关不能实事求是、有的放矢的作风，已经开始消灭了吗？……延安的文艺界、科学界、医学界历来存在着不少不应有的内部纠纷，这些纠纷难道是正确的解决了吗？[①]

萧军等人的这篇文章恼怒于周扬的"态度"，不仅是一种既已隐伏着的不满情绪的爆发，同时，也因为批评文章中有关"太阳中的黑点"问题，强化了萧军等人所在的文抗与周扬所在的鲁艺——周扬后来概括为"暴露黑暗"的文抗派和"歌颂光明"的鲁艺派——之间的对立。[②]文人之间的这些矛盾纠葛和对立情绪，又一定程度地影响到新中国建

---

① 《教条与裤子》，1942年3月9日《解放日报》第1版。

② 赵浩生《周扬笑谈历史功过》，1979年第2期《新文学史料》，第239页。

立之后不断翻滚着的文艺斗争的大波浪中。[①]

周扬的《文学与生活漫谈》分3次连载于1941年7月17—19日《解放日报》。萧军等人的文章发表于1941年8月1日出版的《文艺月报》，距离周扬文章的末篇只有十来天。

萧军等的文章在"小引"里说，7月20日左右，在杨家岭文抗分会，因为天雨，大家全都很闷，就漫谈了周扬的文章，写成了文字发表。另有后来的回忆文章讲得更细：那天，萧军拿了《解放日报》来说了一通，说这文章是针对党外作家的。罗烽、艾青、白朗对此倒没觉得什么，只是对周扬文章中有些问题提法的影射攻讦语调有不同意见（比如关于对马雅可夫斯基的提法）。所谓"漫谈"，并没有坐下来谈，主要是在窑洞外边，几个人随便谈了谈感想，然后萧军说："我把你们大家的意见放在一起，我来写一篇文章。"罗烽和艾青1941年3月才到延安，许多事情不甚了然。[②] 还有的传记作品，将萧军等人商议写文章的情景予以了文学化的描绘：萧军一看报纸就火了，眼睛一瞪，抖抖报纸对丁玲愤慨地说："都到延安了，他还想像在左联时那样霸道！这哪儿行？"丁玲不着边际地说："可以商榷嘛。"罗烽和白朗立即附和道："写文章反击他！"萧军问舒群、艾青："我写文章，你们署名吗？"两人对周扬的文风亦感不悦，遂同意签名。丁玲同意签名，但不愿该文发表在《解放日报》文艺版上，推说社长博古比较谨慎。后来文章发表在《文艺月报》上时，没有丁玲的签名。[③]

---

① 譬如，1958年5月27日，中国作家协会整风领导小组在《关于右派分子罗烽的政治结论》中"主要反党反社会主义言行"中的第1条是：1942年，在延安发表反党文章《还是杂文的时代》，诬蔑延安也有"可怕的黑暗"，号召用杂文的"短剑"来对党进攻；同年，罗烽还和白朗、艾青、萧军等等联名发表另一反党文章"太阳里的黑点"，号召暴露延安阴暗面的作品，诽谤党和革命。（见玉良《罗烽白朗蒙冤散记》，2001年第2期《新文学史料》，第191页。）

② 玉良《罗烽白朗蒙冤散记》，2001年第2期《新文学史料》，第191页。

③ 程光炜《艾青传》，第345页，北京十月文艺出版社，1999。

如此多人同时签名批评一篇文章或一个人，在延安，除了对待当时被判定为“反革命托派分子”的王实味，很少出现。

二、双方的基本观点

萧军等人的文章有8000多字，分为6个部分：小引；一、“埋伏着的主题”；二、“吃肉、拿津贴、刊物太缺乏了……”；三、“太阳中的黑点”；四、“写什么”的问题；五、“打通心”的方法。文章涉及一些较大的问题和一些细枝末节的看法，而核心是围绕着“作家写不出东西的苦闷”以及“太阳中的黑点”问题。

“作家写不出东西的苦闷”，首先是文抗作家们所感受到的。在这次争论发生之前的半年多，1940年12月17日，萧军给胡风的信曾说，自己在延安几个月的感觉“惟一的特征是寂寞和孤独，虽然这里的熟人也不少，环境也颇热闹。……这里文艺运动虽然有很多小组，作家……但是文艺空气并不蓬勃浓厚，有些作家们感到创作不出的苦闷，就开始埋天怨地以至于寻找原因……我和丁玲、舒群大家商量一下，就在十月十九日(鲁迅先生四周年祭)那天成立一个‘文艺月会’，目的是想借这个集会大家随便谈谈，一方面提高文艺气氛，另一面也可以交换些不同的意见。”[①]关于这个问题，萧军等人的文章与周扬进行了辩论。

(1)关于“作家多体验实际生活”。周扬说，在美学上，他是车尔尼雪夫斯基的忠实信奉者，车氏的“美即生活”公式里包含着深刻的真理。但是，有了生活，不一定就能写出作品，作品写了生活，不一定就是好作品，“创作是一个作家与生活格斗的过程”，然而，要做一个作家，首先是要有生活，他主张作家多体验实际生活。萧军等人的“商

① 晓风、萧耘辑注《萧军胡风通信选》，2004年第2期《新文学史料》，第144－145页。

榷”文章就此提出了“理论与实践统一”的观点:“我们不独主张创作家多体验生活,去前线,去农村……对于文艺理论家,批评家……我们是也主张这样做的。从大的方面说,理论与批评也就是一种创作,它也许比一个创作家应该知道得更广更多更深些。”

(2)关于“作家写不出东西”。周扬的文章“之三”说,在延安,有些弄创作的同志感觉到写不出东西来了,有多种有趣的解释:肉吃得太少,不愁衣食无需卖稿,文艺刊物太缺乏等,周扬说,还是应该在“精神的方面”来寻找原因。萧军等的“商榷”文认为,周扬文章之三的“漫谈”里“所埋伏着——也可说要表明的——主题不知道是不是这样:在延安创作家不能写出东西所根据的诸种理由是不能算为理由的。主要是‘写什么’。自己写不出东西来,应该怨自己(无能或不会适应新环境,不懂呼吸新鲜空气等),那不能‘矮子怨天高’、‘脚大怨鞋小’以至于‘拉不出屎来怨茅房臭’。如此‘义正辞严’的‘春秋笔法’,创作家当然无话好说”。关于“吃肉”、“刊物缺乏”,“这一切事实,并不是那样有趣!周扬同志应该更深一点来看看,思索思索,太轻飘地发言论事,有时就容易犯点太天真的嫌疑”。

(3)关于作家的“才情”问题。周扬说:“我们过的原是一种新的生活,而创作在这里又是自由的,为什么会写不出来或写得很少呢?莫非在新的生活面前才能会枯窘了吗?当然不是。”萧军等人的“商榷”文章评点说:“他自己回答了‘当然不是’。我们还愿意补充一句,一个真正的作家,无论在新或旧、自由或不自由……的生活里,从广义来说,他们的创作永久是继续着的!才情决没有枯窘的时候。只有那样原本并无才情,为了某种关系,而站了起来,虽然在新的生活里面,自己却依然迷恋着古旧的梦境,模习着古旧生活的方法和方式,唱着用新形式遮瞒起来、腐朽了内容的古旧的歌的一类的人们……才有这种感觉,他们的命运才有这可悲的‘枯窘’的结局。”

萧军等人的这段话，前部分的意思主要是作家的自卫、自我辩护、自我鼓励；后半部分引申出来的“新/旧”意思，让人想起艾青对何其芳曾有过的批评。艾青于 1937 年夏季曾写过一篇《梦·幻想与现实》发表在重庆的《文艺阵地》上，评论何其芳的《画梦录》。艾青认为，《画梦录》里的何其芳“借用了陈旧的厌世主义……掩饰自己对于这时代的过咎”；“以白日梦、璀璨的幻觉，来维系自己认为是多余的生命”，“何其芳有旧家庭的闺秀的无病呻吟的习惯，有顾影自怜的癖性，词藻并不怎样新鲜，感觉与趣味都保留着大观园小主人的血统”。这篇文章发表时，艾青又“附记”了一个“好消息”，称何其芳《刻意集》等作品有了“可喜的转机”。[①] 何其芳在延安读到艾青的文章后，写了《给艾青先生的一封信》，说：“你那是一篇坏书评。你对于我那本小书，对于我，都作了一个不公平的判断。而且由于你善意地加上那个相当长的附记，你的判断更成了一个离奇的问题。”[②]在延安，艾青与何其芳的矛盾，众人皆知。

(4)关于“太阳中的黑点”。这是萧军等人文章着重谈论的问题。

“太阳中的黑点”问题，仍然是从“作家写不出东西”大问题里生发出来的，周扬认为，应该从精神的方面寻找原因：“一个作家在精神上

---

① 艾青《梦·幻想与现实——读何其芳的〈画梦录〉》，1939 年 6 月 1 日《文艺阵地》第 3 卷第 4 期。

② 何其芳自己对艾青的批评作了一个回答，既有认同，更有辩解和反驳：“我承认我当时有一些虚无的悲观的倾向。我承认我当时为着创造一些境界，一些情感来抚慰自己，竟大胆地选取了一些衰颓的，纤细的，远离现实的题材。我承认我当时的文体是一种比较晦涩的文体。然而我的‘血统’和‘大观园小主人’实在毫无关系。公平的说法是我当时接受了一些欧洲十九世纪后半期的思想和文学作品的影响。然而正如鲁迅所说的，尽管同样是颓废，欧洲文学里所表现的和中国旧文学里所表现的很不相同，因为前者还是由于一种对于人生的热爱和不满。”他认为艾青没有读出《画梦录》中自己“对于人生，对于人的不幸抱着多么热情的态度”。（何其芳《给艾青先生的一封信——谈〈画梦录〉和我的道路》，1940 年 2 月 1 日《文艺阵地》第 4 卷第 7 期。）

与周围环境发生了矛盾……他处身在自己所追求的生活中了，他看到了光明，然而太阳中也有黑点，新的生活不是没有缺陷，有时甚至很多；但它到底是在前进，飞快地前进。……如果一个作家在这里感到了苦闷，是必须首先努力祛除那引起苦闷的生活上的原因的。所以作家和延安的生活，即使有些许扞格不入的地方，因为基本方向是一致的，而又两方面都在力求进步，是终会完满地互相拥抱起来的。……对于延安，我们已经唱了我们的赞歌了，但却还没有能实写出它的各方面。"

萧军等人的文章则说："据说太阳里的黑点一多起来，太阳的光与热就要起变化，将来不独人类要灭亡，太阳自身也要崩碎！……如今我们该不是讨论这黑点有没有的问题，而应是怎样——更有效，更快些——处置这黑点的问题。若仅是反复地说明着一件事，而不想——更有效地——改变一件事，这在某一方面看起来，就有把自己的'黑点'合理化的嫌疑。"

在下文"写什么"的观点里，萧军等人的文章再次提及"黑点"问题："我们只听说过为了'怎样写'或是'写得怎样'有时感到苦闷的作家——而这很快就会得到解决——却很少听说为了'写什么'而哀叹着的人。我们愿意提示周扬同志一声，这断定是不可靠的。……照我们看，主要还是应该从周扬同志所认为'不是最重要的原因'里面——更是关于那'黑点'——上寻找解决比较，也许能有用些。这就是说，应该寻找那些能够妨碍一个战士不能尽性地作战的精神和物质上的原因吧——补充或消灭它。"

萧军等人文章在最后一部分"打通心"里，又说到了"黑点"："周扬从谈话和作文中，近来是很努力于'打通心'的主张了。据他说，人们彼此不能接近融洽……就是因为心没打通。"然而，很重要的问题在于"随时随地地检查纠正""打"的方法和态度。"值得大家思索和研究"

的，是“作家们是不是‘常为自己设下一个圈子，不容易叫人攻打’？这圈子是怎样‘设’下来的，是天生的吗？各人所好吗？还是‘为了圈子抱圈子’？”文章认为，这还是个“黑点”问题。“最后我们诚恳地愿意说，周扬同志这种‘打通心’的态度和方法是应反省一番的，或是利用‘自我批评’的武器，不要太怜惜自己吧，更是对于你自己所说的和革命结有血缘的，革命的亲骨肉的作家们。”

大概觉得萧军的文章仍然意犹未尽，罗烽又另写了一篇《漫谈批评》，发表在《解放日报》上，表达“作家对于批评家普遍的责难与藐视。”文章说，“假如能熟知批评家在艺术作品上所施予的评价的特色，以及他之在作家面前的搬弄权威”，就能“真切”地了解作家对于批评家的“责难与藐视。”在罗烽看来，批评家的批评是“个人的防御和进攻的武器”，“为使自己的力量雄厚，他用‘捧’的手段，眩惑那些无能的艺术家们的心，继之就趁他昏昏然的时候把他拉入自己的阵营，同时施以猛力推倒异己者，于是这太平的艺术的王国的皇冠便落在批评家的头上。”罗烽高昂了作家自身的“伟大”：“尽管说批评是作家的引路者，而在文学史上业已定型的伟大的文学家或诗人，都是超越批评家的藩篱，倚自己的强而有力的艺术的单纯，表现出他的艺术才能的。”①——罗烽文章的落脚点，仍是在“自己的阵营”和“异己者”的派系矛盾上。

事实上，从理论思想的脉络来看，强调“生活即美”、“作家到生活中去”的观点，是周扬一直所主张的。他称“作家为特别的人”，“作家是敏感的知识分子中最敏感的，他对于时代的脉搏的每一跳动都能够强烈地感觉着。”②“我们的作家曾经诉怨过周围生活的暗淡和平凡，而且把这当作了不能产生伟大作品的原因。现在我们是处在一种不平

① 罗烽《漫谈批评》，1941 年 8 月 19 日《解放日报》。

② 周扬《新的现实与文学上的新任务》(1938)，《周扬文集》第 1 卷第 245 页，人民文学出版社，1984。

凡的剧烈的生活面前了，前所未有的英勇悲壮的民族自卫的战争在我们的周围进行着。可是如果作家不积极地参加到这个生活中去，最轰轰烈烈的事变也终会在他身边无声无臭地过去。中华民族解放的过去，许多光荣事迹并不曾在艺术上留下纪念碑，这值得我们今天警惕。”[①]作为一个理想主义者的周扬，他是非常自觉地将个人理想、感受“最强烈的时代脉搏”的观念与政治当权者、投入政治中心旋涡的生活追求目标结合起来，他对于以共产主义为奋斗目标的中共党及其政治当权者，尤其是对毛泽东个人的学问情趣，怀着热烈的感情。周扬“不止一次谈到毛主席是一个非常特出的人物，中国出了这样一个特出人物，是个了不起的事情”。[②] 他认为对毛主席要“崇拜，迷信”。[③] 因而，他在《文学与生活漫谈》里说“作家处身在自己所追求的生活中了”。对于描写“黑暗”及其意义，周扬在此前的多篇文章，如《论〈雷雨〉与〈日出〉》、《一个伟大的民主主义现实主义者的路》等，都反复强调过。即使在《文学与生活漫谈》一文中，周扬对于“黑暗”的长段的细致描写，也有着相当多的生活实感。如果将周扬的《文学与生活漫谈》与萧军等的“商榷”文章放在一起，就不难看出，他们是在强调“文学描写生活”这一大问题的不同侧面。萧军等人不满意的其实主要还是周扬的“态度”。或许，周扬在他的仕途生活和理论文章里所显示出的某种自视甚高、指手画脚、颐指气使的“作风”和“气派”，使得对周扬“搬弄权威”怀有“想法”的萧军等人，早就想借文字“一吐为快”了，用萧军在另

① 周扬《我所希望于〈战地〉的》(1938)，《周扬文集》第1卷，第230页，人民文学出版社，1984。

② 张光年《回忆周扬——与李辉对话录》，收入王蒙、袁鹰主编《忆周扬》，第20页，内蒙古人民出版社，1998。

③ 周扬的儿子周艾若回忆周扬1950年代初说的话：“有两个东西你要崇拜，迷信。一个是苏联，一个是毛泽东。”(《是是非非说周扬》，《李辉文集》第4卷，第393页，花城出版社，1998。)

一篇文章里的表述来说,就是"对于自己的'原则'怀着'放在四海而皆准'有着高度'优越感'的人们的武断和执拗,却也不应该过度容忍才是道理"。①

要理解萧军、丁玲、艾青、罗烽等人对于周扬"态度"的不满,就必须联系到30年代左联时期复杂缠绕的"宗派关系"。虽然"说来话长",但如果不理清这些脉络,不看到这些在文坛具有影响力的文人之间文艺观点和感情气味的复杂关系,就很难理解周扬一篇《文学与生活漫谈》的文章,何以需要萧军等5人联名反驳,何以使得萧军怒气冲冲地"告状"到中共政权最高领导人毛泽东那里,同时,对于20世纪50年代"丁(玲)、陈(企霞)反党集团"的案子、罗烽和白朗被打成"右派"、周扬的《文艺战线上的一场大辩论》、20世纪60年代姚文元《评反革命两面派周扬》、20世纪70年代末和20世纪80年代初期周扬与萧军以及周扬与丁玲的不同关系等文学现象,难于作出较为合理的解释。

周扬自己很明白这些"宗派"关系。他说:"当时延安有两派,一派以'鲁艺'为代表,包括何其芳,当然是以我为首。一派是以'文抗'为代表,以丁玲为首。这两派本来在上海就有点闹宗派主义。"②

三、周扬、萧军、丁玲等人之间的关系溯源

要理解周扬与萧军、丁玲、艾青等人之间的关系,必须从30年代鲁迅与周扬之间的交往说起。鲁迅对周扬的认识、评判、情感态度以及言行方式,直接影响到一批热诚拥戴鲁迅、后来被称为"鲁迅派"的冯雪峰、胡风、萧军、丁玲、艾青等人对周扬的认识、评判、情感态度以及言行方式。萧军、丁玲、艾青等人到延安后,聚居在蓝家坪的文抗;而周扬以及左联时期与他交往合调的周立波、沙汀、舒群(后来到"文

① 萧军《第八次文艺月会座谈拾零》,1941年7月1日《文艺月报》第7期。
② 赵浩生《周扬笑谈历史功过》,1979年第2期《新文学史料》,第239页。

抗”),还有与艾青有着文字过节的何其芳,这些后来被称为“周扬派”的人,大多就在东郊桥儿沟的鲁艺文学系。

1. 鲁迅与周扬

周扬与鲁迅的关系,这里只是简单地例举一些书面记载。

周扬(1907—1989),原名周起应,湖南益阳人,1927年加入中国共产党,1928年毕业于上海大夏大学(今华东师范大学的前身),1930年起在上海参加左翼文学运动,1932年由冯雪峰安排,主编左联机关刊物《文学月报》,1933年5月丁玲被捕后,周扬接任左联党团书记。周扬主编《文学月报》时,鲁迅曾与他有过一次文字“疙瘩”。1932年11月,周扬在《文学月报》上发表芸生(邱九如)的长诗《汉奸的供状》,讽刺“自由人”胡秋原。时任中共文委书记的冯雪峰认为这样做违背了当时的统一战线政策,对周扬不肯公开认错而深为不满,并请鲁迅出面言说此事。1932年12月,鲁迅发表《辱骂和恐吓决不是战斗》,以给周扬(周起应)写信的方式,批评了“辱骂”和“恐吓”的表达方式。[①] 但是,1933年2月,“首甲”等4人署名在上海《现代文化》上发表《对鲁迅先生的〈辱骂和恐吓决不是战斗〉有言》,反击鲁迅的观点,给鲁迅扣上“右倾机会主义”的帽子,使得鲁迅很受伤害。[②] 周扬之所以发表这首长诗,有一个个人原因。1932年,与周扬“情同兄弟”的周立波因参加中共地下党领导的工人罢工运动在上海被捕。周扬为此事去找周立波谋职的神州国光社总编辑胡秋原,请他保周立波出来,但胡秋原不

① 鲁迅《辱骂和恐吓决不是战斗——致〈文学月报〉编辑部的一封信》,原载1932年12月15日在《文学月报》第5—6期合刊,收入《鲁迅全集》第4卷《南腔北调集》,人民文学出版社,1981。

② 事过两年,到1935年4月28日,鲁迅致信萧军说及此事,还在说“我的心至今没有热”。(参见《鲁迅全集》第13卷,第120页,人民文学出版社,1981。)

肯，周扬很生气，他发表《汉奸的供状》与此事有关。[①] 鲁迅与周扬的继续"交恶"，一是因为周扬作为左联领导人的工作方式尤其是"左联解散"的问题，另一件事情是关于胡风的"汉奸问题"，这两件事情，后来又纠结为"两个口号"的争论，演变成"鲁迅派"（"雪峰派"或"胡风派"）与"周扬派"的分歧，加深了鲁迅、冯雪峰、胡风、萧军、丁玲、艾青等人与周扬、周立波、沙汀、徐懋庸等人之间的思想情感矛盾。

关于鲁迅对周扬领导左联的感受，冯雪峰有这样的记录。1936 年 4 月 20 日左右，中共特派冯雪峰从陕北瓦窑堡到上海工作，让他"对文艺界工作也附带管一管"。冯雪峰到上海见到鲁迅后，鲁迅的第一句话是针对周扬等人所说的："这两年我给他们摆布的可以！"

> 鲁迅说过，照他看来，周扬等人只是空谈，唱高调，发命令，不对敌人认真作战，并且还扼杀不同伙的人的革命力量……这些人大抵都是借"革命"以营私的青年，是革命营垒里的蛀虫，许多事情都败在他们手里。……周扬他们以"革命"大旗作虎皮，自命"指导家"，故作激烈，吓唬别人，打击不同意见者；他们只长于"内战"，分裂战线，对敌人却心平气和，并且有意"取悦"于敌人，同敌人及其叭儿狗们反而常常连成一起。……鲁迅也说过，周扬是一个喜弄权术、心术不正、气量又狭窄得很像白衣秀士王伦式的人。……周扬等人还指责鲁迅"懒"，工作得不够起劲。鲁迅说："他们个个是工头，我有时觉得简直像一个带了脚镣的苦工，不管做得怎样起劲，总觉得背后有鞭子在抽来。"

---

① 周扬《关于周立波同志的一些情况》，胡光凡、史大浩、李华盛记录，收入李华盛、胡光凡编《周立波研究资料》，湖南人民出版社，1983。

鲁迅对周扬等人最愤慨的，是周扬等人因鲁迅不赞成“国防文学”的口号并拒绝在“文艺家协会”发起人中签名就攻击鲁迅为“破坏统一战线”，为“托派”等等。[①]

关于胡风的“汉奸问题”。1933年7月，胡风从日本东京回上海后，参加左联活动，并谋职于南京中山文化馆。1934年秋，穆木天被捕出狱后向左联党团说胡风是南京派来的内奸，周扬默认了穆木天的讹传，胡风向周扬提出辞去左联工作。鲁迅平静地对胡风说：“只好不管他，做自己本分的事，多用用笔……”[②]1936年8月，鲁迅在上海《作家》杂志上发表《答徐懋庸并关于抗日统一战线问题》，其中就胡风与“内奸”之事，这样说起周扬：

胡风我先前并不熟识。去年的有一天，一位名人约我谈话了，到得那里，却见驶来了一辆汽车，从中跳出四条汉子：田汉，周起应，还有另外两个，一律洋服，态度轩昂，说是特来通知我：胡风是内奸，官方派来的。……论据薄弱之极，我不相信！……我倒明白了胡风鲠直，易于招怨，是可接近的，而对于周起应之类，轻易侮人的青年，反而怀疑以至憎恶起来。自然，周起应也许别有他的优点。也许后来不复如此，仍将成为一个真正的革命者。

……田汉周起应们说胡风是“内奸”，终于不是，是因为

① 冯雪峰《有关一九三六年周扬等人的行动以及鲁迅提出“民族革命战争的大众文学”口号的经过》，1979年第2期《新文学史料》，第248—249页。另参见1935年9月12日鲁迅致胡风信，《鲁迅全集》第13卷，第211页，人民文学出版社，1981。

② 《胡风回忆录》，第30—32页，人民文学出版社，1993。

他们发昏；并非胡风诈作"内奸"，其实不是，致使他们成为说谎。[①]

鲁迅对周扬带着讥讽挖苦意味的批评是非常严厉的。周扬受到鲁迅公开的批评责骂、两个口号论争的"三十年代问题"，一直是折磨他的"心结"，变成了他的心理"癌症"。[②] 有人说，"在过去，凡是受到鲁迅斥责的人，大都是没有好下场的。"[③]鲁迅批评的"刺痛"，伴随了周扬一生，尤其在文革期间，鲁迅的批评就变成周扬"罪状"的主要依据之一。不过，1937 年 9 月周扬到了延安以后，"党还是很信任我，两个口号的问题也没有多谈"。[④] 1939 年 1 月－1941 年 4 月，周扬担任陕甘宁边区政府教育厅厅长；1939 年 11 月被正式任命为鲁艺副院长；1941 年 6 月，鲁艺建立正规学制，周扬仍担任鲁艺副院长（院长为吴玉章），兼任党团书记和文学部部长。周扬对于胡风，后来也是"抨击"和"欣

---

① 鲁迅《答徐懋庸并关于抗日统一战线问题》，原载 1936 年 8 月 15 日《作家》第 1 卷第 5 期，署名"鲁迅"，见《鲁迅全集》第 6 卷《且介亭杂文末编》，第 534－536 页，人民文学出版社，1981。文中"一位名人"指沈端先，即夏衍；"另外两个"指夏衍，阳翰笙，参见《鲁迅全集》注释。

② 周扬曾说："我身上有两个癌症……一个是肺癌，一个是'三十年代'。"（龚育之《几番风雨忆周扬》，王蒙等主编《忆周扬》，第 244 页，内蒙古人民出版社，1998。）

③ 徐懋庸《回忆录·我和毛主席的一些接触》(1972)，1981 年第 1 期《新文学史料》，第 23 页。

④ 赵浩生《周扬笑谈历史功过》，1979 年第 2 期《新文学史料》，第 236 页。

赏”的“双重”性的。[1]

一个有趣的现象是，20年代革命文学论争和30年代“两个口号”论争中，曾与鲁迅发生争执或被鲁迅批评过的人，到延安后，有很多改行，不再从事文学批评和创作工作，如成仿吾改行担任陕北公学和华北联合大学的校长，李初梨担任中共机关报《新中华报》和中共陕西省委机关报《西北》周刊主编，徐懋庸到抗大做政治主任教员。徐懋庸根据自己与鲁迅较长时间的密切交往及其变化，说：“我素知鲁迅先生的脾气，当他认为一个人可交的时候，他的关心爱护是无微不至的，而当他憎恶一个人的时候，就拒之于千里之外，决不留情的。”[2]不过，徐懋庸“改行”，还因为“两个口号”问题中对周扬不满。1938年5月，徐懋庸面见毛泽东时说，周扬想“把我作为肥皂，想以我的消灭洗清他的污浊”。毛泽东建议他去周扬正在筹办的鲁艺工作，徐懋庸拒绝了：“根据上海的一段经验，我觉得搞文艺的人很多脾气很怪……我不愿意再同搞文艺的人在一起。”[3]

2.萧军、丁玲、艾青与周扬、何其芳

萧军(1907—1988)，辽宁义县人，1928年在东北陆军讲武堂学炮

---

① 周扬不满胡风的为人方式，但对于胡风的文艺观点和文艺工作一直较为肯定和欣赏。1939年5月24日中午，董必武到胡风重庆的住所，带来了周扬的口信，请胡风去延安鲁艺文学院做中文系主任。胡风听了这话有些吃惊：“周扬怎么会请到我？”1946年，周扬到上海，特地来看胡风，谈到延安的一些老朋友和作家们的情况，肯定了胡风对文艺工作的坚持。几天以后，周扬又来，主要是了解国外文艺界的情况，希望胡风给他介绍熟人。不过胡风不能给他什么帮助。(分别见《胡风回忆录》，第165页，第375页，人民文学出版社，1993。)

1950年代在批判“胡风反党集团”时，周扬的讲话总是两面的，一面是批判，一面又指出胡风是真懂得文学创作的。(洁泯《心曲万千忆周扬》，收入王蒙等主编《忆周扬》，第256页，内蒙古人民出版社，1998。)

1967年，姚文元《评反革命两面派周扬》说，周扬“极力附和胡风的反革命理论，为胡风翻案”，宣讲胡风的“红衣大主教”观点。(1967年第1期《红旗》杂志，第28页。)

② 《徐懋庸回忆录》，第89页，人民文学出版社，1982。

③ 《徐懋庸回忆录》，第27页，人民文学出版社，1982。

兵，1933年与萧红合著《跋涉》，1934年11月到上海，开始与鲁迅交往，1935年7月在鲁迅支持下，其小说《八月的乡村》作为“奴隶丛书”自费秘密出版。“七七事变”后，萧军与胡风等在武汉编《七月》，1938年3月第一次到延安，几天后离开，1941年6月第二次到延安，为文抗的驻会作家。萧军对周扬的认识和态度，不仅直接受到鲁迅的影响，而且还受到胡风的影响。萧军与胡风从左联时期到40年代乃至终生的彼此默契投和的友情，都使他对周扬怀有某种戒心。萧军在左联时期，与周扬也有一些直接交往。

1935年，萧军被邀请加入“左联”。他请胡风向鲁迅征询意见，鲁迅收信后第二天即复信说：“三郎的事情，我几乎可以无须思索，说出我的意见来，是：现在不必进去”，“一到里面去，即酱在无聊的纠纷中，无声无息。以我自己说，总觉得缚了一条铁索……我的这意见，从元帅看来，一定是罪状。”[①]鲁迅所说的“元帅”，指的就是周扬。

鲁迅很重视萧军的小说《八月的乡村》，为之作序，帮助出版，与萧军、萧红的个人来往非常密切。根据1935年前后与鲁迅交往甚多的徐懋庸回忆，《八月的乡村》出版后，“周扬写了一篇书评”，对其缺点多所指责，鲁迅对此很生气，对徐懋庸说：“你看过一个美国电影片子么？那是讲白种人在非洲的‘探险’的事情的。白种人用暴力征服黑人之后，把黑人作为奴隶，却从黑人中挑选一个顺民作这些奴隶的总管。这总管，每当白人主子来查看的时候，就用鞭子打自己的同胞特别起劲，以表示对主子的忠诚。现在我们的人，对一个新出的作家的很有意义的作品，百般挑剔，而对于资产阶级作家，却很客气，这不是同那奴隶总管一样的么！”1935年1月17日鲁迅曾给徐懋庸写信说过：“我

① 鲁迅致胡风信，《鲁迅全集》第13卷，第211页，人民文学出版社，1981。

憎恨那些拿了鞭子，专门鞭扑别人的人们。”[1]鲁迅的愤怒是显而易见的，对萧军的直接影响也不难想象。只是徐懋庸回忆录所说的“周扬写了一篇书评”，不知是否指的就是狄克（张春桥）发表在1936年3月15日上海《大晚报·火炬》上的《我们要执行自我批判》。这篇文章批评《八月的乡村》“不够真实”，称“有人”说萧军“不该早早地从东北回来”；鲁迅为此写下《三月的租界》，反击狄克的观点。《大晚报·火炬》是周扬常常发表文章的报纸副刊，狄克文章的观点通常被认为就是周扬的观点，其中的“有人”一般也被认为就是周扬。不管历史实情和细节究竟怎样，萧军源自鲁迅的愤怒和自己成名作的遭遇而对周扬产生“恶感”，似乎也是自然而然的事情。

丁玲对周扬的不良感觉，也渊源于鲁迅以及鲁迅的至交冯雪峰、胡风。1931年，丁玲在上海编辑左联机关刊物《北斗》，在冯雪峰的带领下，与鲁迅有些直接交往。丁玲发表《水》等作品后，鲁迅给予较高评价，称她是当时真正的“革命作家”。1933年6月，鲁迅听说丁玲被国民党绑架在南京遇害，写下了“可怜无女耀高丘”的诗句，[2]丁玲说这诗“永远印在心头，永远鞭策我前进”。[3] 冯雪峰曾是周扬初期参加左翼文艺运动的引路人，但由于周扬与鲁迅的关系，冯雪峰与周扬的关

---

① 《徐懋庸回忆录》，第84—85页，人民文学出版社，1982。

② 鲁迅《悼丁君》：“如磐夜气压重楼，剪柳春风导九秋。瑶池凝瑟清怨绝，可怜无女耀高丘。”最初发表在1933年9月30日《涛声》周刊第2卷第38期。

③ 丁玲《鲁迅先生于我》（1981），《丁玲全集》第6卷，第116页。

系也恶化了。[1] 而丁玲对冯雪峰一直有着深切的感情，对冯雪峰的观点总是"深信不疑"。[2] 丁玲对胡风也非常信任。1939 年，在延安的丁玲曾把毛泽东为她所写的词《临江仙》手笔寄给重庆的胡风保管。[3] 不过，丁玲对周扬的"不良感觉"，没有在延安的公开场合或公共事件中得以爆发，两人间的矛盾没有尖锐化，双方家庭也有一些友情往来，这或许与毛泽东有一定关系。毛泽东在延安时曾对丁玲说："我看周扬的理论水平比你高，行政组织能力也比你强。这两方面，你丁玲都是不如周扬的。"[4]在萧军等人对周扬《文艺与生活漫谈》的文章中，丁玲

---

① 周扬这样述说自己与冯雪峰关系的变化：1935 年春，上海地下党组织遭到严重破坏，地下文委阳翰笙、田汉等被捕，只剩下周扬和夏衍两个人，不久，夏衍也一度离开上海，"我们整天焦急地寻找党的关系，还得四处隐蔽起来，以躲开敌人的追捕。1936 年，雪峰以党中央代表的身份从延安回来。我们从其他朋友处得知这个消息，非常高兴。可是雪峰不与我们见面，径直找了鲁迅先生和胡风，随后又引发了'两个口号'的争论……不知隔了多久，冯雪峰请王学文带了一个纸条约我见面，上面写的两句话：'周起应六成英语，小资产阶级情绪！'……党代表是过去的好友，分别了几年，别的话不说，却说我六成英语，我本来就是六成英语嘛！我实在受不了这样的委屈，当即加以拒绝，拂袖而走。从此以后，我和雪峰的关系弄得很僵，再也恢复不了原有的友好状态了。我想，我们两人当时都是年少气盛，他有浙东人的倔脾气，我也有湖南人的犟脾气，谁都受不了一点委屈。"（荣天屿《锦鸡互赠美丽的羽毛——周扬与冯雪峰》，2003 年第 2 期《新文学史料》，第 44—52 页。）

周扬说，不管怎样，自己对冯雪峰还是抱着一种"尊敬的感情"。1975 年 10 月，周扬与病中的冯雪峰见面，周扬一时抑制不住自己的感情，流泪拥抱冯雪峰，冯雪峰也为之所激动，后来写下《锦鸡与麻雀》的寓言。（参见《周扬同志致友人的一封信》，1980 年第 4 期《新文学史料》第 223 页。另可参见徐庆全《周扬与冯雪峰》，湖北人民出版社，2005。）

② 参见丁玲《不算情书》（收入《丁玲全集》第 5 卷）；丁玲《悼雪峰》（《丁玲全集》第 6 卷，第 15 页）等。

③ 1939 年 7 月，胡风收到丁玲寄来的一份用纸包得很仔细的用毛笔写的旧诗词。胡风说："丁玲怕在战乱生活中将主席给她亲笔书写的诗词遗失掉，特地托我为她保存。我深感这责任之重大，就赶快将它装在一个牛皮纸信封里，上面写上'毛笔'两字放在我装重要稿件的小皮箱里，这样，可以随时拎着小箱子去躲警报。"（《胡风回忆录》，第 173 页，人民文学出版社，1993。）

④ 杨桂欣《我所接触的暮年丁玲》，第 83 页，中国广播电视出版社，2004。另可参见杨桂欣《丁玲与周扬的恩怨》，湖北人民出版社，2006。

本来参与了大家的讨论，但最终却没有签上自己的名字。当周扬自觉地“努力使自己做毛泽东文艺思想、文艺政策之宣传者、解说者、应用者”之后，[①]他在编辑《解放区短篇创作选》、《民间艺术和艺人》等书时，都选入了丁玲的作品。周扬将丁玲的《我在霞村的时候》收录在《解放区短篇创作选》的第1辑第1篇。但是，到20世纪40年代末丁玲要出版《太阳照在桑干河上》时，周扬的“不置一词”、“冷淡”、“压住不印”等，彻底激怒了丁玲。[②] 不过，令人也感到奇怪的一种做法是，丁玲把自己耗尽全部心思的长篇小说《太阳照在桑干河上》写完后，首先想到的却是给周扬，虽然那时周扬担任着中共华北局宣传部副部长。或许，是周扬的《论赵树理的创作》以及赵树理被当做“中国新文艺的方向”，使得丁玲对周扬的评论怀有某种期望。然而，丁玲的期望完全落空。后来又因为“丁、陈反党集团”之案、丁玲“右派”及其平反问题，丁玲与周扬的关系进一步恶化。同样令人感到奇怪的现象是，丁玲并没有在萧军等人“商榷”周扬《文学与生活漫谈》的文章上签名，但晚年周扬却把丁玲当做文抗“暴露黑暗派”的“为首”代表，惹得丁玲更加愤怒。[③] 20世纪70年代末80年代初，周扬与萧军、冯雪峰等人的关系都有所缓和，周扬向他们承认思想错误，进行感情道歉，但与丁玲最终以“怨结”结束。

---

① 见周扬《表现新的群众的时代·前记》，太岳新华书店发行，1946年11月。

② 参见丁玲《从正定到哈尔滨》（1948年6月14日日记），《丁玲全集》第11卷，第337页。丁玲在1948年6—7月的日记中，多处写出了对周扬的意见。丁玲对周扬有关《太阳照在桑干河上》的意见，另外参见李向东《有关〈桑干河上〉出版的一点新资料——读陈明致丁玲的两封信》，2003年第3期《新文学史料》第169—170页。

“丁玲和周扬之间有很深的成见。”参见李之琏《不该发生的故事——回忆一九五五年一一九五七年处理丁玲等问题的经过》，1989年第3期《新文学史料》第131页。

③ 参见赵浩生《周扬笑谈历史功过》（1979年第2期《新文学史料》第239页）；丁玲《讲一点心里话》（收入《丁玲全集》第7卷第77—78页）；陈明《丁玲在延安——她不是主张暴露黑暗的代表人物》（1993年第2期《新文学史料》第35页）。

3. 艾青、胡风、罗烽、白朗与周扬、何其芳

艾青1941年3月来延安之前,与周扬并没有直接往来。艾青(1910—1996),浙江金华人。1928年考入杭州国立西湖艺术院绘画系,次年去法国巴黎学画。1932年回上海,参加中国左翼美术家联盟。1936年出版了诗集《大堰河》,后来又陆续发表了长诗《向太阳》、《火把》,出版了诗集《他死在第二次》、《旷野》等。1941年1月,皖南事变爆发,国民党政府加强了文化专制主义,重庆中共中央南方局和中共中央军委副主席周恩来多次派人到国统区文化界传述"荫蔽精干,长期埋伏,积蓄力量,以待时机"的方针,并安排文化人分批去延安、香港、桂林、缅甸的仰光等地从事文化活动。在重庆时,周恩来明确地表示,希望艾青去延安,在延安"可以安心地写作"。[①] 艾青在重庆与胡风有着相当密切而友好的交往。因为延安的周扬与何其芳,他对于是否选择来延安,踌躇再三,最终确定来延安。

艾青对胡风的感情非同寻常。艾青发表《大堰河——我的保姆》等诗作后,渴望出诗集,但没有出版商敢冒风险。他的美术朋友、后来在鲁艺美术系任教的江丰到处奔走,凑足了一笔钱,自费出版了只有9首诗的诗集《大堰河》,拿到书店去寄售。艾青"时常跑去看看,有没有卖掉一本。但是他每次去,都仍旧是那几本。后来他不去了,因为他一去,人家就要他拿回来"。[②] 后来,田间推荐胡风读《大堰河》。胡风说,"艾青是一个初见的名字,书名毫无诗意。"但胡风读了其中的作品后被吸引了,受到感动,写下了《吹芦笛的诗人》发表在王统照主编的大型文学刊物《文学》上,认为艾青的"感情内容和表现风格都为新诗的传统争得了开展,诗人的健旺的心将为人民创造出更多的精神财

---

① 艾青《在汽笛的长鸣声中》(1978),《艾青专集》,第16页,江苏人民出版社,1982。

② 李又然《艾青》,《李又然散文集》,第210页,长江文艺出版社,1984。

富。我这一点评介大概促使读者接受了艾青,我自己也就和他认识了,在友好的接触中更认识了诗人的气质”。[①] 艾青许多有影响力的诗作如《北方》、《向太阳》、《乞丐》、《雪落在中国的土地上》等,都发表在胡风主编的《七月》杂志和《工作与学习》丛刊上,艾青的几部诗集也被胡风收入“七月诗丛”出版。所以,艾青终生感念着胡风。[②] 而胡风在重庆与艾青的多次会谈,势必先入为主地影响到艾青对于周扬的看法。与正担任着鲁艺文学系主任的何其芳,艾青来延安之前,已经有过一场笔战了,[③]所以,在萧军等“商榷于”周扬的文章《文学与生活漫谈》里,艾青对何其芳也顺带“刺”了一下。不过,艾青多年的老友、也在文抗做驻会作家的李又然则和事佬般地记载说,何其芳给人的信里多次提到,“艾青有才能”;周扬说“艾青能写论文”。[④]

罗烽和白朗夫妇二人都是辽宁沈阳人,1935年同到上海专事创作,1940年到延安。有材料说,罗烽1937年从上海撤退到南京即失去党的关系,几年中多次申请去延安,均未实现,所以,他心中难免不对当年在上海的党的负责人周扬有所想法,[⑤]也就是说,罗烽和白朗与周扬原本未见得有着过不去的“坎”,但作为东北老乡,他们倾向于萧军的观点和做法,这是不言而喻的;更重要的是,他们把创作当做生命之根,视文学为最高的人生追求,而周扬自己不写作品却振振有词、指手画脚于“作家写不出作品”,不能不令他们反感。

---

① 《胡风回忆录》,第70页,人民文学出版社,1993。

② 参见艾青《思念胡风和田间》(1986),收入《艾青全集》第5卷,(石家庄)花山文艺出版社,1991。

③ 参见艾青《梦·幻想与现实——读何其芳的〈画梦录〉》(1939年6月1日《文艺阵地》第3卷第4期),何其芳《给艾青先生的一封信——谈〈画梦录〉和我的道路》(1940年2月1日《文艺阵地》第4卷第7期)。

④ 李又然《艾青》,《李又然散文集》,第205页,长江文艺出版社,1984。

⑤ 玉良《罗烽白朗蒙冤散记》,2001年第2期《新文学史料》,第191页。

舒群也是东北人，来自于黑龙江的哈尔滨；1935年在上海加入左联。1937年8月，舒群与周扬、艾思奇、李初梨、何干之同路离开上海前往延安，后来在西安分手，舒群担任八路军总部随军记者。1940年6月，舒群与萧军同到延安后，舒群立刻被接到鲁艺文学系任教。舒群与周扬一直有较多往来，很难说多么投和，但也很难说水火不容。但老朋友萧军、罗烽、白朗3个东北人都在文抗，另有“东北老乡”师田手、马加、雷加等人也在文抗；因此，1941年年初，舒群以编辑《文艺月报》为由，也离开鲁艺，到了文抗。

四、“两边曾不往来”

由左联时期延续下来的“宗派”关系及其相联的情感、态度，随着更多的上海左翼文人迁移延安，也直接影响着延安时期文化人之间的组合配位和文学社团的分布。“鲁迅派”的人比较明显地聚集在蓝家坪的文抗，“周扬派”的成员多在桥儿沟的鲁艺文学系。文艺月会上，何其芳、周立波的作品受质疑；《文艺月报》里，萧军等5作家联名与周扬“商榷”。“两个山头”的矛盾日趋明显，而且日趋恶化了。

在鲁艺文学系任教的严文井说，鲁艺和文抗的矛盾，在延安文化界已不是什么秘密，“两边的人曾不往来”，鲁艺文学系编辑的《草叶》和文抗会刊《谷雨》“彼此也都戒备着”。[①] 鲁艺文学系的陆地写了一个短篇小说《落伍者》，没有给《草叶》，而是发表在文抗1942年第4期《谷雨》上，与名作家并列。

> 然而，想不到麻烦竟接踵而来，有人就说，“你本是鲁艺培养出来的人，有作品为何不给《草叶》（何其芳主编的鲁艺

---

① 严文井《延安文艺座谈会前后》，1957年5月23日《新疆日报》收入，戴淑娟编《文艺启示录》，第101页，中国戏剧出版社，1992。

> 校刊。在人们心目中,《草叶》与《谷雨》乃是鲁艺与文协两大山头的阵地)?”鲁艺的人以为我另投山门,成了异己分子。等到文艺座谈会一来,我这篇为个人主义者唱的挽歌,却被鲁艺的程某署名文章当头一棒。①

陆地的做法被认为“简直是对鲁艺的背叛,向文抗投降”。②

1942年3月,吴奚如在《解放日报》文艺栏一百期“特刊”上发表《一点意见》,他说:

> 延安文艺界表面上似乎是天下太平的,但彼此在背地里,朋友间,却常常像村姑似的互相诽谤,互相攻击;各以为是,刻骨相轻。显然的,这里存在着许多待以解决的问题,如对文学理论的见解,作品的看法,以及作家之间正常的关系等等。
>
> 为什么大家不能很明朗地,正当地提出来论战,面向广大的读者一决雌雄呢?
>
> 这显然是一种虚伪而诡诈的病症。③

其实,这种“互相诽谤,互相攻击;各以为是,刻骨相轻”,也是由来已久。1936年,鲁迅给徐懋庸的信中曾经分析过,在左联结成的前后,有些所谓革命作家,其实是破落户的漂零子弟。他也有不平,有反抗,

---

① 陆地《七十回首话当年》,1989年第4期《新文学史料》,第35页。“程某的文章”指的是程钧昌在1942年6月25日《解放日报》上发表的《评〈落伍者〉》,认为小说《落伍者》描写的是一个“知识分子气的多愁善感的伙夫”,写作技巧是模糊的。

② 陆地《延安“部艺”生活点滴》,1995年第2期《新文学史料》,第16页。

③ 奚如《一点意见》,1942年3月12日《解放日报》。

有战斗，而往往不过是将败落家族的妇姑勃谿，叔嫂斗法的手段，移到文坛上。嘁嘁嚓嚓，招事生非，搬弄口舌，决不在大处着眼。[①] 1938年，丁玲接到一个朋友从武汉的来信，说文人又渐集武汉，于是"文坛遗传病"也带到武汉。"他的意思我明白，一定那里又发生一些谣言、诽谤、仇恨、骂詈。……这些遗传病只能算是旧病复发。"[②]

丁玲后来则反对有"派"之说，反对把自己当做文抗的代表。1979年11月8日，丁玲在中国作家协会第三次会员代表大会上说道：

> 我们文艺界是有一个封建的东西……我们现在还要反封建，反什么呀？就是要反文艺界的宗派主义（热烈的掌声）。……赵浩生的访问报告，说延安就有宗派，有两派，一派是"鲁艺"，为首的是谁谁，另有一派是"文抗"，以丁玲为头子，还有艾青。事实上，当时我恰恰不在"文抗"。"文抗"有七个负责人，他们是萧军、舒群、罗烽、白朗、艾青、于黑丁、刘白羽，是他们七个人轮流主持，没有我。那天，艾青笑着说，"我是独立大队。"萧军，你们看得出来，那是个英雄，他能参加哪一派呀！（笑声）他哪一派也不会参加，他就是萧军派，他还能以我为首哇？……在座的"鲁艺"师生一定很多，他们一定不会承认他们是一派，贺敬之……不会承认他是鲁艺派，他不是。贺敬之在延安的时候，他的诗先给艾青看看，艾青就首先欣赏他的诗。……我们很多人，大约并没有什么派。……我在《解放日报》编文艺栏，很多鲁艺同学的第一篇文章就是在《解放日报》发表的。《解放日报》发表文艺作品

---

① 《徐懋庸回忆录》，第79页，人民文学出版社，1982。

② 丁玲《说到"印象"》(1938)，《丁玲全集》第6卷，第28页。

的，以“鲁艺”的同学为最多。那段时间，“文抗”我去得很少，哪里是什么“文抗”派的代表呢？……实际上我们没有什么派。①

丁玲强调说：“我没有宗派，单干。……文抗的人都是‘独立大队’。”②

丁玲的“单干”、“独立大队”之说，的确是生活实情的一部分：艾青与鲁艺文学系学生有着友好的交往，陈荒煤、严文井虽然一直在鲁艺文学系，却与文抗很多作家和睦和谐地交往着，文抗与鲁艺文学系成员双方在蓝家坪和桥儿沟都有各自的朋友。但是，丁玲的说法，还意味着生活实情的另一部分，那就是，1942年延安大整风运动来了，丁玲与萧军、萧军与众人之间又产生了新的冲突，而艾青、刘白羽、周而复、陈荒煤等几乎所有的文抗人、鲁艺人，都被卷入了思想整风、政治审干运动的巨大浪潮中。文抗内部分裂了。

第六节 整风中的“文抗”：团体的分裂解散与个体的精神痛苦

一、延安政界和文艺界里的整风运动

1942—1944年，延安在进行整风审干运动。

延安整风运动的一个基本起因在于当时政治营垒之间的矛盾。1937年11月，中共驻共产国际代表、共产国际执行委员会委员和主席

① 丁玲《讲一点心里话》，1979年11月8日丁玲在中国作家协会第三次会员代表大会上的讲话，《丁玲全集》第7卷，第73页，第77—78页。

② 丁玲《会见加拿大作家代表团的讲话》(1981)，《丁玲全集》第8卷，第194页。

团成员王明离开莫斯科，飞抵延安，此后，王明、张闻天（洛甫）、博古（秦邦宪）等当时被称为“王明路线”的政治家及其拥护者、随同者，与毛泽东、朱德、刘少奇、周恩来等后来被称为“毛泽东革命路线”的两个政治营垒之间，由合作、矛盾、冲突发展到分裂的状态。1941年皖南事变，中共领导的新四军遭受惨重的损失，深深地刺痛了毛泽东。他认为，“左”倾错误和右倾错误都根源于不了解中国具体实际、不能解释中国革命客观规律的主观主义。从1941年9月中共“九月会议”起，中央领导层拉开了整风运动的帷幕。1942年起，中共全党普遍开始思想整风，“反对主观主义以整顿学风，反对宗派主义以整顿党风，反对党八股以整顿文风”。① “运用党内思想斗争的武器，以无产阶级的思想，去克服党内的小资产阶级思想。”②“八十万的党员中，大多是从小资产阶级出身的。没有思想上的大改造，是不行的。一定要把这个思想改造进行到底。不惜精力、时间、费用。”③整风过程中，由于出现了王实味被认为是“托派”、“特务”以及其他一些人“组织不纯”的问题，1943年4月，思想上的整风运动转入组织上清党的审干运动、抢救失足者运动。1944年5月，中共六届七中全会宣告为期4年的整风运动结束。不久，毛泽东给中央党校即将到前线去的学员讲话，就“整风中有些同志受了委屈”，向大家敬礼赔不是。④

事实上，很多文人一开始可能并不清楚政界发动“整风”的真正含义。1941年5月，毛泽东在文化沟大礼堂作《改造我们的学习》报告。何其芳说：“我心悦诚服地听完了这个报告，然而我当时对它的重大意

---

① 毛泽东《整顿学风党风文风》，1942年4月27日《解放日报》第1版。

② 《加强对于学习的领导》，1942年6月2日《解放日报》社论。

③ 1942年6月5日《解放日报》社论：《延安一月学习运动总结》。

④ 参见《胡乔木回忆毛泽东》（人民出版社，1994）、王明《中共五十年》（东方出版社，2004）、《毛泽东年谱》（中央文献出版社，2002）、高华《红太阳是怎样升起来的》（香港中文大学出版社，2000年）等。

义和深刻内容并没有完全理解，我在心里对自己说：‘这是反对形式主义。真反得好！我那时对党内两条路线斗争的历史没有知识，不知道这是在学风这个根本问题上批判王明的教条主义的主观主义，批判他的机会主义路线，哪里能把它的极其巨大的意义缩小和降低为反形式主义呢？”①

文抗作家也开始了整风。1942年4月，文抗进行整风文件学习动员大会，“情形非常热烈”。整风学委总会派徐一新来文抗指导，文抗当即成立了由郑汶、丁玲、刘白羽、于黑丁等5人组成的学习分会，制定了学习计划、检查制度和学习纪律，规定每天下午为阅读文件时间，如因事外出，必须向小组长请假，每人必须写笔记，小组长随时可检查每人笔记，开讨论会时不得缺席。每次开会前各小组分组搜集疑问，举行质疑，作为讨论会的准备工作，并将学习与目前文艺界各方面的实际问题密切联系起来，展开研究讨论。党与非党作家参加编组学习。文抗作家开始了学习整风文件的第一次讨论。②

在延安全党普遍开展整风运动之前，文艺界的诸种矛盾有很多已经直通到中央政治局、中宣部的毛泽东、张闻天、凯丰等人那里。1940年6月，萧军到延安后，一面看到文艺人为救亡、革命、寻求真理来到延安，另一面也看到“因为从四面八方来，各有各的路数，各有各的观点，难免发生分歧，产生矛盾”。萧军为此“想不开，看不惯”，“便不想在延安呆了”；又因为周扬《文学与生活漫谈》之事，1941年7月，萧军向毛泽东辞行，并向他毫无保留地讲述了自己遇到的不愉快事情，建议中共党应当制定一个文艺政策，以便延安和各抗日根据地同志有所依据，有所遵循，团结起来、步调一致地工作。毛泽东挽留萧军留在延

---

① 何其芳《毛泽东之歌》(1976—1977)，《何其芳全集》第7卷，第393页。

② 《文抗作家进行文件研究，丁玲刘白羽等任学委》，1942年5月1日《解放日报》第2版。另载1942年6月5日《新华日报》第4版。

安收集各方面情况和意见。[①] 1941 年 3 月，艾青从重庆到延安后的第二天，张闻天和凯丰去看他，艾青说起文艺界一些人的宗派问题。[②] 欧阳山、草明见到毛泽东时，也曾跟毛泽东谈起文艺界的宗派问题。[③] 政界里的整风运动展开之后，1942 年 3—4 月，丁玲和王实味在中共党报《解放日报》和文抗会刊《谷雨》上发表了《"三八节"有感》、《野百合花》、《政治家·艺术家》等引发许多争议的文章。延安文艺座谈会前，毛泽东召见文抗党支部书记刘白羽，说："一个时期要抓一个中心，前些日子我们调查研究边区的经济工作，好解决抗日根据地的经济问题，现在我们可以腾出手，回转头来考虑一下文艺方面的问题了。"毛泽东请刘白羽搜集文抗党员作家有关文艺问题的意见。[④] 毛泽东分别致信萧军、艾青、欧阳山、草明、舒群，请他们代为收集文艺问题的"反面意见"，还约见了鲁艺文学系和戏剧系的几位党员教师到杨家岭座谈：何其芳、周立波、严文井、曹葆华、姚时晓。毛泽东与丁玲、周扬的面谈次数就更多了。原中宣部部长张闻天带领一个调查团下乡去后，1942 年 5 月，毛泽东、凯丰亲自主持召开延安文艺座谈会，文艺界的专项整风运动与延安全体的整风运动合为一体，也开始了。

担任文抗支部书记、整风学习委员会文抗分会委员的刘白羽说，"延安生活的气氛慢慢紧张了起来"：

整风运动开展以后，先是中央研究院批判《野百合花》的大字报铺天盖地，后来又是鲁迅逝世六周年纪念大会上一场

① 萧军《难忘的延安岁月》(1987)，王德芬整理，收入《延安文艺回忆录》第 113—114 页，中国社会科学出版社，1992。

② 程光炜《艾青传》，第 331 页，北京十月文艺出版社，1999。

③ 草明《五月的延安》(1982)，收入《延安文艺回忆录》第 117—118 页，中国社会科学出版社，1992。

④ 刘白羽《心灵的历程》(新版)(上册)，第 370 页，解放军文艺出版社，2003。

激烈的论战，思想战线上的大辩论，使得延安生活的气氛慢慢紧张了起来。最早是丁玲调到中央党校一部去了。接着，就把“文抗”的人陆续调走……我们的窑洞一间一间空了出来，人走得一干二净，冷冷清清，最后只剩下我一个人了，也许由于我是支部书记，直接做具体工作。①

刘白羽也随即申请去了中央党校三部学习。

文抗当中有一批作家：丁玲、萧三、艾青、罗烽、白朗、萧军、吴伯箫、马加、罗丹、杨朔、柳青、于黑丁、魏伯等……每一个人有每一个人观察人生、处理事物的不同的立场，不同的角度，因而这是一个单纯的集体，也是一个复杂的集体；这是一个亲密的集体，也是一个疏远的集体；这是一个清澄的集体，也是一个污浊的集体。②

二、萧军与丁玲等人的冲突

萧军到延安以后，“本打算像一条冬天的鱼似的深一点沉下水底，静静地做一点自己要准备做的工作，什么也不管，可是因为有些地方看不惯，就又要‘逞英雄’了。”③1942 年 5 月 2 日，毛泽东在延安主持第一次文艺座谈会。他讲完“引言”之后，由作家们自由讨论。丁玲说，萧军你是炮兵出身，你先发言吧。于是，萧军讲了很多的话，如红

① 刘白羽《心灵的历程》(新版)(上册)，第 382 页，解放军文艺出版社，2003。

② 刘白羽《心灵的历程》(新版)(上册)，第 366 页，解放军文艺出版社，2003。

③ 1940 年 12 月 17 日萧军给胡风的信，晓风、萧耘辑注《萧军胡风通信选》，2004 年第 2 期《新文学史料》，第 144 页。

莲白藕绿叶是一家,儒释道是一家,政治军事文艺也是一家,但谁也不领导谁,作家要有"自由""独立",鲁迅在广州就不受哪一个党哪一个组织的指挥,鲁迅后来的思想是"发展"而不是"转变"。萧军自称,他相信罗曼·罗兰的新英雄主义,他不但要做中国的第一作家,而且要做世界的第一作家,他从不写歌功颂德的文章,等等。① 在5月16日延安文艺座谈会第二次讨论会上,萧军又作了"激烈"的发言。"当时会场上的民主空气是后来很难想像的,有几个人提了不同的意见,萧军是最'激烈'的一个。他的态度很骄傲,很'蛮横'……他这样说,你们共产党现在又开文艺座谈会,又在整风,我觉得你们的整风是'露淫狂'。你们现在整三风,将来总有一天会整六风(他的意见是说你们早就该整了,而且应该整得厉害一点。但不相信能整好)。"②

在文艺座谈会之前,中组部部长陈云曾经找丁玲和刘白羽去,从上海左翼文艺运动谈到解放区文艺现状,说:"对于共产党员作家来说,首先是共产党员,其次才是作家……不但组织上要入党,思想上还要入党"等。"陈云这次找我们谈话,显然是为文艺座谈会作准备工作的——要我们站在党的立场上发言。"因此,针对萧军的发言,丁玲和刘白羽都反驳了他。丁玲主要讲作家的立场问题,强调作家应该站在无产阶级立场上,根本地去掉自己旧有的一切感情意识,"把自己的甲胄缴纳,即使有等身的著作,也要视为无物,要抹去这些自尊心自傲心……"③。丁玲甚至针对萧军"自由""独立"的观点,当众说,你萧军愿

① 参见何其芳《毛泽东之歌》(《何其芳全集》第7卷第424—429页),胡乔木《延安文艺座谈会》(《胡乔木回忆毛泽东》,第54页,人民出版社,1994),程光炜《艾青传·文艺座谈会》(《艾青传》,第376页,北京十月文艺出版社,1999)。

② 中央文献研究室毛泽东研究组冯蕙、刘益涛1988年8月25日访问温济泽记录(经本人审改),温济泽当时是中央研究院文化思想研究室秘书。引自陈晋《文人毛泽东》,第231页,上海人民出版社,1997。

③ 参见丁玲《关于立场问题我见》,1942年6月15日《谷雨》第5期。

意做百分之一的人，你就应该从革命的队伍里出去；萧军大声吼道，出去就出去，你别拿这东西吓唬人。① 发言态度最鲜明的是李伯钊和欧阳山尊。李伯钊十分激动地提出文艺为工农兵的问题，欧阳山尊刚从晋西北前线回来，坚定地主张作家艺术家要到部队里去。② 胡乔木、何其芳等人也站起来反对萧军。几方的争论非常激烈，基本上都是对准萧军的。

随之而来的"王实味事件"，使得萧军与文抗作家们的关系，尤其是与丁玲的关系恶化到某种极端的状态上。文抗作为一个文学团体，在内在精神和感情上，分裂了。虽然以前也并不曾"紧密团结"，但到底在表层上是和谐的，风平浪静的。萧军当时便写信给胡风，简略说明"斗争"情况。③ 亲历此事全部过程的萧军妻子王德芬，在回忆录中有过描述。

1942年3—4月，中央研究院文艺研究室特别研究员王实味在《解放日报》和《谷雨》杂志上接连发表了《野百合花》、《政治家·艺术家》后，又在中央研究院为配合整风运动而出版的墙报《矢与的》上发表《我对罗迈同志在整风检工动员大会上发言的批评》和《零感三则》，罗

---

① 参见程光炜《艾青传》，第377页，北京十月文艺出版社，1999。

② 刘白羽《心灵的历程》(新版)(上册)，解放军文艺出版社，2003，第376页。

③ 1942年7月27日萧军给胡风的信说："我在这里不大交往，前此不久我还有过'独占垓下'一场小风波呢，从此战中，大有'众叛亲离'之势，现在已算有些平息了。"1942年9月15日胡风给萧军信，告诫他说："你不要太宠爱了你那股傲劲。"(晓风、萧耘辑注《萧军胡风通信选》，2004年第2期《新文学史料》，第148页。)

1942年10月20日萧军给胡风的信说，10月18日星期日，延安举行了纪念鲁迅逝世六周年大会，发生了一场"闹战"。萧军提出，4个月前，中央研究院仅仅根据党员暗地里的汇报，就由八大团体一百零八人签名，派四名代表给萧军提警告书，说他有"诬蔑"罪名，萧军向他们要人证物证事情经过说明。鲁迅纪念大会上，当他宣读了《纪念鲁迅——检查自己》的短文后，大会开始了炮击：陈企霞、曾克、柯仲平、周扬、李伯钊、艾青、陈学昭、丁玲等，"捶胸顿足，擢阀数罪"，与萧军进行辩论。(晓风、萧耘辑注《萧军胡风通信选》，2004年第2期《新文学史料》，第149页。)

迈是当时中央研究院院长以及该院整风检查工作委员会主任。王实味的文章和他的言行,在当时产生了很大反响。在中央研究院的思想检查会议上,有人说王实味有"托派"言论。[1] 4月初的一天晚上,毛泽东用马灯和火把照明到中央研究院看《矢与的》墙报,之后说,思想斗争有了目标了。"文抗"诗人李又然欣赏王实味的才华,要萧军找毛泽东问问情况。毛泽东说,听说王实味有托派嫌疑,正在调查,叫萧军不要管。1942年6月初,文抗接到通知去中央研究院参加批判王实味大会。大礼堂里,几百个人围了一圈,王实味刚一说话就被大家打断了,刚一回答又被大家止住了。[2] 萧军忍不住说:"大家安静点好不好,他说什么一点也听不清,他的观点究竟是什么,你让他把话说完了再批判也不晚啊!你有理由还怕他说话吗?"王实味说,他不是托派,他没有反党……但仍然有人打断他的发言。萧军在散会后回家的路上气愤地说:"这他妈开的什么会,简直像狗打架倒尿盆,哪像个高等学府!"萧军的话被旁边人听到报告了文抗党组织。过了几天,中央研究院派了金灿然、郭小川等4个代表拿着一份八大团体108人(其中有很多文抗成员)签名的"抗议书"来找萧军,问他为什么同情托派王实味、为什么反对批判王实味、为什么说怪话,应当向大家承认错误赔礼道歉。萧军一看就火了,把4位代表质问得哑口无言,又连夜写了一份"备忘录",详尽地记录了中央研究院批判王实味大会的情况以及萧军自己的意见,第二天在文抗作家俱乐部,当众念了一遍。

1942年10月18日下午,在延安中央大礼堂召开的"纪念鲁迅先生逝世六周年"纪念大会上,作为"鲁迅研究会"总干事的萧军是主席

① "有人"指的是"雪苇"。参见雪苇《我和王实味》,1993年第2期《新文学史料》,第50—52页。

② 参见温济泽《斗争日记——中央研究院座谈会的日记》,1942年6月28日《解放日报》。

团成员之一，坐在台上。该他发言时，他又拿出《纪念鲁迅——检查自己》的"备忘录"当众念了一遍，台上主席团的5位党员作家丁玲、周扬、刘白羽、柯仲平、李伯钊和两位非党员作家艾青、陈学昭，与萧军展开了大辩论，从晚上八点直到午夜两点，辩论了六个多小时还没有收场，[①]台下1600多人无一人退席，都要看个结果。时任边区文化工作委员会主任的大会主席吴玉章站起来劝解说，萧军是我们党的朋友，大家应多作自我批评。萧军听了吴玉章的话，气消了不少，说自己"先检讨检讨"，百分之九十九都是自己的错。但丁玲站起来说："这一点最重要，我们一点也没有错，百分之百都是你的错。我们共产党的朋友遍天下，你这个朋友等于九牛一毛，有没有你这个朋友没有关系。"丁玲的话激怒了萧军："我到延安来没带别的，就是一颗脑袋，一角五分钱就解决了（一角五分钱可以买一颗子弹），怎么都行。从今天起，咱们就拉——弹——倒！"萧军用右手重重地在桌上顿了三下，招呼在一旁紧张观战的妻子王德芬，怒气冲冲地下台而去。从那以后，萧军被扣上"同情王实味"的帽子，与一些同志之间的隔阂日益加深。[②]

1940年12月17日萧军给胡风的信，曾说自己和丁玲"每天总要几次见面，谈谈天"。[③] 但是，1942年10月20日萧军却告诉胡风："我与丁君已经一年多不交言语。"[④]

这时期，担任着整风学习委员会文抗分会委员的丁玲，心情也十

---

① 丁玲说，这场"批判萧军"的大会有9个小时。（丁玲《批判萧军错误思想——东北文艺界座谈会发言摘要》(1949)，《丁玲全集》第7卷，第103页。）

② 王德芬《我和萧军风雨50年》，第115—118页，中国工人出版社，2004。陈明《一点实情》对现场的叙述有所不同。陈明的文章说，萧军发言中说了一句令人惊愕的话："我这一支笔要管两个党！"萧军此说引起了丁玲的批评。文章还说吴玉章不在场，等。（1994年第4期《新文学史料》。）

③ 晓风、萧耘辑注《萧军胡风通信选》，2004年第2期《新文学史料》，第145页。

④ 晓风、萧耘辑注《萧军胡风通信选》，2004年第2期《新文学史料》，第149页。

分难堪。

经过了抗战初期的兴奋、共同抗战、政治宣传等文化热潮后，在"持久战"的氛围中，在"战争"成为日常生活的背景之后，作家们对于"写什么"、"怎样写"等问题，陷入了创作的沉寂和苦闷之中，而从上海等大城市带来的五四思想、文学观念，又重新成为他们寻求创作出路的一种选择。文抗建立"文艺月会"、《文艺月报》"批评"之风的建立、提倡写杂文、围绕着周扬《文学与生活漫谈》等文学现象，都与 40 年前后作家们的创作苦闷和寻求突破苦闷之路的情形相关。丁玲为此写下了《适合群众与取媚群众》、《大度、宽容与〈文艺月报〉》、《什么样的问题在文艺小组中》、《我们需要杂文》、《干部衣服》、《"三八节"有感》等一系列批评现实阴暗面的杂文和杂文性的小说《在医院中》、《我在霞村的时候》，而 1942 年 3 月 9 日丁玲发表在《解放日报》上的《"三八节"有感》不仅"在文艺界有相当代表性"，"王实味不代表整个文艺界，尽管《野百合花》引起很大争论"，而且引起了中共战斗在最前线的最高军事指挥官王震、贺龙等人的不满。[①] 在批判王实味思想的过程中，丁玲也受到《解放日报》长篇文章的批评。[②] 丁玲还有另外一件更令她百口莫辩、跳到黄河难洗清的事情是"南京幽居"的"历史问题"。[③] 尽管 1940 年 10 月 4 日中组部正副部长陈云、李富春签署了《中央组织部审查丁玲同志被捕被禁经过的结论》，毛泽东特地叮嘱写上了"应该认为丁玲同志仍然是一个对党对革命忠实的共产党员"，尽管毛泽东

---

① 《胡乔木回忆毛泽东》，第 55 页，第 53 页，人民出版社，1994。

② 如燎荧《人……在艰苦里生长——评丁玲同志的〈在医院中时〉》，1942 年 6 月 10 日《解放日报》。

③ 1940 年，有人告诉丁玲，康生曾在中央党校说，丁玲如果到党校来，他不要她，她在南京的那段历史有问题。丁玲给中央组织部长陈云写信，要求组织给作个结论。（丁玲《忆弼时同志》(1983)，《丁玲全集》第 6 卷，第 329 页。）

说:"丁玲是同志,王实味是托派",[1]但是,丁玲的心境仍然忐忑不安。她被陈云找去谈话,以《文艺界对王实味应有的态度及反省——六月十一日在中央研究院与王实味思想作斗争的座谈会上发言》、《关于立场问题我见》等公开场合的发言和文章,[2]显现出"突转"的极"左"面目;她又写下了《风雨中忆萧红》、《脱胎换骨》、《洗心革面》等文章和学习整风文件的笔记,倾泄和含蓄地表达自己的复杂心绪。丁玲说:"《'三八节'有感》当时虽然不曾受到很多批评,更没有受到任何处分,但背地里闲言碎语,叽叽喳喳,可能是很多的。1943年审干,我和许多国民党被捕过的同志们的命运相似,自然是逃不脱这个嫌那个嫌的。当面说得少,但背底下就多了。"[3]在审干后期,丁玲属于有问题暂时未弄清的人,不能和党校其他同学一起参加学习党的路线,她对此深以为憾。[4]"总体说来,她在那一段时间里的心情是不太好的,抑郁的。"[5]一直到20世纪70年代为丁玲的"右派"平反时,周扬还认为"丁玲历史上的疑点可以排除了,但是污点还是在的"。[6]

丁玲与萧军、萧军与文抗众人几个大回合的摩擦、碰撞、互相伤害感情的言行冲突,导致了文抗团体的分裂。

---

① 陈明《丁玲在延安——她不是主张暴露黑暗派的代表人物》,1993年第2期《新文学史料》,第36页。另见《丁玲全集》第10卷,第104-106页。

② 丁玲《文艺界对王实味应有的态度及反省——六月十一日在中央研究院与王实味思想作斗争的座谈会上发言》,见1942年6月16日《解放日报》;《关于立场问题我见》,见1942年6月15日《谷雨》第5期。

③ 丁玲《毛主席给我们的一封信》(1982),《丁玲全集》第10卷,第286页。

④ 陈明《丁玲在延安——她不是主张暴露黑暗派的代表人物》,1993年第2期《新文学史料》,第37页。

⑤ 陈明《我在霞村的时候:丁玲延安作品集·后记》,陈明编《我在霞村的时候:丁玲延安作品集》,第371页,陕西人民教育出版社,1999。

⑥ 陈明《丁玲在延安——她不是主张暴露黑暗派的代表人物》,1993年第2期《新文学史料》,第52页。

三、刘白羽写检查

晚年刘白羽在回忆自己的一生时说：“‘在清水里泡三次，在血水里浴三次，在碱水里煮三次。我们就会干净得不能再干净了。’用它来说明一个知识分子在革命中的苦难的历程，最合适不过了。……回顾往昔，纵观平生，我觉得这几句话对我来说太贴切太深刻了。”他称1941－1942年，是自己由“一个小资产阶级知识分子”变成“无产阶级队伍里的一员”的“精神世界的煎熬”时期。“在我人生旅途中，最辉煌又最困顿、最甜蜜又最苦涩、最坦诚又最隐秘的，恐怕就是这一转折了。”[1]

1941年，原文抗支部书记师田手到南泥湾参加开荒生产，艾思奇建议刘白羽接替他的工作，担任支部书记。支委会先由林默涵、柳青和刘白羽组成，后来柳青离开文抗到吴堡深入实际生活，由马列学院调来了张惊秋任支部书记，与林默涵和刘白羽组成新的支委。整风运动期间，党校设三个部，一部多数是党政军高级干部，二部是工农和红军干部，三部的知识分子居多，大半来自大后方和根据地文化教育文学艺术干部。在文抗的党员作家，绝大部分调到中共中央党校第三部参加整风运动。当文抗的人一个个被安排到党校三部之后，蓝家坪空荡荡了，刘白羽也申请去了党校三部。

三部主任郭述申是鄂豫皖苏区的创始人，副主任有两位，一位是组织过冀东暴动的阎达开，另一位是中央研究院政治研究室的“红色教授”张如心。在最紧张的抢救运动中，经过大土屋子的一夜挑战，斗争转入各个支部，一个一个审查，有的大哭大闹，有的吵嚷不息，但一

① 刘白羽《心灵的历程》(新版)(上册)，第382页，第362页，解放军文艺出版社，2003。

到吃过晚饭后，满院里充满了欢乐。这时，张如心就找大家打起扑克来。[①] 组织上发给每人一本马兰纸的《整风文献》进行学习。按照中央党校的编制体系，改编了支部，历史研究所里的一批人分到第四支部，刘白羽担任支部书记，张如心分工联系四支部，直接掌握对于刘白羽的历史考察，他提示刘白羽写思想自传。刘白羽从第一稿写到第四稿，都一一被张如心驳退回来：

> 这时，我的思想斗争达到了登峰造极的地步……我为了洗去我的罪恶，连骨头缝都挖掏净尽了，可是还不行，这怎么办呢？……这时对我来说最难的事，是还要做整个支部每一个党员的历史审查工作。可是我自己的审查都过不了关，我一遍一遍地作着思想的检查，我内心的矛盾——我的内疚与我的绝望已经发展到了极点。我多么想忠诚于自己，可是我又那样害怕自己，羞涩心加上耻辱感，使我的整个灵魂都悚悚颤抖。[②]

当想着"还要做整个支部每一个党员的历史审查工作"的刘白羽第5次被要求去张如心那里谈"思想自传"的路上，他甚至想到了从山上跳下去结束痛苦的生命。刘白羽的第五稿，张如心认为"基本内容可以过关了"。张如心说："你要做一个真正的共产党员，必须具有无产阶级的气质、思想、感情，你只有彻底而明亮地看清你自己，坚决同旧的自我决裂，才称得上有一副无产阶级铮铮铁骨的新的自我……"[③]

五遍思想自传通过后，胡乔木约张如心和刘白羽去他那里一趟。

---

① 刘白羽《心灵的历程》(新版)(上册)，第383页，解放军文艺出版社，2003。
② 刘白羽《心灵的历程》(新版)(上册)，第391页，解放军文艺出版社，2003。
③ 刘白羽《心灵的历程》(新版)(上册)，第392页，解放军文艺出版社，2003。

自从审干以后，整个延安各个系统都处于被隔离状态，大家从不外出，这次是刘白羽搬进中央党校三部以后一年多时间，第一次外出活动。文抗后一段工作，包括文艺整风，都由胡乔木领导。胡乔木说，毛泽东的《讲话》已决定于最近期间在《解放日报》上公开发表，他希望有人能写写文章。整风运动之前，刘白羽曾写过被认为“充满小资产阶级情调”、“受资产阶级人性论支配”的短篇小说《胡铃》和《陆康的歌声》，“前一篇神化了一位小资产阶级女性而丑化了工农出身的干部，后一篇歌颂了一个虚无主义的孤独者，渲染了个人主义的高傲。”他常为此而心中不安，这时便不假思索脱口而出：自己经过整风学习，正在转变思想，准备对两个短篇作一个彻底批判。他白天忙于支部工作，晚上花了几个通宵，写成了长文章《读毛泽东同志〈在延安文艺座谈会上的讲话〉笔记》，发表于1943年12月26日《解放日报》。1944年春天，延安整风审干还在进行中，三部主任郭述申向他宣布通过审查，让他在审查结论上签字，说“这是关系一生的一件大事”。周恩来看了刘白羽在《解放日报》上的文章，调他去重庆。周恩来说：“现在大后方关于延安文艺座谈会、文艺整风，传说很多，谣言很多，希望你们去澄清一下。”还有何其芳也去，介绍延安文艺座谈会讲话，介绍延安整风，同时也要听取多方意见。此后，何其芳回延安汇报，刘白羽留在重庆《新华日报》工作。[①]

四、艾青、周而复的痛苦

1943年暮春，艾青从“三边”回来，蓝家坪文抗窑洞里的作家已经搬空了，党员作家都到党校参加整风运动去了。作为非党员作家的艾青、杨朔、塞克被安排到东郊桥儿沟的“创作之家”；党员作家周而复因

---

① 刘白羽《心灵的历程》(新版)(上册)，第369页，第414页，解放军文艺出版社，2003。

为刚从晋察冀边区回延安不久，其任务是创作反映敌后军民英勇抗日斗争生活的作品，因此，也被安排到“创作之家”。艾青准备写长诗《白家寨子》，塞克准备写剧本，杨朔准备写短篇小说。后来，高长虹也来了。上午，大家在窑洞里写作，下午继续创作或阅读，晚饭后都到窑洞前的平台散步。几个人还在宽阔的平台上种菜。1943年4月1日，胡宗南的一个代表来延安，社会部情报部部长康生怕延安有内奸与之接触，批准保安机关一夜之间抓了200多个“特嫌”。4月9—10日，中央直属单位2万多人召开反特动员大会，周而复等人在“创作之家”听到了鲁艺人声鼎沸。没过几天，上级通知周而复、艾青、杨朔到党校三部参加整风学习。走进会场，就感到气氛不同，人们沉默寡言，态度严峻。艾青感到惊愕不解，尤其对某些“动手教育”有问题之人的做法感到震惊。一天下午，他们所在的党支部书记陈唯实来问艾青苏州反省院“提前保释”和供职于《广西日报》副刊社的事情，艾青感到自己“被怀疑”。艾青每月被允许回家一次，一回来，就往床上一躺，满脸是灰，一句话不说，情绪非常低落。最痛苦的莫过于写“交代”。有时实在写不出一个字来，艾青急躁地在窑洞里转来转去，吓得孩子大气不敢出。对艾青来说，难以忍受的还是没有时间、没有心绪写诗，他曾想将《白家寨子》写成来延安后自己“最好的诗”。①

周而复也被要求交代“问题”。周而复认为“无法交代”，后来就不了了之。1943年7月15日下午，中央直属机关召开“抢救失足者动员大会”，会场贴着标语：“悬崖勒马，回头是岸！”“坦白从宽，抗拒从严！”“抢救失足者，是每个人的义务！”“要热情对待失足者！”康生作《抢救失足者》报告。中央党校在校部召开坦白大会。一个又一个“国特”、“日特”、“叛徒”等上台坦白交代，痛哭流涕，坦白自己当特务和内奸的

---

① 参见程光炜《艾青传》，第378—389页，北京十月文艺出版社，1999。

经过，来龙去脉，说得头头是道，指名道姓和他有关系的人。一个人坦白，总要牵出几个或更多的"特务"，交代的人和关系越多越受欢迎，越被认为"坦白彻底"，否则就要"劝"。有时，坦白大会从晚饭后，一直开到深夜常常开到清晨才结束。之后，三部和各支部又要借"坦白大会"的"东风"，召开大小会议或者个别谈话，规劝攻心。1943 年 8 月 15 日，中共中央作出《关于审查干部的决定》，公布毛泽东关于审查干部和肃清内奸的九条工作方针："一个不杀，大部不抓，是此次反特务斗争中必须坚持的政策。"周而复到三部以后，也被要求写思想自传，通过"背靠背审查"后，可以继续创作了。1944 年 12 月，继刘白羽之后，周而复也被调到重庆《新华日报》工作，同时参加文化界统一战线工作等，同去的还有正在《解放日报》副刊版工作的林默涵，另有韦明。临行前，中央党校副校长彭真请他们聚餐，说大后方关心陕北情况，尤其是延安的整风运动，有人散布谣言，破坏党的威信。周而复说："在党校大部分学员还在继续学习等待各自政治结论的时候，我们少数人提前分配工作，深深感激组织的信任和任务的艰巨。"①

文抗的李又然在整顿三风、精读文件的过程中，曾写过一首诗《欢乐》："我感到——同志与同志之间/是星与星之间/不是互相挤轧/而是互相照耀。"②与其说，这是"写实"；毋宁说，这更是"希望"。

不过，整风运动期间，公众娱乐活动并没有完全间断，延安的文化空气也不是像学习文件时的严肃沉闷或审干时的紧张恐怖，很多人的心理负荷和情绪苦痛，还是有转移和宣泄的时候。当时的知识分子大部分集中在中央党校参加整风，丁玲说，1943 年延安整风运动中，许多专业文艺团体和单位，响应党中央毛主席的号召，纷纷下乡、下部队，

---

① 参见周而复《往事回首录之一：空余旧迹郁苍苍》，第 137－143 页，中国工人出版社，2004。

② 李又然《欢乐》(1942)，《李又然散文集》，第 20 页，长江文艺出版社，1984。

有的巡回演出，有的深入生活进行创作。“留在延安的人们的文艺生活，一时显得沉寂了。就在这个时候，中央党校却异军突起，首先演出了苏联卫国战争时期的大型话剧《俄罗斯人》、《前线》，随后又创作了京剧《逼上梁山》，广场秧歌剧《一朵红花》、《牛永贵负伤》，以及多幕话剧《同志，你走错了路》。……这时期中央党校的文艺活动，轰动了延安，使延安人们的耳目一新。……一时，延安的许多机关和群众的业余文艺的花朵，竞相开放，真是百花争艳，令人耳目不暇。那年春节，从农历初一到十五，天天是锣鼓鞭炮响彻延河上下。”“党校三部的学员，大都是知识分子，里边有不少人从事过文艺活动。延安文化俱乐部组织的业余剧团骨干，很多就是党校的学员。”[①]热闹的不只是文化人集中的党校。鲁艺组成的秧歌队从1943年2月9日起，在延安连续表演了40余场，演出剧目有《兄妹开荒》、《打花鼓》、《旱船》、《二流子转变》等；青年艺术剧院也演出了《生产大合唱》等剧目。1943年4月25日《解放日报》发表社论《从春节宣传看文艺的新方向》。“新方向”让许多文化人看到了自己将可以努力追求的新的文化曙光。[②]这种新的希望，与整风学习形成一种“转变”的合力，转变着文化人的思想观念，也转移着文化人的精神痛苦；而作为一个团体，不同文化人有可能达到某些思想文学观的共识，从而弱化、转化其内部的诸种矛盾。

五、作家下乡，文抗会址结束

1943年3月10日，中央文委、中央组织部召开党的文艺工作者会

① 丁玲《悼念刘芝明同志》(1979)，《丁玲全集》第6卷，第17—20页。

② 例如艾青在《谈大众化和旧形式》中说：“一九四三年，我在延安看见了鲁艺文艺学院的同学们在广场中演出《兄妹开荒》和‘花鼓’，成千上万的观众狂热地欢迎它们，我是深深地感动了，我改变了过去对民间文艺所抱的那种错误态度，我开始接触民间文艺，看了一些民间文艺的作品，搜集了一些民歌和剪纸，在创作的时候，努力使自己的作品接近民间的风格。”(《艾青选集》第3卷，第164页，四川文艺出版社，1986。)

议，实现毛泽东"文艺为工农兵服务"的指示，号召作家"到前方到农村成为群众一分子"，"反对自视特殊和自高自大"，反对到群众中的"作客"心理，"从改造实际中长期学习。"[①]1943 年 3 月 15 日《解放日报》登载消息说，中央文委、中组部召开党的文艺工作者会议后，"到农村，到工厂，到部队中去，成为群众的一分子！"成为延安文艺界即将实现的行动口号。诗人艾青、萧三和剧作家塞克已赴南泥湾了解部队情况并进行劳军，作家荒煤到延安县工作，小说家刘白羽、女作家陈学昭已准备到部队及农村去，高原、柳青已出发至陇东阵地。丁玲及其他文艺工作者已做好一切到下层去的必要准备。[②]

1943 年 5 月 1 日，《解放日报》发布《作家相继下乡，文抗分会结束会址》的"告示"。"告示"说，文抗分会驻会会员，为响应中央文委的"文艺与实际结合，文艺与工农兵结合"的号召，近已纷纷下乡工作，原有的蓝家坪会址，已无维持必要，该会工作会议已决定自五月一日起，将原会址结束，并设通讯处于边区文协。[③] 整风审干运动结束后，文抗大部分作家的工作单位和创作趋向，已经四散和转向了：

刘白羽、周而复去了重庆《新华日报》，并从事国统区的文化界统战工作。

1944 年 4 月，丁玲到边区文协专职写作，不担任行政职务，转写报告文学《田保霖》、《一二九师与晋冀鲁豫边区政府》、《民间艺人李卜》、《袁广发》等。

艾青去吴家枣园住了一段时间，写了长诗《吴满有》，后担任中央党校秧歌队副队长，写《论秧歌剧的形式》，在 1944 年 11 月边区文教

---

① 《现实文艺运动的新方向，中央文委召开党的文艺工作者会议》，1943 年 3 月 13 日《解放日报》第 1 版。

② 《延安作家纷纷下乡，实行党的文艺政策》，1943 年 3 月 15 日《解放日报》第 2 版。

③ 《作家相继下乡，文抗分会结束会址》，1943 年 5 月 1 日《解放日报》第 2 版。

大会上获中央直属机关的“模范工作者”称号和中央党校“为人民服务的模范”奖状。1945年1月，在边区群英大会颁奖典礼上，艾青获文艺类甲等奖，奖金五万元。之后，他到鲁艺文学系任教。

萧军没有参加整风审干运动。由于王实味事件的牵连，他哪里也不敢去，哪个单位也不敢要他，他只好住在已改成“中央组织部招待所”的原住址，心情孤寂而苦闷，继续写长篇小说《第三代》。1943年12月到1944年3月，萧军一家到乡下完全过着自食其力的农民生活。之后，回到延安党校三部。按照王德芬的说法，“周扬终于遵从组织的决定，接受萧军到鲁艺任教。”①

1943年3月，柳青带着一封写得清清楚楚的“长期在农村做实际工作”的介绍信到了米脂县，县里分配他去吕家硷乡政府当文书。在米脂县3年，他孕育了《种谷记》。建国后，他定居到陕西省长安县皇甫村，写作《创业史》。② 与柳青同行的有雷加、魏伯、庄启东、师田手等，他们有的去米脂县，有的去了绥德。

但是，文抗并没有就此完全结束。

第七节　别了，延安

一、重整“文抗”与离开延安

1945年，中国政治形势在急剧变化，延安文化组织和文学社团也处在难于定型、难于有序发展的状态中。

① 王德芬《我和萧军风雨50年》，第132页，中国工人出版社，2004。
② 朱兵《柳青传略》，1993年第2期《新文学史料》。

由于整风审干运动，延安许多大小文学团体及其文艺刊物，如鲁迅研究会、文艺月会及《文艺月刊》、《谷雨》、《草叶》、新诗歌会、怀安诗社等，基本已停止活动。三个"文化山头"中，文抗作家已经四散各处，蓝家坪会址结束；鲁艺文学系师生进进出出，变动很大；边区文协基本上成为一个行政机构组织。也是由于整风审干运动以及作家在各区间的流动，如原属文抗的艾青、萧军、舒群去了鲁艺文学系任教，丁玲到了边区文协，鲁艺文学系合并到延安大学里，何其芳和周立波分别离开鲁艺文学系去了重庆和前线，等等；同时还由于整风运动中要求作家将小资产阶级思想统一到无产阶级思想中，克服小宗派主义情绪和派别之分，因此，三个"文化山头"对峙的局面，已经发生了根本变化，文化界趋于合流。

1945 年 4 至 6 月，中国共产党第七次全国代表大会在延安召开，确定了毛泽东、刘少奇、周恩来、朱德等人为首的中共领导机构。中共内部的政局问题已得到解决。这时，中日战争局势也发生巨大变化。8 月，苏联对日宣战，美国向日本接连投下两颗原子弹，8 月 15 日，日本天皇裕仁以广播"停战诏书"形式正式宣布日本无条件投降，就地缴械。因此，中国政治形势的主要矛盾转向国内的中共与国民党之间的矛盾。在这样的政局形势下，文抗在延安重新悬挂招牌，由丁玲主持，代表延安文艺界与全国文艺界保持联系，而边区文协仍然立足边区自身。于是，文抗、文协成员又恢复到 1941 年 7 月分家前的状态：两块招牌，一班人马。

1945 年 7 月 2 日，文抗重新以"中华全国文艺界抗敌协会延安分会"之名义，在延安召开扩大理事会，讨论推动当前文艺工作及推派代表参加筹备解放区人民代表会议等问题。到会的有抗协分会的理事、美术、音乐、戏剧、摄影等方面工作的 30 余人，西北局宣传部、总政宣传部及文协机关负责同志出席。会议由丁玲主持。首先，由周恩来报告“目前政治情势及召开解放区人民代表会议的意义”；接着，丁玲报告文协过去工作和今后工作；然后，周扬、徐懋庸、沙可夫、艾青、塞克、萧三、陈学昭、吴印咸、柯仲平等热烈发言，“一致认为在二三年来整风学习、生产运动中，文艺界在为工农兵服务的方针上，获得了许多成绩。今后为了进一步推动工作，应加强文艺界的联系和扩大文协组织。”会议当即推举丁玲、塞克、萧军、周扬、萧三5人参加陕甘宁边区参议会常驻会及人民代表会议筹备会，最后共同拟定了边区文艺各部门的新会员的初步名单和将改选新理事会的初步候选人名单。此项会员名单将提交各机关各部门同志征求同意，然后进行登记。解放区人民代表会议筹备会于1945年7月13日开会，丁玲又被选为筹备会25个常委中的一个。①

1945年7月26日，文抗在延安大学会议室举行理事全体会议，选举丁玲、周扬、贺绿汀、艾青、萧三、塞克、柯仲平、江丰、萧军9人为常委，推丁玲为主任委员兼负责总务部，周扬负责研究部，萧三负责出版部。登记新旧会员287人，并进行分区选举，选出25人理事：周扬、艾思奇、沙可夫、丁玲、柯仲平、吕骥、艾青、萧三、张庚、贺绿汀、何其芳、马健翎、古元、塞克、刘志仁、徐懋庸、舒群、李伯钊、萧军、吴晓邦、江丰、罗烽、陈波儿、吴印咸、刘芝明；选出8人为候补理事：陈学昭、陈荒煤、张季纯、欧阳山、周巍峙、杨醉乡、王曼硕、蔡若虹。文抗召开新理事全体会议，丁玲主持讨论文抗今后工作。何其芳、艾青、陈学昭论及文艺刊物与人民结合问题。贺绿汀、艾青、周扬、丁玲都强调文艺工作者到前方去，到敌后解放区去。当场，贺绿汀、艾青、塞克等声明愿意到前方去。

---

① 《延安文艺界盛会，丁玲等5人被选参加筹备解放区人民代表大会》，1945年8月5日《新华日报》。

日本投降、国共重庆谈判后，中共中央提出了"向南防御，向北发展"的方针，将东北接收为解放区，并安排延安机关党政军干部和文艺界人士，分批到华北、东北开辟新的根据地。

文抗发起并与鲁艺联合，组织延安文艺工作团，开赴各解放区，进行各种艺术宣传工作。文艺工作团分为两团，分别由舒群和艾青率领。周扬率领延安大学迁离延安，准备到东北新解放区继续办学。1945 年 8 月 24 日，交际处举行了欢送会。丁玲致开幕词，并代表文抗勉励去前方的同志坚持毛主席的文艺政策，为更广大的工农兵服务，在新环境中，尤其时刻与自己的小资产阶级思想习惯作斗争。边区政府主席林伯渠、中组部代理部长彭真和中央政治局常委中央书记处的周恩来讲话。[①] 1945 年 10 月，丁玲、陈明、萧三、胡蛮、陈瑾琨、朱子奇、冯文彬等组成先遣队，由延安出发，沿黄河北上，到张家口。东北团舒群带领的团员有：鲁艺文学系的严文井、公木、天蓝、鲁果、雷汀、孙邦达、黄仁、肖彦、张邦来、续磊、陶萍、纪云龙，还有文抗的雷加、谢挺宇、高阳。1945 年 11 月 8 日，艾青率华北文艺工作团 49 人，离开延安，其成员有：江丰、陈企霞、厂民、贺敬之、贾克、马达、周巍峙、李振声、凌子风、吴晓邦、杜矢甲、钟敬之、陈强、王朝闻、王昆、逯斐等，在李德生部队的掩护下，经过 50 多天的长途行军，到达张家口。

1945 年 10 月 14 日，全国文协召开理监事联席会决定，因抗战已经结束，于本年双十节起，中华全国文艺界抗敌协会正式改名为中华全国文艺界协会，仍然简称"文协"。延安的文抗也相应地改为文协延安分会，文抗名称正式取消。

文协延安分会的大部分成员离开延安后，仍留有小部分人马在延安进行文化活动。1945 年 12 月 23 日，文协延安分会和边区文协在交

① 《延安文化界欢送文艺工作团上前线》，1945 年 8 月 25 日《解放日报》第 2 版。

际处大厅召开座谈会，声援国统区文艺界争取和平民主自由运动，到会的有乔木、柯仲平、李伯钊、胡蛮、柳湜、艾思奇、赵伯平、曹葆华、江隆基、张季纯、欧阳山尊、王亚凡、金紫光、张寒晖等150多人。胡乔木报告国统区文艺界情况，柯仲平报告文协延安分会会务工作以及组织文艺工作队伍、通讯队赴华北解放区的情况。张季纯、欧阳山尊、王亚凡、金紫光、张寒晖、罗合如相继发言，痛斥国民党发动内战，声援大后方文艺斗争。[①] 1946年1月1至4日，文协延安分会、边区文协、鲁艺举办木刻展览会，在延安大学大礼堂、中央党校俱乐部、鲁艺大礼堂轮流举行，展出了古元、彦涵、马达、沃渣等鲁艺人的作品。1946年8月25日，文协延安分会和边区文协召集延安文艺界座谈，发起印行《延安生活》丛刊，到会的有李卓然、张仲实、欧阳山、柯仲平、周文、曾三、张季纯、鲁直、林山等。边区文协主任柯仲平说，鉴于各地读者需要了解延安生活情形，特发起印行《延安生活》丛刊，内容多方面，形式不拘。会议推出李伯钊、欧阳山、张仲实、艾思奇、柯仲平、鲁直、秦川7人为编委会，欧阳山为主编，并在《解放日报》上接连发表《“延安文艺”需要什么稿子》、《延安文艺》“征稿广告”、《〈延安生活〉发刊缘起》等，[②]希望通过《延安生活》的刊物，激发延安文化活动，而不至于“人走城空，文化荒凉”。但是，内战形势的变化，已经编辑好的《延安生活》仍然未能成书。

大体上说，从1945年9月以后，随着大批文学人的迁移，延安作为文学社团和文化组织重心的历史，就告一段落了。文人们把延安的文学社团文化组织又带到了华北、东北等新的地方。原来的文抗、

---

① 《文协延安分会、边区文协举行座谈会，声援国民党统治区文艺界争取和平、民主、自由的运动》，1945年12月24日《解放日报》。

② 《延安文艺界座谈》、《“延安文艺”需要什么稿子》、《“延安文艺”征稿》、《〈延安生活〉发刊缘起》，分别见1946年8月30日、9月3日、9月8日、10月25日《解放日报》。

1945年10月以后的文协延安分会，也是如此。

二、文协张家口分会和华北文艺界联合会

艾青率领的华北文艺工作团离开延安，来到张家口。1946年1月8日，张家口文艺界在华北联合大学大礼堂举行欢迎茶话会，到会的有华北联合大学校长成仿吾、张家口参议会副议长于力、已在华北联合大学工作和刚从延安而来的周扬、丁玲、萧军、杨朔、艾青、厂民、沙可夫、吕骥、向隅、周巍峙、吴晓邦、张庚、古元、江丰、沃渣、马达、王朝闻、彦涵等60多人。于力说，这是张家口解放以来文艺界第一次盛会，"延安文艺界工作的同志们有极高的修养和丰富的经验，今天来此交换经验，互相学习，是特别有意义的一件事。"周扬、丁玲也讲了话。[①]晋察冀中央局宣传部、晋察冀日报社、新华社晋察冀分社、边区文联、军区抗敌剧社等单位，也召开欢迎茶会等。

1946年4月22日，中华全国文艺协会张家口分会成立。会员大会在华北联合大学大礼堂举行，沙可夫、丁玲、成仿吾、萧三、艾青、萧军、康濯、古元、江丰、吕骥、丁里、张庚、周巍峙、沃渣、钟敬之、舒强、张仃、冯宿海、邓拓、李焕之、于力等边区文艺工作者和来宾100余人出席大会。成仿吾致开会词。然后，大会讨论并通过关于奖励文艺创作、组织业余文艺活动、出版综合性文艺刊物等10多项决议，选举了23人理事：丁玲、艾青、沙可夫、萧三、周巍峙、成仿吾、吕骥、于力、向隅等。大会还通过了宣言及致全国文艺界协会和各分会的电文。

1946年5月9日，文协张家口分会召开第一届理事会第一次会议，推选沙可夫、丁玲、萧三、吕骥、艾青、江丰、丁里、张庚、周巍峙9人为常务理事。主任沙可夫，编辑出版部部长丁玲，研究部部长萧三。

---

① 参见艾克恩编纂《延安文艺运动纪盛》，第654页，文化艺术出版社，1987。

1946年5月27日，应《晋察冀日报》社社长邓拓之约，丁玲在《晋察冀日报》上主持"副刊"，共出131期。1946年7月15日，中华全国文艺界协会张家口分会编辑出版、丁玲主编的文艺月刊《长城》创刊。丁玲在"编后记"中说："这个刊物筹备了很久……这是个文艺的综合刊物，欢迎文艺各部门的理论和批评、创作和翻译的稿件。……我们尤其欢迎真正大众化的作品（像这一期周扬同志一文中提倡的赵树理那样的作品）……因为是创刊，外面来稿不多，这期发表熟人的作品较多。我们希望以后尽可能多发表新人的作品。……本刊由丁玲、万里、艾青、江丰、沙可夫、康濯、萧三等组成编委会负责，程均昌担任助理编辑。①"《长城》收入周扬《论赵树理的创作》、艾青《释新民主主义的文学》等长篇论文。

另外，由艾青主编的"长城文艺丛书"，出版了3册《秧歌剧选集》、2册《解放区短篇小说选》以及《李有才板话》、《白毛女》、《表现新的群众的时代》等单行本。1946年8月，分会与边区鲁迅学会联合举办暑期文艺讲谈会，以帮助爱好文学艺术的职业青年自修，每星期讲两次，主讲人和题目有：萧军《如何从事业余文艺工作》、欧阳凡海《中国新文艺运动发展史略》、何干之《文艺的使命》和《现代中国几位革命文艺家介绍——鲁迅、郭沫若、茅盾》、沙可夫《马克思主义文学观》、周巍峙《乡村文艺运动的几点经验》、唐伯韬《关于改革京剧的几个问题》、邓拓《文化普及运动的几个问题》。②

1946年前后，内战形势继续严重化。1946年5月4日，中共中央发出《关于清算减租减息及土地问题的指示》，要求改减租减息为没收土地给农民，各单位全部下到基层，就近参加土改。丁玲参加了土改

① 丁玲《〈长城〉创刊号编后记》(1946)，《丁玲全集》第9卷，第44页。

② 参见钱丹辉主编《中国解放区文艺大辞典》，第80页，安徽文艺出版社，1992。另见《张家口文讯》(1946年8月26日《解放日报》)。

工作队去河北怀来县、涿鹿县，后来酝酿写作《太阳照在桑干河上》。

1946 年 10 月 12 日，张家口被国民党军队占领，晋察冀边区政府机关和军队撤离张家口市，这里的文艺工作者也随军撤离，张家口文协分会的工作也转移到河北的石家庄和正定，大部分转到东北。

1948 年 8 月，晋察冀和晋冀鲁豫两个边区的文联、文协组织合并，组成华北文艺界协会。成立会从 8 月 8 日至 19 日共开了 12 天，选举了周扬、李伯钊、沙可夫、贺绿汀、马彦祥、周巍峙、丁里、赵树理、陈荒煤、成仿吾、萧三、光未然、王亚平、田间、蔡若虹、欧阳山、李焕之等 21 人为理事，马达、阿甲、王林、舒强、汪洋、胡蛮等 7 人为候补理事，理事会推举萧三为主任，李伯钊为副主任。该会设想的活动有：开展工厂文艺、改造旧剧和旧艺人、出版机关刊物《华北文艺》。1949 年上半年，该会组织人员协助全国文代会筹委会编辑了"中国人民文艺丛书"。1949 年 7 月，该会派出以萧三、田间、高沐鸿为正副团长的华北代表团出席全国第一次文代会，宣告了华北文艺界协会的结束。

三、文协东北分会

舒群率领的东北文艺工作团于 1945 年 11 月 12 日到沈阳，向当地文化界介绍了毛泽东文艺讲话的思想。1946 年 6 月，舒群一行人到哈尔滨，从张家口赶来的萧军也到了这里。一时间，哈尔滨又聚集了一群"延安人"：萧军、舒群、罗烽、白朗、草明、李又然、高阳、章煌等。舒群担任了东北大学副校长。

1946 年 10 月 19 日，为纪念鲁迅逝世 10 周年，罗烽、萧军等在哈尔滨组织群众大会，主席罗烽介绍鲁迅的韧性战斗精神，萧军介绍鲁迅反帝反封建的斗争经历。下午，萧军、舒群等举行座谈会，决定成立中华文艺协会东北分会，选出萧军、金人、舒群、草明等 17 人为筹备委员，准备出版会刊，组织人到前线劳军，轮流下乡搜集材料。

1946年10月，萧军、张如心、吴伯箫等编辑的《东北文化》创刊。1946年和1947年，东北书店和大连光华书店出版了很多解放区的作品。1948年3月，中共中央东北局宣传部召开党的文艺工作者会议，刘白羽作报告，批评某些作品残存的小资产阶级思想感情，要求文艺工作者进行思想改造。宣传部内建立文艺工作委员会，委员有：吕骥、舒群、刘白羽、张庚、罗烽、何世德、严文井、袁牧之、朱丹、王曼硕、华君武、白华、向隅、田方、沙蒙、吴印咸等。1948年8月到1949年春，萧军主办的《文化报》受到严厉批评。1949年4月，萧军到抚顺矿务局任资料室主任兼任抚矿京剧团顾问，自己写小说《五月的矿山》等。[1] 文协东北分会不了了之。

---

① 参见王德芬《我和萧军风雨50年》，中国工人出版社，2004；萧耘、建中编《萧军：自许多情歌慷慨》，大象出版社，2004。

第四章

“鲁艺”文学系:“艺术宣传”与“专门提高”

20 世纪 40 年代前后,在延安最活跃的文学团体,除了地处延安西北面的杨家岭、蓝家坪的边区文协、文抗之外,就要数东郊桥儿沟鲁艺文学系了。丁玲、艾青、柯仲平、萧军、罗烽、白朗、刘白羽、周而复、高长虹、方纪、吴伯箫、杨朔、柳青等,这些人中有不少已在左翼文坛上崭露头角,由于各种因缘,聚集到延安蓝家坪(1941 年 8 月以前在杨家岭);而左翼文坛的另一批人:周扬、周立波、舒群(后来去了文抗)、陈荒煤等,以及 30 年代风靡一时的京派作家何其芳、在萧乾主编的《大公报·文艺》和靳以主编的《文季月刊》上发表多篇散文的严文井等,则共事于鲁艺文学系。茅盾、卞之琳、沙汀等人在鲁艺文学系的讲学、工作、访问等,又在这里吹拂了几股特别的文学之风。作为一个训练抗战时期“艺术干部”的学校,鲁艺被要求具有明确的“政治方向”;作为文学系主事者的周扬等人又希望文艺上的“专门提高”。鲁艺文学系还以教学的方式,培养和推出了一群热衷于文学创作文学批评的年青人:孔厥、康濯、天蓝、黄钢、柯蓝、冯牧、朱寨、穆青、贺敬之、贾芝、陈涌、葛洛等。师生之间教学相长的情谊、老师相对于学生的权威、老师与文抗作家的矛盾所投给学生的影子、老师自己的“委屈”等,都成为鲁艺文学系群体的文学生活的组成部分。

第一节 “艺术干部教育”与“专门化”

一、作为“艺术干部教育”的鲁艺

鲁艺文学系的风格定位，是随着鲁艺整个学校的性质目标而设立的。

1938年年初，上海、北平的救亡演剧队、流动宣传队等，为抗战宣传，陆续到达延安，在延安上演了《广州暴动》、《血祭上海》等话剧，引起了轰动，尤其是沙可夫执笔的《血祭上海》，在延安公演了20场。延安决定成立以“训练艺术干部”为主旨的艺术类学校“鲁迅艺术学院”。

毛泽东在1936年11月中国文艺协会成立大会上曾经说过：“过去我们都是干武的，现在我们不但要干武的，我们也要干文的了，我们要文武双全。……要从文的方面去说服那些不愿停止内战者，从文的方面去宣传教育全国民众团结抗日。”[①]这是毛泽东当时支持丁玲组建中国文艺协会的一个基本思路。对于创立鲁迅艺术学院，毛泽东也是非常赞成的。在他作为第一发起人所公布的《鲁迅艺术学院创立缘起》上清晰地写着：“艺术——戏剧、音乐、美术、文学是宣传、鼓动与组织群众最有力的武器。艺术工作者——这是对于目前抗战不可缺少的力量。”[②]当时，延安已有抗日军政大学、陕北公学两所学校培养军事、政治干部，另有各种专门学校，如卫生学校、通讯学校、摩托学校

---

① 《毛主席讲演略词》，1936年11月30日《红色中华·红中副刊》第1期。

② 《鲁迅艺术学院创立缘起》，1939年5月10日《新中华报》“鲁迅艺术学院周年纪念特辑”。这份“缘起”为后来担任鲁艺副院长的沙可夫起草。“缘起”共有7人签名作为“发起人”：毛泽东、周恩来、林伯渠、徐特立、成仿吾、艾思奇、周扬。

等,训练技术人才,"这里就缺少一所以培养抗战艺术工作干部为主要宗旨的学校"。成立鲁迅艺术学院的主要任务是"训练大批适合于今天抗战急迫需要的艺术干部"。[①]

1938 年 3 月 7 日,鲁迅艺术学院(简称"鲁艺")发布第 1 号公告,宣布鲁艺的行政教学机构:正院长空缺,沙可夫任副院长兼教务处长,训育处长徐一新,周扬担任文学系系主任。由于缺少教员,文学系第 1 期没有招生,戏剧、音乐、美术共招学员 60 人。1938 年 4 月 10 日下午,鲁艺在延安城内的中央大礼堂举行开学典礼,毛泽东等中央领导到会并讲话。毛泽东建议大家团结起来。他说,以为"老子是天下第一"的"亭子间的人"和动不动就"老子二万五千里"的"山顶上的人","应该把自大主义除去一点。组织十年来的文化成果,训练成千上万的文化干部"。[②]

成立鲁艺"训练艺术干部"的初衷,使得毛泽东等中央政治领导对于鲁艺也有一个基本预期期望:他们需要的是为中共政治目标服务的艺术干部。

鲁艺成立大会一个月后,1938 年 5 月,毛泽东被邀请到鲁艺讲话,那时的鲁艺还在延安北门外的旧文庙废址的半山坡。毛泽东又讲了一次"上海亭子间的队伍"和"山下的队伍"汇合和团结的问题。当时,沙可夫、徐一新、李伯钊等是留学苏联后回国、从中央苏区到延安的文艺人,而文学系的周扬,以及戏剧系的张庚、音乐系的吕骥、美术系的沃渣,还有曾来文学系兼课或讲座的丁玲、徐懋庸、艾思奇、任白戈,以及在戏剧系音乐系美术系任教的诸多文艺人,则是直接来自上海。毛

① 沙可夫《鲁迅艺术学院创立一周年》,1939 年 5 月 10 日《新中华报》"鲁迅艺术学院周年纪念特辑"。

② 柯仲平《是鲁迅主义的发展的鲁迅艺术学院》(1938 年 4 月 20 日《新中华报》),"柯仲平启事"(1938 年 4 月 30 日《新中华报》第 2 版)。

泽东在幽默的“下马看花”、“要有大树，也要有豆芽菜”、“大观园、小观园”的谈吐中，倡导鲁艺文艺人“到人民生活中去”，同时对鲁艺工作也作了批评：“听说你们教员教课，重要的课都讨论；但中央同志给你们讲话都不讨论。难道中央委员的话还不如你们教员讲的？”①

毛泽东的批评还有一次，是在鲁艺成立近一年后。1939年3月，中央干部教育部副部长罗迈在中共中央书记处会议上报告了鲁艺工作。毛泽东说，鲁艺过去培养了一批干部，建立了学校的基础，领导者虽努力，但工作做得不好，主要是中央领导没有抓紧，没有确定正确的方向。现在必须确定明确的方向与制度。鲁艺的创作去年上半年较有朝气，后来差了，有许多非现实的非艺术的作品。② 毛泽东所说的“鲁艺的创作去年上半年较有朝气”，是具体有所指的。从文学上说，1938年，文学系师生写出了一批报告文学作品：沙汀《贺龙将军在前线》、陈荒煤《刘伯承将军会见记》和《陈赓将军印象记》、鲁艺文学系第1期学员黄钢《我看见了八路军》和《雨——陈赓的兵团是怎样作战的》。毛泽东曾经表扬过发表在《解放日报》上的黄钢的《雨》。

毛泽东的建议和批评，很大程度地将影响鲁艺文学系的定位。

对鲁艺文学系的不满以及对于文化人的迫切需求，还来自军队。1938年11月，沙汀、何其芳带着鲁艺文学系第1期学员到贺龙领导的120师所在的晋西北前线，以完成鲁艺的3个月实习功课。频繁的夜行军，日日夜夜兜着圈子打仗，想象之外的生活情形，使得学员们很不适应。他们要求回延安，沙汀、何其芳也同情着他们。但前方那些经历了十年内战又经历着抗日战争而且一直站在最前线的工农干部们看来，要求回延安就等于怕艰苦。当时部队里营级以上的干部才有马

① 何其芳《毛泽东之歌》(1976—1977)，《何其芳全集》第7卷，第386页。

② 参见陈晋《文人毛泽东》，第189—190页，上海人民出版社，1997。

骑,而为这群知识分子,就需要配备一支马队,当马夫的战士,往往与他们闹得很僵。何其芳和沙汀也感到了文人在前方"没有用"。何其芳苦闷的时候,就回忆他早期的诗作,沙汀寂寞时,就喝一台酒,吼几句京戏,或读何其芳的手抄诗稿。文学系同学与部队之间还有一种纠缠不清的麻烦,何其芳、沙汀也无法解决,就是鲁艺的女学员受到部队军事干部的公开包围,一位负责同志想把一个女学员介绍给周士第,遭到拒绝,引起了部队的不满,说知识分子有什么了不起,男学员更是大发牢骚,激化了双方的关系。[①] 部队很希望同学们能留下来,帮助他们从事宣传、娱乐、思想教育、文化普及等工作,120 师政治部主任甘泗淇专门找文学系的尤淇谈话,希望他留在部队工作,却没有说动他。甘泗淇长长地叹了一口气说:"我做了一辈子政治工作,满以为一定可以说服你的,谁知你也不肯留下,可见知识分子的思想是十分复杂的,复杂到难于捉摸的程度。"[②]后来,关向应说,愿意留前方工作的他们欢迎,实在不愿意的就送回延安。1939 年 4 月中旬,何其芳、沙汀和鲁艺文学系几位同学离开 120 师,7 月到达延安。1942 年,贺龙回延安时对周扬说,他不满意鲁艺当时的关门提高,把好学生好干部都留在学校里,不派到前方去,而对于抗战初期派到前方去的学生又不关心他们,研究并帮助他们解决在实际工作中所碰到的艺术问题。[③]

毛泽东对鲁艺的批评、贺龙等部队军政人员对于鲁艺的不满,虽然随着 1940 年、1941 年鲁艺"正规化"、"专门化"教育政策的转变而淡化、潜隐,然而,到 1942 年整风运动开始以后,政治家、军事家的意见、部队的文化要求等,又成为鲁艺文学系新的调整方向。

---

① 吴福辉《沙汀传》,第 228 页,北京十月文艺出版社,1990。

② 尤淇《在广阔的"课堂"里——转战敌后的日日夜夜》,收入《延安鲁艺回忆录》,第 564 页,光明日报出版社,1992。

③ 何其芳《记贺龙将军》(1945),《何其芳全集》第 2 卷,第 218 页。

二、鲁艺领导机构的变化

1939年底，鲁艺开始实行“专门提高”的办学方针。这一方针的设计，与当时中共所理解的“持久战”的政治形势和“新中国—新文化”的文化观直接相关，与鲁艺领导机构的大调整直接相关。

随着中共政权机构在延安渐趋安定并逐步发展壮大，中共在理解抗日战争的政治局势上，也发生了一些变化。毛泽东将抗战理解为“艰苦的持久战”：“抗日战争是持久战，最后胜利是中国的。”“中国军队要胜利，必须在广阔的战场上进行高度的运动战……在农民中组织很多的游击队”，“这样，日本在中国抗战的长期消耗下，它的经济行将崩溃；在无数战争的消磨中，它的士气行将颓靡。中国方面，则抗战的潜伏力量一天天地奔腾高涨，大批的革命民众不断地倾注到前线去，为自由而战争……驱逐日本侵略军出中国。”[①]由此，毛泽东提出“中国的政治形势开始了一个新阶段”。1938年10月，毛泽东在中共扩大的六届六中全会上作《论新阶段》的报告，强调中国共产党在民族战争中“在思想上、政治上和组织上的独立性”，强调“马克思主义在中国的具体化”。[②] 1939年年底，建设“新民主主义的政治”和“新民主主义的文化”、建设“新中国”和“新文化”的政治、文化目标，越来越清晰地被中共领导人所勾描出来。1940年1月，边区文协第一次代表大会作为中共历史上规模空前的文化大会，毛泽东《新民主主义的政治与新民主主义的文化》、张闻天《抗战以来中华民族的新文化运动与今后任务》以及王明关于文化统一战线、艾思奇关于陕甘宁边区文化、周扬关于

---

① 毛泽东《论持久战》(1938)，《毛泽东选集》第2卷，第481－482页，人民出版社，1991。

② 毛泽东《论新阶段》(1938)，1938年1月25日《解放》周刊第57期。后改题为《中国共产党在民族战争中的地位》，收入《毛泽东选集》第2卷，人民出版社，1991。

边区教育、吴玉章关于新文字运动、丁玲关于文学大众化、冼星海关于音乐、张庚关于戏剧、李初梨关于边区新闻,以及众人关于八路军的文化教育、中苏关系、世界语、工业建设、妇女作用等具体问题的报告,都显示出中共文化建构的勃勃雄心。

1939 年下半年以后,鲁艺的领导机构和文学系发生了较大的变化。

第一个变化是原副院长沙可夫的离开。沙可夫(1905—1961),浙江海宁人,曾入上海南洋大学电机系学习,1926—1931 年先后在法国巴黎、苏联莫斯科中山大学学习,1932 年进入江西中央苏区,担任中华苏维埃中央政府机关报《红色中华》主编、中央政府教育部副部长,参与创办工农剧社和高尔基戏剧学校。1933 年,因病回上海,从事俄苏文艺的翻译评论工作。1937 年 10 月到延安,创作《血祭上海》等剧本,担任首届鲁艺副院长。1939 年 7 月,中共中央决定,分别从抗日军政大学、陕北公学、鲁迅艺术学院、战时青年训练班和延安工人学校抽调部分人员,组成华北联合大学,在成仿吾校长的带领下,离开延安,到敌后晋察冀地区办学。华北联合大学设立文艺部(后来改称文艺学院),由沙可夫任部长,原鲁艺音乐系主任吕骥为副部长。华北联大文艺部还有钟惦棐、秦兆阳、蔡其矫、侯金镜等人。

第二个变化是鲁艺文学系主任萧三的离开。萧三和沙可夫一样,也是一个"留苏派"。萧三(1896—1983),湖南湘乡人,与毛泽东是湘乡东山学堂的同学和朋友,1923 年到苏联莫斯科劳动者共产主义大学学习,1930 年代为中国左翼作家联盟常驻莫斯科代表。1939 年 4 月 29 日,萧三从苏联回国到延安。按规矩,凡新到延安的人,一般先在组织部招待所住几天,然后分配。但萧三"自己分配"到鲁艺,请人把行李送到鲁艺,因为他在国外就听说过这个艺术文学院,而且写过文章

《鲁艺在国外》进行介绍，“我自己觉得，早就是该院的人了。”[①]萧三到鲁艺还有一个原因是，他与这时的鲁艺副院长沙可夫和训育主任徐一新是苏联时期的朋友，他选择到鲁艺也是非常自然的。萧三在鲁艺除担任编译部主任外，还代理文学系主任。鲁艺最初的文学系主任为周扬，沙汀1938年8月底从成都来延安后曾代理文学系系主任，沙汀带鲁艺学生上前线实习后，萧三又代理文学系系主任。但是，在鲁艺，萧三却与文学系的周扬、何其芳相处不愉快。萧三跟周扬的不愉快渊源于左联解散之事。[②] 后来，在鲁艺关于“民族形式问题”的讨论中，萧三与何其芳、周扬意见相左，“吵得非常厉害”。[③] 在有关诗歌的问题上，

---

① 萧三《窑洞城——献给党的60周年诞辰》，《萧三诗文集·散文篇》，第437页，北京图书馆出版社，1996。

② 周扬因为主持左联解散之事，与鲁迅矛盾加剧，而时任左联党团书记的周扬之所以决定解散左联，与萧三从莫斯科的来信直接相关。1935年11月8日，萧三由王明、康生授意，在苏联致信给上海的中国左联，分析中国左联所做的工作、左联的关门主义、宗派主义，建议解散左联：“取消左联，发宣言解散它，另外发起，组织一个广大的文学团体，极力争取公开的可能。”“当此国亡无日，全国民众只有共同起来组织广大的人民反帝——抗日统一战线才可图救，政治上的口号、策略，我们做文学运动的至少是要追随它，符合它。”（《给左联同志的信——关于建议解散“左联”》，《萧三诗文集·散文篇》，第225－230页，北京图书馆出版社，1996）

③ 1939年7月21日，毛泽东的秘书陈伯达到鲁艺作《中国文化启蒙运动与文艺的民族形式》报告。3天之后，鲁艺文学系就此举行了民族形式问题座谈会，大家的看法比较明显地分为了两派，萧三和张庚强调中国文化遗产和民间文学的重要性（参见萧三《论诗歌的民族形式》，1939年11月16日《文艺战线》第1卷第5期），沙汀和何其芳则认为，片面强调大众艺术，会降低艺术标准；萧三指责他们“将艺术脱离抗战，脱离政治”，是“新的艺术至上主义”。

1939年8月3日，艾思奇主持召开中央文化工作委员会扩大会议，讨论《文化工作动向大纲》，沙汀、何其芳、周扬仍然不同意萧三等的观点。周扬认为，五四以来的新文艺“不但不是与大众相远离，而正是与之相接近的”。（周扬《对旧形式利用在文学上的一个看法》，1940年2月15日《中国文化》创刊号）沙汀认为，不应该在文艺价值上把旧形式估价得过高（沙汀《民族形式问题》，1939年11月16日《文艺战线》第1卷第5期）；何其芳认为，欧洲的文学比较中国的旧文学和民间文学进步。（何其芳《论文学上的民族形式》，1939年11月16日《文艺战线》第1卷第5期。）

萧三与何其芳也有很大的分歧意见。[①] 王政明在《萧三传》里说:"然而遗憾的是,后来个别忌贤妒能的人在鲁艺搞宗派主义,排斥萧三这样的'外来户'。为此,萧三在鲁艺工作了一年多以后,便愤然离开了这个他本不愿意离开的窑洞学院,去主持延安文协和创办俱乐部工作去了。"[②]

第三个变化,也是一个根本性的变化为,1939 年 11 月 28 日,鲁艺正式宣布,新任院长吴玉章,副院长周扬,宋侃夫任政治处处长兼党总支书记。沙可夫离开延安后接任的副院长赵毅敏调任其他工作。从此,周扬一直负责主持鲁艺的日常工作。沙汀于 11 月中旬离开延安后,何其芳担任文学系系主任。张闻天和周扬又联合致电正在桂林编辑《救亡日报》的周立波来延安。周立波到延安后,担任鲁艺编译处处长,兼任文学系教员,教"名著选读"课程。这样,鲁艺文学系进入到周扬、何其芳、周立波"三足鼎立"的时期。

这时候,学员们的情形也发生了一些变化:鲁艺文学系 52 个同学,去华北联大文艺部的有三分之二:林漫(李满天)、田家、肖鲁、陈冷等;留下十来个人:贾芝、葛洛、杨思仲(陈涌)、林蓝、柯蓝和陆地(陈寒梅)等,研究员严文井做辅导。不久,沙汀、何其芳、陈荒煤先后从冀中

---

① 沙汀说,有一次,鲁艺纪念一位世界名人(指普希金)的座谈会上,何其芳针对一位长期侨居国外的同志的发言(指萧三),"用他那感情激动时迅猛、高昂的语言洪流",一条一款地进行批评。事后,有同志专门找何其芳谈心,承认他的意见不错,但对他的态度、措词进行了批评。沙汀称赞何其芳说,这正是一个党的干部应该具备的品质:光明磊落,从不唯唯诺诺,口是心非。(沙汀《何其芳选集·题记》,《何其芳选集》第 1 卷,四川人民出版社,1979。)

② 王政明《萧三传》,第 278 页,北京图书馆出版社,1996。这里所说的"个别忌贤妒能的人",应该主要说的是周扬。1948 年 8 月,萧三去石家庄参加华北人民代表大会和文艺工作者大会,恰巧与周扬分在同一套房。晚上,周扬说要与萧三谈谈他俩关系的问题。开始两人还和风细雨地说几句客套话,后来说及丁玲小说和左联往事,"两人都不免分外激动,互相说了些过头话"。直至一些机关敲响起床钟声。(王政明《萧三传》,第 348 页,北京图书馆出版社,1996。)

和太行带回和他们一起上前方的同学孔厥、康濯、岳瑟、黄海(吴微)、尤淇、黄钢、梅行、聂眉初等。鲁艺文学系还新来了魏伯、陈落、高亮、洪流、浪淘(曾扬清)、叶克、张沛和几位女同学:苏菲、夏蕾、李一纯等。“师生济济一堂,盛况空前。”[①]

1939年8月2日,鲁艺由延安北门外迁到东郊的桥儿沟新校址。1940年4月,为体现“文学系”的位置,鲁艺的全称由原来的“鲁迅艺术学院”改为“鲁迅艺术文学院”,并且由毛泽东题写了校名,做成了长竖条形的门匾,悬挂在桥儿沟教堂外面中间的圆拱门旁。

三、“专门提高”的教学方针

“在学院的教学方针上,周扬接受左联教训,主张强调提高艺术质量,着重培养尖端专门人才。”[②]周扬1929年以介绍美国作家辛克莱“一切的艺术是宣传”观点而走上文坛。[③] 在理论上,他从左联初期的《文学的真实性》突出“政治的正确就是文学的正确”,[④]到1933年底《关于“社会主义现实主义与革命的浪漫主义”》批评“唯物辩证法的创作方法”和“忽略艺术的特殊性,把艺术对于政治、对意识形态的复杂而曲折的依存关系看成是直线的,单纯的”。[⑤] 周扬在理论上越来越重视研究“艺术的特殊性”。周扬20世纪30年代担任左联党团书记时,曾被嘲笑为“左而不作”。因此,周扬成为延安鲁艺的实际领导之后,在学院的教学方针上,便着重于“艺术”本身,着重于“创作”实绩。文学系的创作指导思想,以何其芳当时的指导思想为基准。何其芳根据

① 陆地《七十回首话当年》,《新文学史料》1989年第4期,第32页。

② 陆地《七十回首话当年》,《新文学史料》1989年第4期,第32页。

③ 周起应(周扬)《辛克来的杰作:〈林莽〉》,1929年2月1日《北新》第3卷第3号。

④ 周起应(周扬)《文学的真实性》,1933年5月1日《现代》第3卷第1期。

⑤ 周起应(周扬)《关于“社会主义现实主义与革命的浪漫主义”——“唯物辩证法的创作方法”之否定》,1933年11月1日《现代》第4卷第1期。

自己上前方采访战斗英雄的体会,形成这样一种观念:知识分子的思想感情与工农战士之间是存在着距离的,硬要去写,吃力不讨好;而"五四"以来文学作品中够得上中国知识分子典型的,至今还没有。于是,他向学员们提出:"我们现在的文学创作,为什么不去补这一课呢?"①

适应于毛泽东"新中国－新文化"的主张,1940 年 7 月,在周扬主持下,鲁艺新制定了趋向于正规化、专门化的教学计划和实施方案:"团结与培养文学艺术的专门人才,以致力于新民主主义的文学艺术事业。"②文学、戏剧、音乐、美术四个系的学生在校学习时间,一律延长为 3 年。由于战争状态和前方所需,派出实习的同学绝大部分无法及时返校以完成教学计划,所以,从第 3 期开始,鲁艺不再派学生到前方实习。1940 年 12 月 28 日,中共中央干部教育部副部长罗迈指出,抗战初期所采取的三几个月的短期训练班方式已经过去,"干部学校正规化"成为必然趋势。③ 1941 年 4 月 28 日,罗迈出席鲁艺第 2 次工作检查总结大会,并发表讲话,同意周扬提出的鲁艺要"专门化"意见,指出鲁艺的基本任务之一是"培养文艺理论家和文艺作家,培养艺术教育人才",提高自己和帮助别人,帮助延安的文艺活动。④ 第 2 天,鲁艺宣布教学体制和组织机构的调整结果,组建文学、戏剧、音乐、美术四个部和教务、编译等四个行政职能处,文学部下辖文学系和文艺工作团,周扬兼文学部部长,何其芳为文学系系主任,严文井为文艺工作团团长,周立波为编译处处长,鲁艺由此进入正规化、专门化的教学

① 陆地《七十回首话当年》,《新文学史料》1989 年第 4 期,第 32 页。

② 参见王培元《延安鲁艺风云录》,第 79 页,广西师范大学出版社,2004。

③ 罗迈《预祝一九四一年延安干部教育的胜利》,1941 年 1 月 16 日《新中华报》。

④ 罗迈《在鲁艺第二次工作检查总结大会上的讲话》,"延安文艺丛书"《文艺理论卷》,第 812 页,湖南人民出版社,1984。

轨道。

关于文学系的教学课程和教师，1939年初考入鲁艺文学系第2期的陆地说，全学院都听的课程的教师有：讲文艺理论的周扬、茅盾、吴玉章、陈伯达；讲哲学的艾思奇；讲政治经济学的柯伯年；讲革命气节传统教育的赵毅敏、徐一新和宋侃夫等。文学专任和兼任教员先后有：沙汀、何其芳、周立波、陈荒煤、萧三、曹葆华、严文井、卞之琳、徐懋庸等。文学课常设的有：1. 马克思主义文艺理论；2. 外国名著选读；3. 专题讲座；4. 习作讨论等。① 周扬长期担任《文艺理论》和《中国新文学运动史》两门课的教学，何其芳讲"习作"课，周立波讲"名著选读"。为了加强创作和理论研究，鲁艺文学系还设立了创作组和理论组，让毕业同学可以继续发展。创作组有：孔厥、黄钢、李清泉、林蓝、葛洛、洪流、杨明、陆地8人。理论组有6人：贾芝、毛星、杨思仲、岳瑟、梅行、葛陵（陈元直）。②

有人说，鲁艺在周扬的领导下，进入其历史的"黄金期"。③

第二节 "歌颂派"·情谊·"委屈"

一、鲁艺文学系的老师们

确定了"培养文艺理论家和文艺作家"为鲁艺文学系"专门化"的基本方向后，在具体实施方案上，在一些基本问题的态度上，应该说，文学系主要的老师们：周扬、何其芳、周立波、严文井、陈荒煤、曹葆华

① 陆地《七十回首话当年》，《新文学史料》1989年第4期，第41页。
② 陆地《七十回首话当年》，《新文学史料》1989年第4期，第35页。
③ 引自王培元《延安鲁艺风云录》，第93页，广西师范大学出版社，2002。

等,彼此之间比较默契,趣味相投;虽有各自不同的见解,但相互间有一定的理解力和包容力。

何其芳(1912—1977),四川万县人,1930年秋就读于清华大学外文系,结识了曹葆华。翌年秋转读北京大学哲学系,写诗《燕泥集》收录于卞之琳主编的诗集《汉园集》中。1936年,何其芳的散文集《画梦录》获天津《大公报》文艺奖。何其芳在北大读书4年毕业后,到天津、山东莱阳、四川万县的中学和师范学校教书,思想、感情、诗风等发生很大变化,其散文集《刻意集》、《还乡杂记》表现出何其芳希冀摆脱"书斋"和"白日梦"、"要使自己的歌唱变成鞭子还击不合理的社会"的想法。[①] 他和卞之琳找到了与中共党有联系的沙汀,希望和沙汀一起去延安,去华北八路军抗日根据地。"那时候,到延安去是需要足够勇气的,因为到了广元以后,沿途都会遭到盘查、留难,甚至有被抓、失踪的危险。"[②]何其芳到延安的本意是:"即使我不能拿起武器和兵士们站在一起射击敌人,我也应该去和他们生活在一起,而且把他们的故事写出来,这样可以减少一点我自己的惭愧。"[③]他们三人同行到延安,本来都没有长留的准备,卞之琳利用的是休假时间,何其芳没有辞去四川的中学教职,沙汀为的是搜集写作材料。但后来,卞之琳、沙汀返回大后方,而何其芳却留在了延安,因为在他眼里,延安是"年青人的圣城"。[④] 何其芳用他诗人的激动和想像力,写出了散文《我歌唱延安》,说"延安的空气"是"自由的空气。宽大的空气。快活的空气"。延安

---

① 参见何其芳《刻意集·初版序》(1937),《刻意集》,上海文化生活出版社,1938年10月。

② 沙汀《何其芳选集·题记》,四川人民出版社,1979。

③ 何其芳《一个平常的故事》(答中国青年社的问题,"你怎样会来延安的"),1940年8月5日延安《中国青年》第2卷第10期,第65页。

④ 何其芳《一个平常的故事》,1940年8月5日延安《中国青年》第2卷第10期,第66页。

是"仿佛我曾经常常想像着的好社会,好的地方,而现在我就像生活在我的那个想像里"。①

周扬对何其芳的思想感情变化,是理解、肯定并深有同感的。周扬说:"这个《画梦录》的作者,他以刻意追求形式、意境的美妙,表现青春易逝的哀愁和带点颓伤的飘渺的幽思见长……他怎么走到革命的道路上来了呢?一个作家对黑暗现实社会不满,而又找不到出路,经过一度的徘徊和孤独,或者是终于沉沦、堕落,为黑暗社会所吞没;或者冲破黑暗,走向光明。其芳同志不甘沉落,富于进取心,很自然地就走上了这条追求光明的道路。……他热爱人生,他对人生不是消极的、悲观的,他有理想,是个朦胧的理想主义者。他感到他所生活的世界是狭小的,极力想突破它……正是在这个思想支点上,他从个人主义走向了集体主义、共产主义。……何其芳同志喜欢歌唱自己,尽管对新事物的了解还不深,但仍然满腔热情地毫不虚饰地表白自己对革命的一片忠诚。……正是在这时候,他对美国惠特曼的诗产生了强烈的共鸣。"周扬认为,《我歌唱延安》、《生活是多么广阔》里的句子,"是诗人发自内心深处最热情最真挚的声音,是欢呼历史上一个崭新时代来临的声音。这个声音是震撼人心的,是激励我们前进的"。②

何其芳"写熟悉的题材"、"说心里的话"的文学观点,也得到很多鲁艺人的首肯。严文井分析"关于使人读不下去的文章"的弊病时说,伟大作家能够成功的重要原因是写出了自己生活中最熟悉最理解的那一部分,说出了自己的真心话。③

至于周扬和周立波,多年来更是彼此相知、互相支持、"情同兄弟"。周立波(1908—1979),湖南益阳人,与周扬同宗。1926年夏,在

① 何其芳《我歌唱延安》,1939年2月《文艺战线》创刊号。
② 周扬《何其芳文集·序》(1980),收入《何其芳文集》第1卷,人民文学出版社,1982。
③ 严文井《关于使人读不下去的文章》,见1942年4月15日《文艺月报》第14期。

上海大夏大学读书的周扬回家乡度假，去省立一中会见在那里读书的周立波。对于这次会面，周立波说，周扬谈尼采、“一切都要重新估定价值”、中国新文艺思想、鲁迅和郭沫若等，引起周立波的很大兴趣，[①]并对他后来人生道路的选择产生根本性影响。他后来就随着周扬到上海，从事文学翻译和创作活动。左联时期，周立波和沙汀被人称为“周扬的左右手”。[②] 周扬这样说起与周立波的第一次会面：“那时他刚刚初中毕业，而我已是个大学生，使我感到惊奇的，他当时已读完《资治通鉴》，知识并不比我少多少。虽然在宗族辈份上是叔侄关系，但在年龄上相仿，更像亲兄弟。他和我一见如故，结下了数十年如一日的甘苦与共的深交。”[③]

在鲁艺桥儿沟，何其芳、周立波、严文井、曹葆华、舒群、陈荒煤等，都是邻居和亲密的伙伴。陈荒煤说：“那时候，我们多数还是单身汉。油灯不够用，为了节省灯油，我们经常聚集在窑洞外谈天。都是年青人（只有葆华年纪稍大一些），在延安这样一个环境中一起工作、生活，每个人又都是搞创作的，于是我们谈天的范围很广。爱情、工作、创作、理想，无所不谈，有时也争论。”[④]严文井的说法与陈荒煤很相似：“我 1938 年到延安，先入抗日军政大学学习，半年后到鲁迅艺术文学院任教。”“教员那时候多数还是单身汉（我是新婚），住在东山的一排窑洞里，邻居有何其芳、周立波、陈荒煤、曹葆华、舒群等。当时一个月才发一斤油，灯油不够用，为了节省，我们经常聚集在窑洞外谈天。延

---

① 周立波《自传》和《反省笔记》，引自胡光凡《周立波评传》，第 16 页，湖南文艺出版社，1986。

② 《徐懋庸回忆录》，第 19 页，人民文学出版社，1986。

③ 周扬《怀念立波》，收入李华盛、胡光凡编《周立波研究资料》，湖南人民出版社，1983。周扬逝世前，要求自己与周立波相邻安葬。（参见荣天屿《人生难得一知己——周扬与周立波》，2004 年第 3 期《新文学史料》。）

④ 陈荒煤《忆何其芳》(1978)，《荒煤散文选》，第 163 页，人民文学出版社，1983。

安的物质生活虽然很苦，但是精神生活愉快，人和人的关系是友好的、平等的，互相间不需要什么戒备、猜疑，一个共同理想把人们变得亲如兄弟，推动人们天天向上。我感到了前所未有的温暖和幸福。一些同志和我时常交谈各自来到延安以前的历程。我们也谈到了自己的童年和少年时代，相信未来的孩子们肯定要比我们童年、少年时代幸福。我并不真正懂得中国的革命，然而却朦胧地感觉到中国正在经历着一场巨大变化，相信将来一切都会变得好起来。什么都可以变，什么都要变，许多想也想不到的奇异事情将要发生。于是我想到了童话，并且用这个形式记下了我的一些朦胧而幼稚的幻想和爱憎。"①

二、"歌颂派"与"委屈"

关于鲁艺文学系总的文学倾向，周扬曾经这样概括说："当时延安有两派，一派是以'鲁艺'为代表，包括何其芳，当然是以我为首。一派是以'文抗'为代表，以丁玲为首。……我们'鲁艺'这一派的人主张歌颂光明，而'文抗'这一派主张要暴露黑暗。他们尽管有争论，但在跟工农兵的关系这个问题上都没有解决。这个说法是最深刻的。"②

用"歌颂派"来概括鲁艺文学系的基本文学主张和文学表现，大抵是实情。何其芳通过他的散文和诗歌《我歌唱延安》、《生活是多么广阔》、《我为少男少女们歌唱》、"回忆延安"等，与"新社会"、"新世界"、"未来世界"联系在一起，将延安理想化了；他的《我们的历史在奔跑着》、《快乐的人们》、"北中国在燃烧"等长篇诗作，都写出了一个有着阴暗、忧郁、沉重的"过去"包袱的知识分子对于"新生活"的向往和热情。长于报告文学等叙事性写作的周立波，也用起了直接抒情的诗歌形式，在《一个早晨的歌者的希望》里说："我要大声地反复我的歌，/因

① 严文井《心灵的星：忆延安》，2002年5月23日《人民日报》第12版。
② 赵浩生《周扬笑谈历史功过》，1979年第2期《新文学史料》，第239页。

为我相信我的歌是歌唱美丽的，/……我希望早风/把我的歌带走，/带给远方和远方的人们，/让他们相信，让大家相信，/生活里有很多美丽的东西。”①当然，周立波写这样的“颂诗”，也许跟周扬《文学与生活漫谈》里的主张以及萧军等人“商榷于”周扬的文章、关于“太阳中的黑点”的争论有关。周扬在《文学与生活漫谈》里说，延安正是作家们“所追求的生活”，“新的生活不是没有缺陷，有时甚至很多；但它到底是在前进，飞快地前进。……作家和延安的生活……终会完满地互相拥抱起来的。”“对于延安，我们已经唱了我们的赞歌了，但却还没有能实写出它的各方面来。”②

或许，正是这种对于“新生活”、“理想世界”的热情，使得鲁艺文学系的这些文人们有了某种共同的感情凝固点和相互理解、彼此容纳的前提，成为“歌颂派”。但是，当周扬等人将“歌颂”、“新生活”、“理想世界”与延安、政权、领导者、现实生活、个人追求、个人仕途等连为一体，因“歌颂”而将“太阳中的黑点”边缘化、弱化、淡化、隐化，因“歌颂”而自觉不自觉地显露出真理在握、“唯我正确”的气派言行，就与萧军、丁玲等人质疑“黄金世界”、与政权组织保持自觉的“距离”关系、关注“政治”与“文学”之间的区别、以“创作”为本位等基本观念发生冲突；尤其是沿袭了左联时期宗派关系的恩恩怨怨；加上文抗“文艺月会”上萧军等人对周立波短篇小说《牛》的批评、对于何其芳的政治抒情诗《革命，向旧世界进军》的批评，《文艺月报》上陈企霞等对于何其芳“随便地拿政治口号来概括诗的主题”做法的批评等；因此，鲁艺文学系与文抗之间的矛盾冲突日益明显，以致发展到“两边不往来”、两边的刊物《草叶》和《谷雨》“彼此戒备”的程度。当然，同在文抗，萧军与丁玲之间关

① 周立波《一个早晨的歌者的希望》，1941 年 10 月 28 日《解放日报》。

② 周扬《文学与生活漫谈》，1941 年 7 月 19 日《解放日报》。

于“黑暗”、“政治”等问题的观点有谋和,同样也有冲突。

但是,仅仅用“歌颂派”来概括鲁艺文学系的特点,显然还只是说明的一个方面。

1942年4月下旬,鲁艺文学系和戏剧系几个党员教师去毛泽东那里,有周扬、周立波、曹葆华、严文井、陈荒煤、姚时晓。毛泽东见他们的第一句话是:“你们是主张歌颂光明的吧?”他们几个人都没有回答。毛主席紧接着说:“听说你们有委屈情绪。”对这个问题,他们也没有表示承认或辩解。毛主席看他们几个人没有说话,就严肃地进行批评了。毛泽东认为,一个人没有受过十年八年委屈,就是教育没有受够。何其芳说:“我当时还以为我们主张歌颂光明是没有问题的。……听了毛泽东的《结论》,才知道我和一些同志主张‘歌颂光明’也不就是正确的。……我们主张‘歌颂光明’的人,写的作品也并不能为工农兵服务,很多也都是‘小资产阶级的自我表现’。……在《结论》的第四部分,毛主席对‘暴露黑暗’论的种种论调作了尖锐的驳斥。在这里,对争论的双方都作了批评。”何其芳还说:“那两年我是有很大的委屈情绪的。但我又怎样说呢?这种委屈情绪到底对不对,我自己也没有把握。”①

何其芳的确“有很大的委屈情绪”,因为他在延安受到了各方围攻,而且批评言辞相当严厉。当何其芳认为个人的生命和文学应该与延安、“新社会”、“新生活”合为一体,因而主张新诗的“新民主主义主题”并创作《革命,向旧世界进军》等政治抒情诗时,他受到了陈企霞、萧军的批评;②当他否定“为个人而艺术”的见解,到前线去热心地搜集材料,去访问,写出来的报告他自己又“不满意”,对于写报告产生动

① 何其芳《毛泽东之歌》(1976—1977),《何其芳全集》第7卷,第422—423页。

② 参见陈企霞《旧故事的新感想》、《我射了冷箭吗——答何其芳同志》,萧军《第八次文艺月会座谈会拾零》等。

摇,感到创作的"苦闷";当他认为"我的感情还相当旧,对于新的生活又不深知,写诗也仍然有困难。……我说,就写我自己这种新旧矛盾的情感也还是有意义的"。[①] 于是,他写下了表达"新我"和"旧我"在"争吵"的系列诗歌《夜歌》,还是受到了《解放日报》上多篇文章对于他的"小资产阶级性质"的批评,[②]而"小资产阶级思想感情"正是毛泽东《讲话》和延安整顿三风所批评的核心。何其芳原来的《画梦录》还曾受到过艾青的批评。何其芳的确是左右为难,左右不是人。这个容易情绪激动的诗人,这个心里藏不住话的率真耿直性格的人说:"我在延安,和有些非党员同志关系处得不好。"[③]当时,萧军、艾青都是非党员。

周扬面对文抗作家的批评也非常多。1941 年 8 月,萧军等 5 人联名在《文艺月报》上批评他的《文学与生活漫谈》,并且因为《解放日报》登载周扬写的文章而不登载批评周扬的文章而"告状"到毛泽东那里。1942 年 5 月延安文艺座谈会的讨论会上,艾青等人批评周扬有严重的"宗派主义",周扬说,可以对这个批评意见"作些考虑",然后自我解嘲地说:"同志们都说我是宗派主义典型,这很好嘛!世界上的典型并不

---

① 何其芳《毛泽东之歌》(1976—1977),《何其芳全集》第 7 卷,第 395 页。另外参见何其芳《记贺龙将军》(1945),《何其芳全集》第 2 卷,第 100—101 页。关于"报告文学"的价值,何其芳不时地在"怀疑/肯定"之中徘徊。鲁艺文学系整风时,何其芳以毛泽东《讲话》精神来检查教学工作,检查自己的创作、思想、感情。有一天晚上,他到陈荒煤的窑洞来,认真严肃地说,他原来认为报告文学没有什么艺术价值,不过是政治的需要,这种思想不符合毛泽东的政治标准第一艺术标准第二的指示,他认为陈荒煤从前方回来后一直坚持写了些报告文学是好的,但他却对这些作品不够重视。陈荒煤说,自己也有这种思想,认为只有小说才算是真正的创作。何其芳也说,他也不满足于写诗,认为诗究竟不能概括伟大的历史时代,他还想写长篇小说。(陈荒煤《忆何其芳》(1978),《荒煤散文选》,第 164—165 页,人民文学出版社,1983。)

② 吴时韵《〈叹息三章〉与〈诗三首〉读后》、金灿然《间隔——何诗与吴评》、贾芝《略谈何其芳同志的六首诗——由吴时韵同志的批评说起》等文章,虽然不同程度地肯定了何其芳诗歌所表现的向上的人生态度和真挚的生活感情,但也都认为他的诗歌体现了小资产阶级情调。(分别见 1942 年 6 月 19 日、7 月 2 日、7 月 18 日《解放日报》。)

③ 何其芳《回忆周恩来同志》(1977),《何其芳全集》第 7 卷,第 486 页。

多啊！无非是哈姆雷特、奥赛罗、威尼斯商人、罗亭……我也算一个，这不是好事嘛？”说着，他自己笑了起来，引得整个会场哄堂大笑。[①]

周扬并不是一个单纯的“歌颂派”。出于对创作自由、现实主义的理解，出于对文艺民主、思想和政治民主的追求，周扬曾多次强调描写“黑暗”的意义。“批评家没有理由反对作家描写社会中的黑暗的消极的现象，他所要检阅的只是被描写的对象反映了现实的哪些侧面，反映得真实到什么程度，如果还不够真实，那就要指出是怎样主要的偏见妨碍了作者——这才是批评的主要任务。”[②]周扬还借鲁迅来阐述揭露“黑暗”的意义，[③]1941年周扬拟订的《鲁艺订艺术工作公约》里有一条是：“不对黑暗宽容；对于新社会的弱点，须加积极的批评与匡正。”[④]在《文学与生活漫谈》中，周扬对“太阳中的黑点”的描述，相当具体而细微。不过，对于萧军等人的批评，周扬并没有文字回应和解释。在《鲁艺订艺术工作公约》中有一条“公约”是“不抱宗派之见；不作无原则的意气之争”。周扬在《我们的态度》中，曾有长段文字说明文艺工作中“首先要培植民主主义的风气”：

传统的“文人相轻”，文坛上的捧与骂，文艺上的独断、宗派，这些都是曾妨碍了文艺之正当的发展。以后作家需要建立完全新的关系，彼此养成一种互相尊重，互相切磋的精神。

---

① 黄钢《八次见到毛泽东》，徐新民主编《在毛主席身边》，第172页，中共中央党校出版社，1993。

② 周扬《论〈雷雨〉和〈日出〉——并对黄芝冈先生的批评的批评》(1937)，《周扬文集》第1卷，第200页

③ 周扬《一个伟大的民主主义现实主义者的路——纪念鲁迅逝世二周年》(1939)，《周扬文集》第1卷，第282—283页。

④ 《鲁艺订艺术工作公约》，1941年5月24日《解放日报》。收入《周扬文集》第1卷第324页。

……以摩拳擦掌来对付不同的意见,是极愚劣的办法。……我们今天所急需反省与改正的是在论战中所表现的那种仿佛不容人商讨的非民主的态度,与唯有自己正确的那种高慢的宗派观点。这些曾在一部分作家的心目中造成了横暴的幻影,这个幻影的最后一丝都必须消除。[①]

当周立波在1940年夏鲁艺欢迎茅盾茶话会上对音乐系教师杜矢甲唱讽刺歌摔茶壶以表示不满时,周扬批评周立波"怎么能只是匹夫之勇!"[②]不过,到周扬晚年,说起文抗和"暴露黑暗派",周扬仍然清楚地一个个数着萧军等人的名字。[③]

口诛笔伐、针锋相对、直接坦率、不讲情面的批评与自我批评,是延安的一种基本作风。1938年3月,徐懋庸初到延安,参加边区文协的一些会议,包括生活检讨会,"我感到特别新鲜而强烈的是那种批评与自我批评的精神和民主集中制的作风。"[④]40年代末,胡乔木担任新华社总编辑,每天晚上召开编辑会议,谈对当天稿件的意见,有的稿件被他从头到尾批得体无完肤,要求重新撰写或多次返工。像范长江这样经验丰富、全国闻名的老记者,他写的一篇战局评论也受到胡乔木的严格批评。事后,范长江对《解放日报》创刊以来就在新华社工作的吴冷西说,如果不是随毛主席转战陕北中经常看到中宣部部长陆定一和胡乔木的文章被毛主席修改得等于重写,很受教育,他根本接受不

① 周扬《我们的态度》,1939年2月16日《文艺战线》创刊号,见《周扬文集》第1卷第259—260页。

② 严文井《我所认识的周立波》,陈涌《我的悼念》,收入《周立波研究资料》,湖南人民出版社,1983。

③ 参见赵浩生《周扬笑谈历史功过》,1979年第2期《新文学史料》。

④ 徐懋庸《回忆录·我和毛主席的一些接触》,1981年第3期《新文学史料》,第24页。

了胡乔木的意见；要是在《大公报》，他早就撒手不干了。[1]

何其芳因为左右受难而感到“委屈”。他说：“在一九四二年春天以后，我就没有再写诗了……有一个最紧急的事情则是思想上武装自己。”[2]1942年7月，为了与毛泽东在延安文艺座谈会上的“讲话”关于“写光明”“写黑暗”观点保持一致，周扬在《王实味的文艺观与我们的文艺观》里表态说：“我要确定而且坚决地说：写光明比写黑暗重要。”[3]

三、师生间的情谊

周扬的“眼力”，何其芳的“朗诵”，周立波的“课堂”，是特别为鲁艺文学系同学所难忘的。

周扬的“眼力”主要表现在他对于文学系学员作品的判断力和热心举荐上。据说，周扬对于鲁艺各系在文艺创作上崭露头角的学生都了如指掌。学生中流传着这样的说法：假如你写了一篇好作品，周扬见到你时会点点头；你写了两篇，周扬见到你就要握握手；你写了三篇，周扬就会和你交朋友。[4] 1939年10月，周扬给重庆全国文协老舍写信介绍延安的文学活动时说，鲁艺文学系先后不过几十个同学，已经出现了具有才能和相当熟练的作者有：野蕻、天蓝、鹰潭、孔厥、梁彦、魏伯、黄钢、康濯，“希望文协能找出一切方法来和他们互通声气，给与他们种种具体的帮助和鼓励。”[5]1942年3月，丁玲在《解放日报》百期总结中说，文艺栏“发现了三十多个年轻作家，其中可能有一半以

---

① 吴冷西《忆乔木同志》，收入杨尚昆等《我所知道的胡乔木》，第32页，当代中国出版社，1997。

② 何其芳《夜歌·初版后记》(1944)，收入《夜歌》，1945年5月诗文学社出版。

③ 周扬《王实味的文艺观与我们的文艺观》，《周扬文集》第1卷，第401页。

④ 引自王培元《延安鲁艺风云录》，第199页，广西师范大学出版社，2002。

⑤ 周扬《关于文协的工作》，1940年2月16日《文艺战线》第1卷第6期，收入《周扬文集》第1卷第309页。

上是鲁艺的学生"。[①]《解放日报》文艺栏的很多稿子,是周扬等人推荐的,例如,引起争论的鸿迅(朱寨)的《厂长追猪去了》,是周扬亲手交给丁玲的。在周扬主编的《文艺战线》和边区文协的《文艺突击》、《大众文艺》等刊物上,曾为鲁艺学生开辟过创作专栏。当时不仅是周扬,还有严文井、何其芳等老师也向《大公报》等延安外和延安自己办的文艺刊物推荐鲁艺文学系学员的作品。周扬的文学观点,深深地影响着一些同学。1939—1941 年,周扬每周来文学系讲授《文艺理论》和《中国新文学运动史》两门课,每课每次 3 小时,还在文学系代过《创作实习》课。康濯说,50 名学员交了六七十篇习作,其中天蓝、野蕻、张振亚是早已发表过作品的青年诗人,当时康濯是班级最年轻的,才 18 岁,理论课有时还不大懂。周扬讲评时,先对全部习作作了几点总的评价和分析,表扬了 8 篇作品,而康濯写"陕甘宁边区新生活"的习作《哨兵》被摆在第一位。这件事情使得康濯"终生未敢忘记""文艺创作的主要注意力应放在新的人物、新的生活上"。[②]

有的学生评论周扬"重业务,爱护人才",而其前任副院长赵毅敏"重政治,作风严肃"。当时平剧团有位小生演员陶德亢有些骄傲,很为众人议论。周扬在一次大会上讲:"一个革命者干什么就应干得出色,如果画家画不出画,作家写不出作品,那还算什么画家、作家?另一方面,出了成绩也不应骄傲,更不应以己之长比人之短。陶德亢同志演小生功夫好是事实,叫他违心地说不如他的人比他好,我看也不实事求是,我们提倡谦虚,尊重别人;但反对虚伪。"后来就没人再议论这事了。[③]

1941 年 10 月,延安在东南区专门学校为陕甘宁边区参议员大会

---

① 丁玲《延安文艺座谈会的前前后后》(1982),《丁玲全集》第 10 卷,第 275 页。
② 康濯《延安鲁艺之忆》,《延安鲁艺回忆录》,第 511—512 页,光明日报出版社,1992。
③ 杜夏《延安求学记》,《延安鲁艺回忆录》,第 469 页,光明日报出版社,1992。

竞选参议员，抗大、鲁艺等八校只有一个名额。当时的《解放日报》以《抗大鲁艺等八校，竞选空前热烈》为题，描述鲁艺为推举周扬时的情景：两人抬着周扬的大像，很多人背着汉字和新文字写的木牌，排在后面，跟着叫，乐队伴奏，同学们唱着自己编的竞选歌："周扬同志真正好……"①

1967—1975年的9载时光，周扬被关押在北京的监狱。在审讯之后和不写检查的时候，周扬通过做两件事情来打发寂寞的时光："把《资本论》又仔细地重读了一遍，再就是回忆鲁艺的同学，老师，一个一个地想，有时一天想一个，有时一天想起两三个，想起一个就把他的名字、经历、表现在纸上记下来。一是为了应付那些检查，免得一时想不起来，主要还是回忆鲁艺那段美好的生活，也算是自我安慰吧。也不知用了几年，想起了二百多人，全都记下来。"②

何其芳的诗歌及其朗诵，是鲁艺文学系同学所津津乐道的。1942年以前，文学系小范围的"文艺沙龙"几乎每个周末都有，主要内容是诗歌朗诵，特别能够打动同学心灵的是何其芳的诗歌朗诵。

> 我们几个同学经常晚上到他的窑洞里，围坐在一盏棉籽油灯前，听他用川东话轻声朗读自己的新作。记得有个晚上，他刚刚修改完《我为少男少女们歌唱》，脸上洋溢着温馨、幸福和爱，用轻柔的低声向我们朗读："轻轻地从我琴弦上/失掉了成年的忧伤/我重新变得年轻了/我的血流得更快/对

---

① 《抗大鲁艺等八校，竞选空前热烈》，1941年10月10日《解放日报》。鲁艺文学系第1期学员穆青回忆说，当时他担任学校学生会主席，为竞选边区参议员，组织大家敲锣打鼓，扛着周扬的画像到新市场和延安城去宣传，一连几天为周扬竞选。"最后周扬同志虽然选上了，可把我们这些人累得够呛。"（穆青《鲁艺情深》，1988年5月26日《人民日报》。）

② 陆石文《劫后重逢》，收入王蒙等主编《忆周扬》，第478页，内蒙古人民出版社，1998。

于生活我又充满了梦想/充满了渴望。”窑洞里静静的，灯光摇曳着，静得能听见每个人内心的颤动。[①]

何其芳说：

我在延安写的诗大部分都不曾在报刊上发表过，但却很多都在鲁艺的晚会上用我的四川话朗诵过。为了准备朗诵，我常常在黄昏的时候，特别是在夏天的可爱而漫长的黄昏，一个人来到延河旁，对着河水，对着草丛，大声地读我的新作。那些在晚会上朗诵的诗篇中，有一首就是以这样一节结束的：我还要证明：/我是一个忙碌的/一天开几个会的/热心的事务工作者，/也同时是一个诗人！

延安当时的生活，也包括文学艺术的生活，现在回忆起来，还是能够激动我的感情的。[②]

何其芳的诗不只为鲁艺文学系的学生普遍模仿着，甚至连他的字体，学生们也在模仿着。[③] 在鲁艺文学系的“文艺沙龙”里，不仅有何其芳朗诵自己的诗作，还有严文井朗诵自己的《南南和胡子伯伯》等童话和寓言，[④]周立波也朗诵过他的学术论文《论阿Q》。周立波满怀激情而又有些书生气的朗读，使在场的人深为感动。[⑤]

---

① 岳瑟《鲁艺漫忆》，收入《延安作家》第237页，陕西人民教育出版社，1992。

② 何其芳《毛泽东之歌》(1976—1977)，《何其芳全集》第7卷，第396—397页。

③ 萧军《第八次文艺月会座谈拾零》引用雪苇的话，1941年7月1日《文艺月报》第7期。

④ 严文井《我是怎样开始为孩子们编故事的》，《严文井》第375页，人民文学出版社，1995。

⑤ 冯牧《周立波回忆片断》，《冯牧散文选萃》，第199页，解放军出版社，1994。

何其芳在文学系担任"创作实习"的课程。"他总是脚步急促，每天几次来到我们中间，抱着同学一大叠作业，从这个窑洞到那个窑洞，挨个找每个习作者谈。"[1]"对于同学的习作，哪怕一首十来行的小诗，他有时也会写上几百字、千把字的评语。"[2]

周立波讲授"名著选读"，被有的学生誉为鲁艺历史上"最具浪漫色彩的篇章之一"。[3] 这门课不仅为文学系同学所喜欢，而且吸引了鲁艺其他3个系的学员，后来延安其他机关学校的有些人也步行十多里来到鲁艺听课。周立波"有精致的艺术口味"。[4] 他带领学生细读托尔斯泰的《安娜·卡列尼娜》，由学生的问题引出自己的观点，以至于小说中的安娜成为一些女学生心目中的偶像，连她的眼睫毛也都为女学生们所熟悉和神往，文学系有的女生倾慕安娜身穿黑丝绒裙而具有高贵优雅的风度，自己也穿起了黑颜色的衣服。[5]

四、师生间的摩擦

鲁艺文学系老师与学生间的交流，并不都是欣赏、鼓励、举荐、表扬一类的，失望、冷落、寂寥、偏心、愤怒、嫉妒、逆反、摩擦等等，所有学校可能出现的师生关系，在主张个性自由、强调深刻心理体验的鲁艺文学系，表现得更为激烈。老师的"热情"与"权威"、学生的"渴望"与"逆反"，同时并存。周扬曾说："对任何限制思想自由的企图，我们都不能采取沉默的态度。"[6]因此，师生之间，既有平和的交流，也有并不

---

① 朱寨《急促的脚步——关于何其芳同志的素描之一》(1980)，收入《何其芳研究专集》，第64－70页，四川文艺出版社，1986。

② 沙汀《何其芳选集·题记》，《何其芳选集》第1卷，四川人民出版社，1979。

③ 岳瑟《鲁艺漫忆》，收入《延安作家》第232页，陕西人民教育出版社，1992。另外参见栀亭《忆立波同志讲课》，收入《延安鲁艺回忆录》，光明日报出版社，1992。

④ 陈涌《我的悼念》，《周立波研究资料》，第153页，湖南人民出版社，1983。

⑤ 参见王培元《延安鲁艺风云录》，第138－144页，广西师范大学出版社，2004。

⑥ 周扬《关于文协的工作》(1940)，《周扬文集》第1卷，第307页。

十分愉快的交锋。1941年11月，刚从鲁艺文学系毕业的冯牧在《文艺月报》上发表《欢乐的诗和斗争的诗》，批评一些诗歌是“脱口而出的无条件的赞颂”，写“离现实生活还太辽远的渺茫的梦想”，还有的是缺乏艺术性、空喊口号的“斗争的诗”。冯牧的批评，指向的是何其芳。冯牧的另一篇文章《关于写熟悉题材一解》，也是针对何其芳“写熟悉的题材”、“写熟悉的人”的文学观点。[①] 陈涌曾在《解放日报》上连续发表两篇文章，批评自己的老师严文井“写熟悉的题材”、“从实际生活出发”文学观点中的局限性，陈涌还批评了严文井写知识分子题材的两个短篇小说《罗于同志的散步》和《一个钉子》。[②] 陈涌对老师的批评，与延安当时正在兴起的思想整风运动、批评鲁艺“专门化”教学方针的大背景有关。另外，陆地因为短篇小说《落伍者》而对周扬表现出莫可名状的不满，而周扬对张棣赓的小说《腊月二十一》进行了严辞厉色的批评。

陆地，生于1918年，原名陈可惠，曾用名陈寒梅，广西扶绥人。1938年10月到延安，进抗日军政大学，1939年初考入鲁艺文学系第2期。他曾打算仿效基希的报告文学作品《秘密的中国》，就广西农村的所见所闻写成若干篇章。第一篇《乡间》请严文井指导，严文井不赞成这样接二连三地写下去，说这类报告文学是消极的，不符合当前举国上下团结一致积极抗战的精神。之后，陆地虚构了两三篇有利于抗战的“小说”，请教卞之琳，得到的评语是：主题好，思想正确；可惜，情节不真，人物形象模糊。1940年，陆地写出18万字的长篇《寻——时代的儿女》，写一个知识分子从“一二·九”运动到1938年投奔延安、参加大生产运动的历史潮流中思想感情的转变过程。手稿在部分同学

① 冯牧《关于写熟悉题材一解》，1942年8月22—23日《解放日报》。

② 参见杨思仲(陈涌)《关于题材问题的一理解——评严文井同志有关这问题的主张和创作》、《关于形象和思想》，分别见1942年7月4日、27日《解放日报》。

中传阅。但1942年整风运动，陆地担心它或许会同别的作品一样，遭到断章取义、牵强附会的指责，一把火给烧了。毕业时，陆地以《从春到秋》的描写鲁艺学生大生产运动的2万字作品留校，进入以培养党的青年作家为中心的文学研究室。1941年11月，文学研究室被认为“脱离了抗战现实生活”而解散，陆地因为自己没有留下来当助教，不免有些嫉恨逆反心理；后来到留守兵团部队艺术学校任文学教员，组织关系属于军委系统干部。他的短篇小说《落伍者》，描写一个落落寡合、不爱合群、本分工作无可挑剔的部队炊事员，在百团大战战役中，因意外敌情而掉了队。作品将人物写成“命运的弃儿，时代的落伍者”。当时延安权威的文艺报刊，除了中共机关报《解放日报》文艺版之外，就只有文抗的会刊《谷雨》和鲁艺的《草叶》，两刊分别代表所在地蓝家坪和桥儿沟两个山头。陆地将稿子直接送往蓝家坪的《谷雨》，与诸位名家并列发表。该期《谷雨》的轮值主编罗烽很快给这位素不相识的新人写来热情的祝贺信，说小说的可贵之处在于作者勇于赋予不幸的小人物以崇高而真挚的同情。吴奚如初次见到陆地就说：“周扬在鲁艺都叫你们躲进象牙之塔，专攻什么世界名著。可就是他周起应（周扬）在上海左联的时候，却上街头冒险去搞飞行集会、贴标语、喊口号来考验个人的党性，把鲁迅、茅盾等等都吓跑了。现在呢，从一个极端走到另一极端，让你们脱离抗战现实，关起门来提高。不左即右。”末尾，吴奚如说：“不知你才是个年轻同志，竟用几千字写出《落伍者》，表现这样深刻的主题，本应得到鼓励才对。可周扬他作为党的文艺界领导，却对它说三道四，甚至把它选作有争议的几篇作品之一，拿到文艺座谈会上去讨论。好在朱老总说了公道话，认为青年文化人肯写我们部队，单这一点就值得欢迎。”鲁艺理论室的程钧昌在《解放日报》上发表批评《落伍者》的文章,陆地又在《解放日报》上回击了他。[①]有一天,陆地在延河边散步,与周扬邂逅。周扬客气地说:"你的小说和最近的文章,我都读了。什么时候来我处谈谈。"但陆地当时认为程钧昌对他的打击代表着包含周扬在内的一伙理论权威。他想,自己当时已归属军委系统干部了,鲁艺的组织管不到,因而对周扬敬而远之。[②]

张棣赓(1914—1957),山东腋县人,1931年入北京大学学习,1936年到上海开始文艺创作,以"白山黑水之间"为总题,创作了报告文学20多篇。1939年,进入鲁艺文学系学习。1941年6月9日,张棣赓的短篇小说《圆圈之外》获得延安"五四"中国青年节征文奖金,周扬为评委之一。这次征文活动的评判委员长是吴玉章,评委除了周扬外,还有丁玲、周立波、何其芳等。1942年6月9日,张棣赓又在《解放日报》上发表短篇小说《腊月二十一》。小说描写了一个争吵的场景:快要过年了,上山村的村民们都想过一个团圆年,但34军的刘副官以"抗日救国"之名,要征兵15人;县政府的科长要征收五大石麦子;日本人要40人修路;牺盟委会青年为"前方战士"要100双棉鞋。村长季有康说:"我办不到这些,我不能让老百姓上吊……枪崩了我也办不到!我是中国人,我知道国家的难处,可是……你们也得想想我家的难处。"但刘副官等人不允许村长推却,要以"汉奸"罪逮捕村长;县政府的科长则以村长是"县政府的工作人员"为理由,阻拦逮捕;牺盟会青年以"统一战线"道理从中劝解。正在争执不休当中,日本队伍来了,村长"如梦初醒"地赶紧安排各人躲避。小说贯穿了村长焦灼不安、暴躁恼

① 程钧昌《评〈落伍者〉》,1942年6月25日《解放日报》。陆地《关于〈落伍者〉——自我批评,并答程钧昌同志》,1942年7月15日《解放日报》。

② 参见陆地《延安"部艺"生活点滴》(《新文学史料》1995年第2期,第16页);陆地《七十回首话当年》(《新文学史料》1989年第4期,第28—41页)。

怒的心理主线。但是,在鲁艺整风运动中,有人写信给张棣赓,说这篇小说被当做鲁艺整顿文风的参考材料。张棣赓感到“骇然”地给自己的“业师”“周扬同志”写信,说《腊月二十一》被认为有“四大罪状”:1.没有立场,作者是中国人,不应把中国政府工作人员和日本人写得一样凶;而且语句里似乎中国政府工作人员比日本人还要可怕。2.敌占区里不应当有那样盛大的集会,似乎有意强调敌占区的繁荣,起了反宣传的作用。3.不应当把一个牺盟会员写得那样幼稚,是作者在故意开玩笑,态度不严肃。4.纯偏于客观事件的重映,是一种最卑俗的自然主义,没有作者的看法和批评。之后,张棣赓逐一对这四条意见进行了辩解说明,请“业师”指出错误所在。

周扬给“棣赓同志”回信,说这“的确是一篇很坏的作品”,并着重对第1、3、4条进行了批评。周扬说,中国政府在“抗日”一点上是“革命”的,无论如何不能和敌人相提并论,“相提并论就是错误的”。把抗日工作人员“淋漓尽致”地写得“凶得可怕”和“十分幼稚”,对敌人的残暴轻描淡写,对于应该肯定的人物却丑化了,正说明作品“没有立场”:

> 你的全部同情是在村长身上;你也许觉得日本人还可原谅;你最厌恶的是中国官吏,即便他们是抗日的,而地位又很低微;而你最看不起的是进步的力量。这就是你在这篇作品中所表示的态度。……所以,说你没有立场,这是一点也没有冤枉你。
>
> 在政治上错误的作品,决不可能在艺术上真实,这一条道理也是无可辩驳的。
>
> 最后,我必须对你说,整风以来,许多同志对自己的思想与行为都作了很好的反省,展开了真实的自我批判的精神。由你的来信看,你是还缺少这种精神的。对人迁怒,对己护

短,这是最要不得的。我恳切地希望你,对你的这篇作品,联系着你过去全部的言行,你能有一个诚心诚意的深刻的反省。[1]

张棣赓后来不再写小说或报告文学,转写宋明历史题材的秦腔《投闯王》、《红娘子》等。

第三节　从路社到草叶社

鲁艺文学系成立之初曾经建立文学社团"路社",以出版墙报和讨论作品朗诵诗歌为主;后来周扬主编了一份杂志《文艺战线》,主要用来发表鲁艺文学系师生的作品,限于延安的印刷条件和纸张情况,只能在桂林和重庆等地出版,出版6期后停刊;1941年,鲁艺文学系终于能在延安出版自己的文学刊物《草叶》了,但不及一年,因延安整风运动而停办;1944年,他们曾想恢复文艺墙报,但抗日战争结束后,他们被安排离开延安。鲁艺文学系内部的文学社团和期刊行走着这样的"之"字路。

一、路社

1938年8月,鲁艺以文学系学员为主,组织了一个群众性文学团体"路社",[2]成员最多时达到100多人。社委会负责人由全体社员选举产生,首任正副社长分别为文学系第1期学员天蓝和康濯,蔡其矫

① 周扬《〈腊月二十一〉的立场问题——与张棣赓同志的通信》,1942年11月8日《解放日报》。

② 有关鲁艺"路社"和墙报《同人》的资料,参阅王培元《延安鲁艺风云录》第1章《校园风景线》,第45—48页,广西师范大学出版社,2004。

负责研究部，天蓝兼管出版部。

天蓝(1912—1984)，江西南昌人，毕业于燕京大学外国文学系，曾担任北平左联出版委员，主编《联合文学》和《大学文艺》；1937年，到山西临汾参加八路军，担任第十八路集团军翻译组组长和火线通讯社社长。1938年，天蓝到延安，成为鲁艺文学系第1期学员，毕业后留校任教，并担任编译科科长。天蓝写诗曾借用何其芳20世纪30年代中后期诗作风格，他有一首同名于何其芳诗歌的作品，叫《预言》，感情上也是呼应何其芳诗作的。天蓝早期在胡风主编的《七月》杂志上发表诗作并得到胡风的赏识，他的诗集《预言》被列入"七月诗丛"出版。天蓝有取材于抗战现实生活复杂面的长篇叙事诗《队长骑马去了》和《哀歌》等作品。1940年，天蓝和曹葆华一起翻译了周扬编校的《马克思、恩格斯、列宁论艺术》一书。1941年，天蓝在《解放日报》上发表诗歌《我，延安市桥儿沟的公民》："我，天蓝，延安市桥儿沟区的公民/……已从市民社会的公民启程，/成为新民主主义的公民，/将又走向社会主义的公民。"[1]路社的副社长康濯(1920—1991)，湖南湘阴人，1938年8月到延安，考入鲁艺文学系第1期，是当时班里年龄最小的学员。

路社规定，每个社员每月至少写一篇文学作品上交社委会。他们出版了一块很大的墙报《路》，用来发表社员们的作品。《路》最开始由天蓝负责，后来担任过编辑的有文学系第2期学员黄钢、柯蓝、贾芝和葛洛等。文稿收集了之后，社员们用马兰纸工工整整地抄好，有时还配上插图或漫画，贴在一块白布或蓝布上，然后挂到校园的墙壁上，也挂到北门城楼的门洞上。天蓝经常请美术系第1期学员钟惦棐给《路》墙报画报头。文学系主任何其芳积极支持同学们办墙报，为他们看稿、改稿、设计版式；有时嫌他们抄写得不像样，他还亲自动手帮他

① 天蓝《我，延安市桥儿沟的公民》(1941)，《天蓝诗选》，人民文学出版社，1981。

们抄写。[1] 路社还油印了诗刊《路》,举行诗歌朗诵会、作品讨论会等多种文学活动。他们朗诵的诗歌和讨论的作品,有时是他们自己的,有时是鲁迅、高尔基等名家名作。

后来,路社组织扩大,抗日军政大学、陕北公学、边区和中央机关等单位也有人参加,1939 年 3 月,路社准备开社员大会。会前,天蓝和康濯写信给毛泽东,请他参加大会指导。没过几天,他们收到了毛泽东的亲笔回信,说这几天忙,不能参加会,并说自己对文艺有个意见,现在有些文艺作品老百姓看不懂,请他们研究,求得解决。[2] 路社曾集体加入边区文协。[3]

由于社委会成员工作调动等原因,路社的活动大约在 1940 年就停止了。路社成员康濯、蔡其矫等于 1939 年 7 月参加了由鲁艺、陕北公学、青训班、工人干部学校师生组成的华北联合大学,开赴华北抗日前线,并另组新的路社。华北文艺整风运动中,康濯、岳慎、刘沛等 6 人以“艺术至上主义”和“小宗派”的理由,受到处分,康濯被停止党籍。这几个人沉默下来,彼此见面也不敢讲话了,但大家工作仍然照往常一样积极。[4] 新的路社也结束了。

路社的墙报结束后,其部分成员以及由鲁艺文学系毕业留在鲁艺文学研究室工作兼做助教的梅行、黄钢、冯牧、陈涌、贾芝、天蓝、岳瑟和葛陵等,又于 1941 年创办了不定期墙报《同人》。大家写好了稿子,集中到一两个人手里,数量差不多后,就编一期。《同人》登载散文、杂

---

① 沙汀《何其芳选集·题记》(《何其芳选集》第 1 卷,四川人民出版社,1979);另见周扬《何其芳文集·序》(《何其芳文集》第 1 卷,人民文学出版社,1982)。

② 康濯《延安鲁艺之忆》(《延安鲁艺回忆录》,第 509 页,光明日报出版社,1992);勉思《吹尽狂沙始到金——怀念康濯》(2002 年第 1 期《新文学史料》,第 111 页);另见沙汀《漫忆担任代系主任后二三事》(1988 年 4 月 16 日《文艺报》)。

③ 岳瑟《鲁艺漫忆》,《延安作家》第 224 页,陕西教育出版社,1992。

④ 勉思《吹尽狂沙始到金——怀念康濯》,2002 年第 1 期《新文学史料》,第 114 页。

感、诗歌等短小作品，还登载过天蓝翻译的美国惠特曼的诗，几乎每期还刊登了华君武的漫画。编辑之一岳瑟回忆说，《同人》每期6至8大张，每张尺寸与报纸相同，用延安马兰草制成的马兰纸，呈粉红色，划为竖格，毛笔书写，或行书或楷书，用蓝布衬底，贴满了教堂侧边一排石窑的过道两旁。[①] 何其芳的诗《我为少男少女们歌唱》、周立波的短篇小说《麻雀》在正式发表前，都曾张贴在《同人》墙报上，引起了众人关注。《同人》不定期的、较为自由的编辑方式，后来传承到鲁艺文学系的正规刊物《草叶》上。

鲁艺文学系的路社、同人社之所以只能以墙报形式出刊，而没有正式的杂志，主要原因还是因为延安纸张昂贵、匮乏，印刷能力有限，当时文学性刊物主要还是边区文协和文抗的《文艺突击》、《中国文化》、《文艺月报》等。虽然边区文协、文抗的《大众文艺》、《中国文艺》曾发表了不少鲁艺文学系师生的作品，但总是寄存在"别人"的名号之下。为此，何其芳"大为不满"。他曾为争取鲁艺文学系也能够办一个刊物而与周扬争吵："文学系同志们写的诗没有地方发表。"周扬也有些生气地说："你们可以在墙报上发表嘛。"何其芳"当然更为不满了"。何其芳在延安写了很多诗，能够发表的只有少部分，"我曾经狂妄地把我在延安写的诗编成集子，交给周扬同志，要求转延安出版机关出版。他转送给出版机关了。延安当时的纸张那样缺，用以马兰草为原料制造的土纸印报纸、印书籍，当然不可能出版我的诗。"[②]

到1941年11月，鲁艺文学系才终于有了能够印刷、公开出版、可以流通的自己的刊物《草叶》。在《草叶》出刊前，周扬请自己左联时期的老朋友夏衍和沙汀在国统区出版《文艺战线》，用来发表鲁艺文学系

① 岳瑟《鲁艺漫忆》，《延安作家》第236页，陕西人民教育出版社，1992。
② 何其芳《毛泽东之歌》(1976—1977)，《何其芳全集》第7卷，第396页。

师生的作品。

二、《文艺战线》

周扬主编《文艺战线》的初衷，是办一个联络各班人马的综合性刊物。在发刊词《我们的态度》里，周扬说："《文艺战线》本身就是一个统一的战线。它是所有站在民族立场上的作家的共同地盘，是他们互相联系，互通声气的精神的桥梁。……很明显地，《文艺战线》不是同人杂志。我们不能以少数人的狭小的活动为满足，而诚心诚意地恳求全国文艺工作者对我们的合作。假如开头的几期还不能以更多的不同的作家作品来光辉它的篇幅，那也只是由地域、交通、战争等等条件所造成的一个缺陷，我们希望这刊物的继续刊行会把这个缺陷逐渐地弥缝。"①《文艺战线》的稿子，由周扬在延安收集编辑，寄给在大后方的夏衍、冯乃超。1939 年 11 月沙汀回重庆后，又由沙汀编辑《文艺战线》。

《文艺战线》1939 年 2 月 16 日创刊，1940 年 2 月 16 日终刊，正好维持了一年，一共出刊 6 期。《文艺战线》为双月刊，大致分为小说、论文、报告、诗、翻译、木刻几个栏目，还有根据具体情况而定的"特辑"。头二期包容了文抗、文协和鲁艺文学系作家的作品。1939 年 5 月 14 日文抗延安分会成立时，它一度被当做文抗的刊物。但后来，它越来越倾向于发表鲁艺文学系师生的作品。

《文艺战线》创刊号（1939 年 2 月 16 日）的目录是这样的：

周扬《我们的态度》（发刊词）。

"小说"栏目：荒煤《只是一个人》，刘白羽《五台山下》，刘祖春《一个夜间的故》，野蕻《新垦地》。

"论文"栏目：艾思奇《抗战文艺的动向》，成仿吾《一个紧要的任务

① 周扬《我们的态度》，1939 年 2 月 16 日《文艺战线》。收入《周扬文集》第 1 卷，第 258 页。

——国际宣传》;沙汀《贺龙将军印象记》。

“报告”栏目:何其芳《我歌唱延安》,卞之琳《石门阵》,严文井《圣经》,克夫《在法西斯蒂的西班牙》(爱伦堡)。

“诗”栏目:骆方《宁武之行》,陈学昭《呵,我有仇恨》,田间《这一代》,天蓝《夜,守望在山岗》,柯仲平《平汉路工人破坏大队的产生》(长诗,上)。

周而复(译)《一个美国记者论中国未来的战争小说》(特稿)。

胡考《漫画二则》。

焦星鹤《木刻》。

创刊号上引人注目的几篇文章是周扬的《我们的态度》、何其芳的《我歌唱延安》和沙汀《贺龙将军印象记》等;从内容上说,整个眼界是较为开阔的。

《文艺战线》第2期(1939年4月16日出版)开辟了“延安秋收报告特辑”,是沙汀、何其芳带领学生实习后的“习作”:何其芳《曾经是地主的农民》、野蕻《女自卫军》、孔厥《老会长》、岳瑟《战士的母亲》、贾嘉《张老太婆》。另有周扬的论文《中国新文艺与民族解放运动》;“小说”有:刘白羽《燃烧着的森林》、严文井《儿子与父亲》、白晓光《动员》;“讲演文学”:胡考《陈二石头》;报告:骆方《溜黄河六百里》、荒煤《延安速写》;“诗”和“诗评”:柯仲平《平汉路工人破坏大队的产生》(下)、张振亚《评〈边区自卫军〉》。

《文艺战线》第3期改称为“第1卷第3号”,仍然分小说、论文、报告、诗与诗评、讲演文学等栏目,不少作品是上期刊物的连载,如白晓光的小说《动员》、胡考的讲演文字《陈二石头》、骆方的报告《溜黄河六百里》、张振亚的诗评《读边区自卫军》,另有小说《总的破坏》(刘白羽)和《战士的家》(梁彦),还有艾思奇的论文《旧形工运用的基本原则》,有报告《晋东南麦色青青》(卞之琳)、《小鬼们》(野蕻)、《急行在封锁线上》(贾嘉)、《王老婆山上的英雄》(柳青),有诗《除长骑马去了》(天蓝)、《老太婆许宝英》(鹰潭)。

《文艺战线》第1卷第4号(1939年9月16日)的“目录”栏下,附印了该刊详细的编辑发行等信息,给读者的感觉是,《文艺战线》越来越正规化了:主编周扬,编辑委员会:丁玲、卞之琳、成仿吾、艾思奇、沙汀、沙克夫、李伯钊、何其芳、周文、周扬、柯仲平、荒煤、夏衍、陈学昭、冯乃超、刘白羽;出版者:文艺战线社,发行人:夏衍,代售处:各地生活书店,通讯处:延安文化救亡协会转文艺战线社,每逢十六日发行,零售每册二角五分,外埠二角八分。这期登载了边区文协“抗战文艺工作团”和鲁艺文学系去前方实习的两篇“关于战地文艺工作”的文章:吴伯箫和卞之琳的《从我们在前方从事文艺工作的经验说起》,康濯和孔厥的《我们在前方从事文艺工作的经验与教训》。该期的作品有:“小说”类的丁玲《泪眼模糊中之信念》、金曼辉《铁蹄下——我怀念着广州》、孔厥《调查》;“人物特写”:黄钢《开麦拉之前的汪精卫》;“翻译”:克夫《苏联文学当前的几个问题》;“报告”类:卞之琳《晋东南麦色青青》(连载)、野蕻《儿童团》、康濯《上杨武夜袭》;“诗”:小三(萧三)《母亲,我回来了》、天蓝《哀歌》;另有沃渣和秦兆阳的两幅木刻画。

这一期相比于前几期,虽然在编排上越来越正规化了,但纸质明显地变差,软、薄、发黄、有草梗,版权页上无印刷和出版地点。

《文艺战线》第1卷第5号(1939年11月16日出版)的纸张仍然较差。这一期开辟了“艺术创作者论民族形式”特辑,刊登了冼星海、罗思、萧三、柯仲平、何其芳、沙汀6人从各自角度论及“民族形式”问题的文章,周扬以“编者”身份写了简短的前言,概括问题讨论的意义以及各种意见:“大家的意见,在对文艺上民族形式之建立的积极主张上,是一致的。新文艺过去还民族化,中国化,大众化得不够,正因为不够,所以需要向这方面特别努力,这也是大家所共同承认的。自然,在个别具体问题上，还不免有意见上的若干差异，如在民族化的若干具体做法上，在对新文艺过去成就的评价上，在对旧形式及其可能利用的限度的估计上。这些问题是需要讨论的，更仔细更深入的，这样才能使民族形式问题的理论更为精密与坚实。"对于这一组文章的排列，"编者"也顺带说明了："下面的文章的次序是按收到的先后排列的。"[①]1939 年 7 月 8 日，鲁艺文学系曾经举行过两次有关"民族形式"问题的讨论会，萧三、张庚与何其芳、沙汀、周扬的意见分歧很大，双方争论得很厉害。

《文艺战线》第 1 卷第 5 号上的其他作品是，小说：荒煤《支那优子》、力群《野姑娘的故事》、李清泉《一颗石头》、雷加《一支三八式》，报告·散文：沙汀《到华北前线去——〈贺龙将军在前线〉的三个片断》、何其芳《一个太原的小学生》、卞之琳《晋东南麦色青青》、剑风译《巴萨隆那之夜》(德国艾利赫·卫乃特著)，诗：贾芝《小播谷及其他》，木刻：夏风《放哨》、古天《运输队》。

《文艺战线》第 1 卷第 6 号(1940 年 2 月 16 日出版)刊登了 1939 年 9 月 16 日老舍在陕北榆林就文协工作给周扬的信，以及周扬的复信。1939 年 9 月 9 日，老舍作为全国文协总会的代表随全国慰劳总会北路慰劳团经过延安，胡风这次本来想来，却因生病没有来成。这一期《文艺战线》登载的"小说"有：严文井《一家人》、刘白羽《在黄河的一弯上》、孔厥《过来人》、魏伯《我们跟下原弥熊师团》，"论文"：周扬《对旧形式利用在文学上的一个看法》；"报告"类有：何其芳《七一五团和大青山》、野蕻《一二九师的理发员》、刘亚洛《一支工人分队的出发》、梅行《宣传的范畴以外》；"诗"：骆方《开荒素描》；"木刻"：焦心河《陕北的丰收》、江丰《会议(平型关连续画之一)》、力群《加紧生产(延安生产

① 1939 年 11 月 16 日《文艺战线》第 1 卷第 5 号，第 1 页。

运动之一)》。

《文艺战线》第1卷第6号发布了一个"启事",说明出版这刊物"许多困难的情形",反省了刊物的缺点,讲述了从第2卷第1期起编辑的新计划,如改双月刊为季刊,尽力不脱期出版,每期不缺理论、批评和书评,长到四五万字的作品一期登完,等。新一期的《文艺战线》已经编好,但稿件邮寄丢失,它也从此断刊了。[①] 一年多以后,鲁艺文学系出刊了《草叶》。

三、草叶社

1941年11月1日,鲁艺文学系编辑的《草叶》杂志创刊,周立波、何其芳、陈荒煤、严文井组成编委会,双月刊,共出6期,1942年9月15日停刊。

与《文艺战线》创刊时,周扬在发刊词《我们的态度》上所表明的"诚心诚意地恳求全国文艺工作者对我们的合作"的宏大设想完全不同,《草叶》创刊号上的"编后"非常简单地说,刊物的名字取自惠特曼的诗集,"想出一个刊物,能够选载一些我们的作品,是好久以前的事了"。[②] 刊物内容的编排也非常朴素,基本上就是作品的编排,全是鲁艺文学系师生作品。

第1期(1941年11月1日):立波《麻雀》,何其芳《黎明之前》,朱寨《农民》,夏雷《二月》,荒煤《无声的歌》,贺敬之《小蓝姑娘》,严文井《二月》,赵自评《带露珠的心情》。

第2期(1942年1月1日):白原《一幅古老的图画》,严文井《信仰》,荒煤《夜车》,林沫《晨光》,邢立斌《酒店》,立波《我们有一切》,穆青《搜索》,井岩盾《在收割后的田野上》。

---

① 参见陆地《七十回首话当年》,1989年第4期《新文学史料》,第38页。

② 《草叶·编后》,1941年11月1日《草叶》第1期。

第3期（1942年3月1日）：朱寨《中秋节》，艾青《野火》，白原《五月的太阳》，葛陵《乡村医院》，贺敬之《红灯笼》，张潮《睫毛》。

第4期（1942年5月1日）：何其芳《黎明之前》，张铁夫《荒年》，天蓝《青年的歌》，井岩盾《燐火》，潘之汀《决心》。

第5期（1942年7月1日）：《给读者们》、葛陵《李凤林》，赵自评《老郭的过去》，李方立《初学》，张潮《炮轰后的宋家川》，严文井《评过去四期〈草叶〉上的创作》。

第6期（1942年9月15日）：张铁夫《乡村》，孔厥《二娃子》，灼石《老侯》，贺敬之《玉米花》，何其芳《杂记三则》，潘之汀《喀喀王三》。

在鲁艺文学系的同学中，发表作品是令人非常欣喜的事情。文学系第3期的穆青当时在《草叶》以及重庆《新华日报》、《全民抗战》上发表了几篇前方通讯，“这在同学中引起了反响。一来那时很少有人在报刊上发表作品，二来能收到10元、20元的稿费，这对每月仅发2元津贴费、只能吃到南瓜之类的同学来说是福音。因此，不管每次是谁收到稿费，大家便欢呼雀跃，到桥儿沟街上买些热烧饼和一碗碗羊杂碎，饱餐一顿。”①

鲁艺走上正规化、专门化教学之路后，文学系把“文艺创作”和“理论研究”当作努力方向，读书、写作之风几近“狂热”。②《草叶》虽然成为鲁艺文学系专刊，但在延安整风运动中，它的办刊方向受到质疑。1942年6月15日，草叶杂志社在鲁艺文艺俱乐部召开座谈会，出席的有鲁艺各部负责人、各系学习班长和各期作者。大家根据延安思想整风的要求，检查了《草叶》的主要缺点：一、发表的文章范围太狭窄；二、创作的形式种类少；三、和实际联系不够。《草叶》编委会当晚开会，决

① 穆青《鲁艺情深》，1988年5月26日《人民日报》。

② 参见冯牧《延河边上的黄昏》，收入《延安鲁艺回忆录》，光明日报出版社，1992。

定改变作风,与革命实际密切结合起来,多反映目前现实,多反映边区和八路军生活;论文要研究“普及”,指导“普及”。

严文井在1942年7月1日出版的《草叶》第5期上发表《评过去四期〈草叶〉上的创作》,用“无产阶级思想感情”清算“小资产阶级思想情调”的立场,评说了《草叶》杂志从第1期到第4期共11万多字的作品。文章说,《草叶》里绝大多数的诗描写着一些知识分子由别一阶级参加到无产阶级里来这样一次“投生”过程中,又快乐又痛苦的心情。何其芳的《黎明之前》述说一个曾经迷失方向的知识分子如何负着沉重的心灵上的苦痛在黑暗里摸索自己的出路,“不仅说明了一个人的精神道路,也说明了好多知识分子的道路”。与此类似的还有立波的《我凝望着人生》。但是,几乎每一个知识分子都或多或少地背负了一些“旧的东西”,“你只看,那个表示最热心改造自己的诗人何其芳,当他工作毕在延安河边散步的时候,还要想到,‘没有水的地方就是沙漠,没有声音的地方就是寂寞。’所谓知识分子的情感真是一股相当顽固的情感。”贺敬之的《小兰姑娘》、《红灯笼》写农民的心理和说话的口气不太真实,倒是同知识分子有些相似接近。文章最后呼吁作家“勇敢的抛弃那过去的累赘,把自己的身子的重心完全挪到无产阶级所站的地方来吧”![①]

第5期《草叶》还同时发表了《给读者们》,详细说明对于刊物“过去的估计”和“以后的编辑方针”:

> 由于篇幅小,我们创办这个刊物的时候没有什么大的愿望和计划。我们只有一个异常朴素的目的,就是用它来发表鲁艺从事创作的同志们的作品,而且主要的是同学们的作

① 严文井《评过去四期〈草叶〉上的创作》,1942年7月1日《草叶》第5期。

品，好像那些学校的陈列室里的装在玻璃柜里的手工或者图画的成绩展览一样。我们有两条选稿标准，也是异常朴素的。第一，要使读者能够读下去，就是说要有一定水平的技巧而不是乱七八糟的连语言文字都成问题的作品。第二，要使读者读完后多少能得到一点东西，就是说要有一定分量的艺术性和革命性结合起来的内容，既反对空洞无物的概念化，公式化，也不赞成对于新的现实采取一种消极的态度。

我们认真地这样做了。按照预定的目的和标准来检查，我们并不很满意。而且更重要的是我们从另外一个更大的目的，更正确的标准来看，发现了它的一个相当严重的缺点，它某种程度地脱离了实际。它不适合广大的群众的最迫切的需要。它对于战争和革命没有发挥出较多的力量和作用。它没有带着一种开辟道路的精神向前进行，而只是按期地展览了一些作品。因为作者们生活在和平环境里的一个学校里，他们除了从个人的感觉来歌唱革命，从狭小的局部现实来反映这个时代而外，容易从回忆去写我们的旧中国。这样的作品并不是毫无意义的，然而假若大多数或者甚至全部都是这样，这个刊物就自然显得无力而且和广大的群众有些疏远了。而且由于作者们是正在改变着而还没有无产阶级化的知识分子，他们的立场就没有显出应该有的尖锐和鲜明。他们的思想感情就不能和工人农民的先锋队伍的呼吸和脉搏十分合拍。虽然这是一个难于很快地突破的限制，提出一个最高的标准来作我们努力奔趋的方向还是非常必要的。另外，因为不登载理论批评的缘故，这个刊物又脱离了当前文艺运动当中的斗争。它没有研究实际。它没有对许多问题发言。它没有去帮助那些从事广泛的文艺运动的工作者，尤其是那些离开了鲁艺的课堂而走到各个战场上去的工作者。

《给读者们》宣布了改革计划：

> 首先，我们要使它不再限制于一种成绩展览的性质而有意识地去服务于战争和革命。……在创作方面，我们愿意多发表一些反映目前的现实，而且是最主要的现实的作品，即从边区和八路军的生活里长出来的果实。作品的形式也要多样一些。……在理论批评方面，我们希望每期都有一点，而且是那种密切的接触到当前的实际问题，为一般读者和文艺工作者所迫切需要解决的问题的文章。……其次，我们想通过这个刊物，和那些已经离开了鲁艺而分散在各个区域里的文艺工作者发生并保持密切的经常的联系。因为处在各种不同的而且有些还是最尖锐的斗争环境当中，他们比较我们有好得多的汲取创作的主题和题材的条件。……再其次，虽说我们能力有限，愿意从小的范围做起，我们并不打算把这个刊物局限于鲁艺从事文学工作的人的机关杂志。[1]

但是，《草叶》对如何“改革”仍然一筹莫展。到第6期，它刊发了编辑部的一些存稿，然后不了了之地停刊了。这时候，蓝家坪文抗的《谷雨》也停了。

整风运动结束后，鲁艺文学系于1944年12月29日开会，准备筹

① 《给读者们》，1942年7月1日《草叶》第5期。

办《文艺》墙刊，拟于1945年元旦创刊。创刊号为文艺形式问题特辑，执笔者有陈荒煤、舒群、严文井、公木、邵子南等。但终于也不了了之。

第四节 整风抢救和迁离延安

一、手忙脚乱地开始整风

1942年上半年，当中共中央在西北边的杨家岭、在清凉山的《解放日报》上，开始整顿三风运动的时候，周扬、何其芳、周立波等人带领鲁艺文学系还在东郊桥儿沟“专门化”。

周扬准备潜心研究马克思主义文艺理论及其实用性。1940年，他编校《马克思恩格斯列宁论艺术》一书，切实地探讨用历史唯物论观点进行文艺批评。[①] 1942年上半年，他重新整理辨析了当时所能找到的有关俄国理论家车尔尼雪夫斯基的全部材料，写成了内容扎实的长文《唯物主义的美学——介绍车尔尼雪夫斯基的美学》。[②] 他在鲁艺授课的《新文学运动史讲义提纲》，以较为客观的历史主义研究方法，依据大量史料，评述了王国维、梁启超、胡适、鲁迅、周作人等人的文学思想。[③] 1942年上半年的何其芳还在写着为“寂寞地工作着的同志”“想流一点眼泪”的《叹息三章》、“想谈说种种纯洁的事”、“多少次我离开我日常的生活”的《诗三首》。[④] 鲁艺文学部还正在编辑出版《世界文学

---

① 周扬编校《马克思恩格斯列宁论艺术》，曹葆华、天蓝译，鲁迅艺术文学院出版，1940年5月。

② 周扬《唯物主义的美学——介绍车尔尼舍夫斯基的美学》，1942年4月16日《解放日报》。车尔尼舍夫斯基今译作车尔尼雪夫斯基。

③ 周扬《新文学运动史讲义提纲》登载于《文学评论》1986年第1、2期。

④ 何其芳《叹息三章》、《诗三首》，分别见1942年2月17日、4月3日《解放日报》。

名著选》,"精选世界各国已有定评的文学名著,末尾附有作者简传及该书中心思想的说明。每篇一册,可随意选购,合订即成一书。"[①]——鲁艺文学系还行走在"专门提高"的路上,而毛泽东已在中央党校和延安干部会议上作《整顿学风党风文风》和《改造我们的学习》的报告了。

1942年4月7日,《解放日报》登载了中宣部发布的第一个"四三决定",要求全党开展全面整风运动,延安成立了专门的整风学习组织机构。4月8日上午,以周扬为首的鲁艺总检查委员会讨论中宣部关于整顿三风的决定。[②] 但是,7月初,中央总学委派乔木到鲁艺进行指导,却对鲁艺的整风工作进行了尖锐批评:鲁艺学委会对下层学习情况了解不够,计划未免主观,工作效率较差,对下面检查帮助不够切实,各部门相互了解相互学习根本没有进行,墙报征稿范围不够广泛……最后周扬提出改造办法。[③]

受了批评的周扬等人从书斋里醒过神来,掉转头以庞大的气势,配合中央的政治形势,开始在鲁艺大张旗鼓地进行整风运动。1942年8月4日,《解放日报》第2版刊载了4竖行另加2横行的大体黑字标题:"联系实际掌握文件精神,鲁艺全院展开热烈辩论,教育方针有无错误?所学与所用是否脱节?'提高'离开现实变成了空架子!"文章具体报道了鲁艺学习学风文件过程中讨论的一些问题,附录了学习后

---

① 1942年2月15日《解放日报》广告。鲁艺文学系编《世界文学名著选》,1942年8月出版。

② 鲁艺《成立整顿三风总检查委员会》,1942年4月12日《解放日报》第2版。

③ 《鲁艺改进学委工作,整风学习第一,提倡争论》,1942年7月4日《解放日报》第2版。

的考试试题。[①] 报纸的这一版还刊载了黄钢的《平静早已过去了》(鲁艺论辩特写)。黄钢的文章以热烈有力的笔触,描绘鲁艺学风学习总结时"纷扰"、"喧哗"的论辩场面以及关于学校教育方针的"激进派"、"温和派"的意见。[②] 9月9日,《解放日报》第4版整版发表了周扬的《艺术教育的改造问题——鲁艺学风总结报告之理论部分:对鲁艺教育的一个检讨与自我批评》。周扬的长文章认为,鲁艺教育中强调专门化、正规化、专门提高、脱离实际的现象很严重,鲁艺的教育方针应该从"客观实际"出发,这个"客观实际"是:"抗日战争与抗日民主根据地,以及在战争中和民主政权下迅速而广泛地展开的大众的革命文化的工作。"[③]艺术性必须和革命性紧紧结合,因此,鲁艺需要一个改造。11月,《解放日报》又报道了鲁艺学习党风文件的情况,周扬就延安文艺界的宗派主义问题作了深刻的自我反省和批评。[④]

在《王实味的文艺观与我们的文艺观》的文章中,周扬针对王实味《野百合花》和丁玲的《"三八节"有感》引起争议的原因,分析说:工农兵、革命老干部的"眼光总是尖利而且准确得胜过我们许多人。他们,特别是军队,已表现了他们不可轻辱的文化创造力。在这样的空气中,很容易把专门做文化工作的我们弄得手忙脚乱。我们在精神上没

---

① 鲁艺学风文件学习的考试试题为:你参加这次大讨论会以前,对中心问题的认识如何?在听了争论以后,有无改变?改变在什么地方?……此外,每人必须在下面三题中再择一题回答:(一)为完成某一政治任务,需要你参加一种艺术活动,而这创作,你根据你的生活经验和创作作风感觉不合适,这时你采取什么态度?假如不做,你觉得有什么理由来拒绝?假如做,怎么做法?如何做好?(二)"群众是真正的英雄,而我们自己是往往幼稚可笑的。"这句话如何了解?并以亲身经历的例子来具体说明之。(三)研究文件,你读书方法有何改变?试以新的观点去分析一篇你最近所看到的论文或作品。见1942年8月4日《解放日报》第2版。

② 黄钢《平静早已过去了》(鲁艺论辩特写),1942年8月4日《解放日报》第2版。

③ 周扬《艺术教育的改造问题》,1942年9月9日《解放日报》。

④ 见1942年11月8日《解放日报》第2版。

有足够的准备;我们在工作上没有很好的贡献。"[①]——刚刚开始"专门提高"的鲁艺文学系,面对政治内幕还不甚了然的整风运动,周扬等人的确是"手忙脚乱"地披挂上阵,但也很快地稳住了阵脚,成为鲁艺"整风战场"上的"大将"。

何其芳为1942年5月延安文艺座谈会上毛泽东讲自己思想感情变化的那一段话而深深感动,在接下来的大会讨论中,他即刻这样发言说,小资产阶级知识分子的灵魂是不干净的,他们自私自利,怯懦,脆弱,动摇;听了毛主席的教诲,感到自己迫切需要改造。后来,在一次小组会上,有人对他表示不满,说,"你这是带头忏悔。"[②]何其芳接连发表《研究文件的时候怎样做笔记》、《论文学教育》、《两种不同的道路》(略谈鲁迅和周作人的思想发展上的分歧点)等文章,周立波也发表了《思想,生活和形式》和《后悔与前瞻》等,都在谈自己对"小资"思想的认识和准备进行思想改造。

鲁艺文学系从1939年11月开始正式实施的正规化、专门化教学方针之路,走了两年多之后,又转回到鲁艺成立之初毛泽东、贺龙、王震等中共领导人所希望的"艺术教育"的重心。

二、"平静已经过去"

当周扬、何其芳、周立波、严文井等纷纷根据中央整风文件的要求进行"小资产阶级思想感情"的检查和改造的时候,鲁艺文学系的学生们也被卷入整风的大浪潮,沉潜的、努力创作研究的"平静"已经不能存在,思想检查、揭发、批评、改造以及随之而来的抢救运动,在学生中同样不能幸免。文学系第1期学员、鲁艺文学系路社社长天蓝毕业后,留在院部编译处工作。他除了参与周扬编校的《马克思恩格斯列

① 周扬《王实味的文艺观与我们的文艺观》,1942年7月28日《解放日报》。

② 参见何其芳《毛泽东之歌》(1976—1977),《何其芳全集》第7卷,第437页。

宁论文艺》的翻译工作，同时自己还翻译了亚里士多德的《诗学》，沉湎于美学理论的钻研中，试图建立“无产阶级的美学体系”。在文学部召开的会议上，天蓝被指责为“文学部主观主义的代表”，整天关起门来研究主观唯心论的美学，根本不关心人民，不接触群众。发表过长诗《英雄曲》的文学系第1期学员尤淇被打成“特务”，痛不欲生，烧掉新写的诗稿，发誓脱离文艺界，转入自然科学院机械工程系学习。对写作短篇小说《腊月二十一》的张棣赓，周扬说：“我恳切地希望你，对你的这篇作品，联系着你过去全部的言行，你能有一个诚心诚意的深刻的反省。”①

周扬在进行自我批评的同时，还积极主持全院的整风抢救运动，多年的同事也在怀疑之列。陈荒煤(1913－1996)，出生于上海，1926年随家迁入武汉；1933年秋，到上海参加左翼戏剧家联盟活动；1934年起开始创作短篇小说、散文和戏剧。1937年6月，陈荒煤从上海到北平，参加了北平学生移动剧团，进行抗日宣传，读到了《西行漫记》，看到了对延安的报告，于1938年9月到延安，11月到文学系工作。之后，陈荒煤一直在鲁艺文学系工作。当何其芳、沙汀带领文学系第1期同学上前线实习时，陈荒煤代理系主任。1940年，他担任鲁艺文工团团长上前线，写下了《刘伯承将军会见记》、《一个厨子的出生及其它》、《新的一代》、《鲁艺文艺工作团在前方》、《八路军的部队文艺工作》等大量报告文学作品和文章。1943年抢救运动期间，他突然被撤销文学系整风运动领导小组成员的职务，被当作“特嫌”审查。周扬找他谈话，说他曾经参加北平学生移动剧团，而“北平地下党恐怕有问题”。陈荒煤直到抢救运动结束，才又被吸收参加文学系的甄别工作。

---

① 周扬《〈腊月二十一〉的立场问题——与张棣赓同志的通信》，1942年11月8日《解放日报》。

后来陈荒煤问及被解除“特嫌”的原因，周扬说：“我们看你实在不像一个特务。”晚年的陈荒煤回想起延安的这一段历史，仍觉得是一场“难以想像的噩梦”。①

据说，鲁艺有百分之八十以上的人被打成“特务”。1943 年 5 月，周扬曾笑着对别人说，他过去是特务学校校长，现在是反省院院长。他还在大会上宣称，一定要把抢救运动搞下去，就是搞到只剩下我一个人也要搞下去；就是鲁艺全是特务，就我一个人是共产党员，我也能战胜你们。后来有人开始揭发周扬，运动再不停下来，周扬也要被打成“特务”了。②

1943 年整风抢救运动中，鲁艺还有两项较大的活动。一是大生产运动。生产劳动相当“紧张”，男同志上山开荒除草收割，女同志捻毛线纺棉线。③ 文学部及其他部整风学习委员会分会负责人何其芳等人，不仅没有接受“可以免除一半劳动”的规定，反而订出了完成百分之二百的生产计划。鲁艺另一项大活动是以“艺术宣传”、“活跃气氛”为目的的秧歌运动。1943 年春节期间，鲁艺秧歌队在延安演出《兄妹开荒》等秧歌剧，连续 40 余场。鲁艺戏剧系一直是延安非常活跃的戏剧团体，从 1942 年下半年整风运动开始以后，戏剧系由“演大戏”转向了秧歌剧运动，1945 年 6 月，排演了歌剧《白毛女》。《白毛女》在鲁艺集体讨论中完成，编剧由原文学系第 3 期学员贺敬之执笔。

1944 年 5 月 24 日，毛泽东在延安大学开学典礼上讲到整风和审干运动，说：“这两件工作有很大的意义，改造了人，改造了思想，同时也犯了错误，正在纠正。……‘抢救运动’那时候，空气紧张得很，‘抢

---

① 荒煤《奔向延安》，收入《人在旅途》，第 146—147 页，山西人民出版社，2000。

② 关于鲁艺文学系在整风运动抢救运动中的情形，另可参阅王培元《延安鲁艺风云录》第 6 章：《在政治的涡流中》，广西师范大学出版社，2004。

③ 钟敬之《延安鲁迅艺术学院概貌侧记》，《新文学史料》1982 年第 2 期，第 50 页。

救'了好些人,许多是搞错了的,非则非,今天要行脱帽礼,脱去给人戴错的帽子。共产党办事,不明白的时候是会犯错误的,明白了以后错误就要改正,这样做才是正确的。"①

三、鲁艺文学系师生的流动以及迁离延安

整风运动抢救运动结束前后,也就是在1943年左右,鲁艺文学系的组织机构以及师生的去留情况发生了很大变化。

1943年4月,鲁艺并入延安大学,称"鲁艺文艺学院",周扬担任延安大学副校长兼鲁艺院长。1944年4月23日,陕甘宁边区政府第72次会议决定,原延安大学与行政学院合并,仍命名为延安大学,直接接受边区政府领导,周扬、王子宜为正副校长。该校分行政、艺术文学、自然科学三个院。艺术文学学院(仍称"鲁艺")分文学、戏剧音乐、美术三个系。边区政府聘请周扬、王子宜、刘景范、柳湜、乔木、李卓然、宋侃夫7人组成临时教育委员会,议订教育计划及改编事宜。《解放日报》说:"该两校此次合并,为边区专门教育改革之重要措施,将打破中国历来大学教育成规,彻底克服边区过去教育中存在之教条主义与形式主义,按照抗战与边区建设的实际需要,重新制定学制与课程,学习年限,一般规定为两年,依其具体情况,加以伸缩。"②这样,周扬距离鲁艺文学系的实际工作更远了,他要承接的是一个更大规模的、直接受边区政府领导的延安大学的教学计划任务。

周立波、何其芳也前后脚地离开了鲁艺文学系。1943年年底,中央军委副主席、负责中共南方局(重庆)工作的周恩来回到延安,在陕甘宁边区大礼堂会议室向文艺界作报告,讲述国统区文艺界对延安整

---

① 毛泽东《在延安大学开学典礼上的讲话》,《毛泽东文集》第3卷,第154—156页,中央文献出版社,1993。

② 《改进边区专门教育,延大行政学院合并》,1944年4月23日《解放日报》第2版。

风运动的不理解和谣言，希望延安参加整风运动的同志去大后方“现身说法”，宣传毛泽东的《讲话》精神，从事文化统一战线工作。[①] 1944年4月—1945年1月，何其芳与文抗的刘白羽离开延安去重庆。1945年9月—1947年3月，何其芳再度赴重庆。也就是说，何其芳除了1945年1—9月的大半年时间在延安，间或在鲁艺文学系参加一些文学活动，1944年以后，其主要角色就是一个政治文化工作者了。周立波在1944年2月被调到《解放日报》编辑部担任副刊部副部长，主编文艺副刊，和副刊编辑陈学昭、陈企霞、黎辛、白朗等一起，继续进行整风运动。在报社工作半年多后，周立波参加了王震领导的359旅南下支队，离开了延安。

鲁艺文学系的学生们也一批批地离开了延安，有些人后来又返回延安，来来去去，行踪不定。1943年4月2日，鲁艺文学部在大礼堂召开欢送会，欢送30多位同学即将到农村部队中去。严文井称赞大家愉快地服从组织调动是革命者应有的作风。何其芳说了3点意见：1.调动工作的原则是按照工作的需要，而不是按照个人的兴趣。2.下乡首先要向当地干部、群众学习。3.下乡应把重心放在从工作中学习，从实际中学习。从这些严肃的、带些命令口吻的言辞中，可以看出鲁艺文学系同学从“专门化”方向转化中的一些思想情绪矛盾。1943年11月7日，中宣部发布《关于执行党的文艺政策的决定》后，鲁艺组成42人参加的“鲁艺工作团”，由张庚率领，12月2日出发去绥德专区开展工作，1944年5月返回延安，带回了新歌剧《惯匪周子山》。[②] 1944年3月8日，359旅旅长、延安卫戍司令王震到鲁艺作关于生产运动的讲演。之后，王震对周扬和当时尚未离开延安的何其芳说，部

---

① 参见黎辛《关于“胡风反革命集团”案件》，2001年第2期《新文学史料》，第83—84页。

② 钟敬之《延安鲁迅艺术学院概貌侧记》，《新文学史料》1982年第2期，第64页。

队的文化教育总是从大道理讲起，士兵们情绪不高，他提议鲁艺同学去他们部队开荒，既可完成生产任务，又可以体验士兵们的生活和写作品，而短小作品可以用来作部队的文化教材，让同学们不是用过去文学家、艺术家的资格到部队去，而是以“新兵”的名分去。王震讲述了自己对一个老士兵想退伍的理解，王震说：“战争长久了，士兵已经成了一个特殊的阶层。他们有他们的利益和要求。”王震的话令周扬和何其芳都很“兴奋”而“感动”。[①] 1944 年，鲁艺文学部又抽调了冯牧等一些学生和研究人员，以普通士兵身份到南泥湾的 359 旅去当兵。

鲁艺文学系的文学研究室和文学创作室也撤销了，孔厥、康濯、葛洛、陈涌、朱寨等人都下到农村和部队中去了，孔厥后来又回到延安。贾芝没有下乡，却到了延安大学中学部。贾芝，生于 1913 年，山西汾城人，1938 年毕业于西北临时大学法商学院经济系，1939 年从延安抗日军政大学转入鲁艺文学系第 2 期，毕业后留文学研究室工作。1943 年文学研究室撤销后，贾芝调任延安大学中学部教导员、中等教育研究室秘书、文艺系副主任。

1944 年 5 月，延安审干运动结束后，鲁艺文学系——延安大学鲁迅艺术文学院文学系，又招收了一批学员。同时，周立波、何其芳离开延安后，一批新的老师来到文学系。1944 年，鲁艺为了团结各方面的作家，邀请了文抗和部队作家舒群、欧阳凡海、艾青、萧军、鲁藜、高长虹、公木等来院任教，舒群担任文学系系主任。[②] 1944 年 7 月，孙犁、邵子南从华北联合大学来鲁艺文学系任教，沙可夫也从华北联大回到鲁艺。鲁艺文学系原来的老师还有严文井、陈荒煤，鲁艺文学系留下来的学员天蓝、孔厥、侯唯动做辅导和行政工作。这时期文学系的课

---

① 何其芳《记王震将军》(1945)，《何其芳全集》第 2 卷，第 207 页。

② 龚亦群《鲁艺——革命文艺教育的历史丰碑》，收入《延安鲁艺回忆录》，第 84 页，光明日报出版社，1992。

程有：萧军《〈八月的乡村〉创作谈》，公木《民间文学论纲》，邵子南《〈李勇大摆地雷阵〉是怎么写出来的》，孙犁《关于〈红楼梦〉讨论的发言》，舒群《边区秧歌运动》，等。

但是，萧军、艾青等人在鲁艺文学系任教的时间很短。抗日战争结束后，中共准备接收日本的一些受降地，扩展解放区，发展自己的力量。1945 年 8 月 21 日，陈荒煤带领葛洛、赵起扬、胡征、朱平康、陈因、计桂森等鲁艺学生去太岳地区工作。9 月 2 日，舒群、田方率“东北文艺工作团”第 1 团到开往东北新解放区，艾青、江丰率领第 2 团去华北张家口。1945 年 11 月中旬，党中央决定延安大学各学院（包括鲁艺）迁离延安，去东北新解放区继续办学，开展工作。迁校队伍由周扬率领，沙可夫负责鲁艺部分。也正是在这次大迁校的过程中，演出过《兄妹开荒》、《周子山》、《赵富贵自新》等广场剧的王大化车祸人亡。

1946 年春，周扬、沙可夫留在华北联合大学，迁校队伍由吕骥、张庚带领前往东北，1946 年秋到佳木斯与原东北大学文学院合并，改名为“东北鲁迅学院”。1948 年 11 月，东北鲁艺各团在解放了的沈阳会合，并进行整编，新中国成立后，又多次整编。

第五章

《解放日报》文艺社:兴盛与改版

第一节　中共党报与文化组织、文学社团

中国共产党一直非常重视报刊在政治革命中的影响和作用。在延安《解放日报》之前,中共创办过几种报刊,并附有文艺专栏。

20 世纪 20 年代大革命时期,中共创办了第一个中央机关报《向导》周报和第一份日报《热血日报》。第一次大革命失败后,中共在白区创办了《布尔塞维克》报。1931 年 12 月 11 日,中央工农民主政府的机关报《红色中华》创刊。1937 年 1 月,中共中央由陕北保安(今志丹县)迁到延安,《红色中华》报社也迁到延安,并改名为《新中华报》,成为苏维埃中央政府机关报,后为陕甘宁边区政府机关报,1939 年 2 月 7 日,改组为中共中央机关报,同时仍为陕甘宁边区政府机关报。

中华苏维埃共和国临时中央政府 1931 年 12 月 11 日在瑞金创办的机关报《红色中华》,发行 5 万多份,是中央苏区发行量最大的刊物,当时从部队到地方各级组织和各个部门都订阅了该报。《红色中华》报原有《红角》专栏,可视为党报副刊的雏形。由于戏剧家沙可夫和李伯钊分任该报的主编和编辑,因此,《红色中华》也时常报道文艺消息

和登载文艺作品。1933 年 3 月 3 日，该报创办了《红色中华副刊》，发表了一些诗作和活报剧；4 月 23 日，《红色中华副刊》又改名为《赤焰》，登载了更多的文学作品。[①] 1934 年 10 月 3 日，《红色中华》因主力红军长征而停刊。1935 年 11 月 25 日，《红色中华》报在陕北复刊。丁玲到保安后，成立了陕北根据地第一个文学社团中国文艺协会。鉴于当时的物质条件和战争环境，这个社团自身暂时没有单独的力量办刊物，因此，借助于《红色中华》报，于 1936 年 11 月 30 日出刊了《红中副刊》，从而通过文字显示出这个社团的存在，通过报纸宣传社团的主张，并产生社会影响。也因为报纸所具有的社会影响能力，社员们的创作热情得到了鼓励激发，维持了社团的生存。中国文艺协会的一些重要资料，如社团成立宣言、成立大会、毛泽东洛甫博古等政治领导在成立大会上的演讲词、第一次干事会、协会发起的“苏区的一日”征文启事、丁玲《速写彭德怀》等报告文学作品，等等，都是通过《红色中华》和后来的《新中华报》刊登并得以保存的。

1937 年 9 月，与周扬、艾思奇、何干之等人一起到延安的李初梨主编《新中华报》，对文艺仍然倾注了很大热情。丁玲率领西北战地服务团到前线去后，1937 年 11 月在延安成立的特区文协（1938 年 1 月后改称）边区文协，依靠《新中华报》开辟了文艺专栏“特区文艺”、“边区文艺”、“边区文化”、“动员”等。边区文协的战歌社、西北战地服务团的战地社曾在《新中华报》上开办“朗诵诗运动”、“街头诗运动”专栏。此外，中华戏剧界抗敌协会边区分会、鲁艺等文化组织文化机构，也依托《新中华报》刊发重要消息。当时，刘白羽、卞之琳、柯仲平、何其芳、周扬、陈荒煤、萧三、周立波、沙可夫等分属于延安不同文化组织和文

---

① 参见汪木兰《〈红中副刊〉是我党党报的第一个纯文艺副刊吗？》，1984 年第 2 期《新文学史料》，第 137—138 页。

学社团的成员，常常在《新中华报》发表文学作品或论文。

也就是说，20世纪40年代前后在延安，报纸副刊，尤其是党报副刊，与文化组织和文学社团之间构成了特殊关系。

第一，报纸副刊是延安文化组织文学社团最重要的文化载体之一，具有社团组织存在、发展、强大或萎缩、风格式样的某种支配性力量。从出版的可能性上说，中共最初迁移到延安时，由于印刷能力和纸张限制，只有党报、机关报才有可能不断流地出版；那么，依附于党报机关报的文学社团就有可能获得一定的文字空间显示自己的存在和活动情况。从发行方式上说，党报由于其特殊性，订阅范围广，有着从上到下的读者面，可能产生全方位的影响，因此，附着于报纸的社团在报纸的主要版面或副刊上展开自己的文学活动也就有可能具有某种特殊影响力。

第二，当报纸副刊越来越成为文学社团组织存在发展的重要力量，编辑部自身也逐渐成为一个社团组织，需要根据党报的总体要求和文学文化的专业特点，在两者之间调和，并逐渐形成自己的编辑方针、工作定位、副刊风格。文艺栏本身成为一个文化生产的机构，成为一个令人关注的文化活动场地。

第三，党报的中心任务、根本目标是服务于政党的政治目的，必须有效地、有目的性地利用一切信息力量；附着于党报的文学社团因为党报的特殊地位而获得存在的支撑力，同时也必然受之要求和约束。报纸的总体设计和变动改版等，必然带来文艺栏编辑思路的调整和改变，并连带地波及文学社团相应的调整改变。

延安文化组织文学社团与中共党报发生更紧密的联系，报纸文艺栏编辑部本身构成一个文化组织的，是1941年5月16日创刊、1947年3月27日停刊的《解放日报》。

20世纪40年代初，中共政权在延安已逐渐安稳并逐步壮大起来。

延安的报刊虽然有了较大的发展，但中央级的刊物（主要是《解放》周刊）都是刊期较长、以理论宣传为主的杂志，中共中央机关报《新中华报》也只是四开版的小型的三日刊，这样的篇幅和刊期已不能适应新的政治形势需要。此外，皖南事变后，党中央感到各地的政治言论不一致，于是决定开办《解放日报》。将延安的《新中华报》和解放社编的《今日新闻》合并为一种新的报纸，即《解放日报》，由中央党报委员会领导。[①]

《解放日报》第一任报社社长为博古。博古（1907—1946），原名秦邦宪，江苏无锡人，为北宋词人秦观的后人。他 1925 年秋就读于上海大学社会学系，并加入中国共产党，1926 年去莫斯科中山大学学习，1933 年到达中央苏区江西瑞金，后成为中央总负责人，实行王明"左"倾政治路线。1940 年 10 月离开重庆到延安。博古在重庆亲眼看到《新华日报》被国民党刁难的种种情形，希望延安能够创办一份日报和强有力的通讯社，"将我党主张传播到全国全世界去"。[②] 1941 年 3 月，博古担任中央党报委员会主任，5 月任《解放日报》社社长。报社总编辑为杨松，副总编辑为余光生。

1941 年 5 月 14 日，参加创刊的人员在报社编辑部办公室举行第一次会议。博古说，《解放日报》是中国共产党的机关报，不是资产阶级的报纸，不管是社论、通讯和文艺栏，都要注意立场问题。[③] 5 月 15 日，毛泽东为中共中央书记处起草了关于《解放日报》出刊的通知，指出："一切党的政策，将经过《解放日报》与新华社向全国宣达。《解放日报》的社论，将由中央同志及重要干部执笔。"[④]1941 年 5 月 16 日，

---

① 《中央关于出版〈解放日报〉等问题的通知》（一九四一年五月十五日），中央档案馆编《中共中央文件选集》第 13 册，第 110 页，中共中央党校出版社，1991。

② 李志英《博古传》，第 395 页，当代中国出版社，1994。

③ 《延安〈解放日报〉史》，第 7 页，王敬主编，新华出版社，1998。

④ 《毛泽东新闻工作文选》，第 54 页，新华出版社，1983。

《解放日报》正式出刊。

《解放日报》社址在延安靠近延河的清凉山下十几孔窑洞里，可以防避飞机轰炸。

编辑部内实行各版主编制。1941年5月16日至9月15日，报纸为两个版面，版面分为国际栏、国内栏、边区栏、文艺栏4个栏目，这4个栏目从9月16日起，随报纸扩充为4个版面。文艺版的主编为丁玲，编辑为陈企霞、马加、雪苇、黎辛。丁玲之后，文艺栏又发生过许多变化。在延安产生过极大影响的很多文艺作品，是在《解放日报》文艺栏上发表的。

第二节 丁玲主编"文艺栏"与"来自中央的意见"

一、丁玲主编文艺栏概况

1941年4月，丁玲正住在延安县川口区的乡下体验生活和写作。在这里，她改变了初来延安写作通讯报告的路向，完成了格调沉潜的短篇小说《夜》；忽然洛甫叫她回延安去《解放日报》编副刊。1931年，丁玲曾根据中共党的指示，在上海主编过左联机关刊物《北斗》。1936年年底到延安后，丁玲又是党报《红色中华》副刊《红中副刊》的主要策划者。丁玲说："我开始对这工作很踌躇，觉得责任太大，也有很多具体困难。"洛甫鼓励她先去同博古谈谈再说。博古见丁玲的第一句话是："副刊决不是报屁股，决不是甜点心。我们是严肃的，每篇文章都要起一定的作用，占一定的地位。"丁玲与博古合作，"有时有些比较麻烦难于处置的稿件，我总是要请他看，征求他的意见，结果，我们看法常常是相同的。……我们一道工作十个月，我始终都感觉舒服……我是愿意和他一道工作的。”[①]

1941年5月16日创刊后的《解放日报》头4个月只有对开2版，没有独立的专栏。博古主张文艺稿件不辟专栏，好的文艺作品可以放在报纸二版、三版甚至头版。[②] 虽说“不辟专栏”，但多数文艺稿件是刊登在第2版左边，每次发稿约3000字。报纸在创刊号上刊登了“广告”：“本刊竭诚欢迎一切政论、译著、文艺作品、诗歌、短篇小说等等之稿件。一经揭载，当奉薄酬。”

4个月后，即1941年9月16日，《解放日报》改为对开4版。文艺稿件发在第4版的下半版，用“文艺”两字作报头，每周出四五期，每月大约出20期，每次发稿约6000字，刊登文学作品、文艺评论、外国文艺理论和文艺动态等。

编辑文艺稿件的行政机构在报社内部叫“文艺栏”，使用的公章也是“文艺栏”三个字。“文艺栏”由社长和总编辑直接领导。1942年3月11日“文艺栏”出刊100期时，丁玲离开报社，由清凉山搬到蓝家坪文抗。舒群从文抗调到报社，接任文艺栏主编。1942年4月1日，《解放日报》大改版，第4版改为综合性整版的副刊，“文艺栏”也发生很大变化。

在丁玲主编《解放日报》文艺栏期间，编辑有陈企霞、雪苇。陈企霞在左联时期，曾与叶紫一起在上海组织“无名文艺社”，开办《无名文艺》刊物。想要研究”中国新文艺运动史”的雪苇调到中央研究院文艺研究室后，曾担任延安文化沟口“轻骑队”编委之一的黎辛来到报社。马加也曾在报社短期工作，后来到文抗从事创作。1942年3月15日舒群从文抗调入报社，接替丁玲担任主编，编辑仍然是陈企霞和黎辛。

---

① 丁玲《我们永远在一起》(1946)，《丁玲全集》第5卷，第258—259页。

② 丁玲《延安文艺座谈会的前前后后》(1982)，《丁玲全集》第10卷，第273页。

丁玲在离开报社之前，这样总结“文艺栏”的意义与任务：

《文艺》占《解放日报》八分之一的篇幅在边区出现，是第一次，以前不可能有。这时因为党报扩大，需要以各种艺术形式来反映边区以及各抗日根据地的生活的作品。同时，来到延安的作家们缺少发表文章的地盘(去年这时只有一个《文艺月报》)。加上边区军民对文艺生活感到缺乏，他们要求文艺学习。而且许多青年作家，也愿意有那么一个地方能把自己的作品供给大家并征求意见。《解放日报》一开始，文艺栏就担负着几层任务：一、团结边区所有成名作家；二、尽量培养提拔青年作家；三、反映边区、各抗日根据地及八路军新四军的英勇战斗；四、提高边区文艺水平。文艺栏始终在此种精神中进行工作。①

二、初期文艺栏的“风平浪静”

从1941年9月16日《解放日报》正式设立“文艺栏”，到1942年3月11日丁玲离开《解放日报》，丁玲主编了100期“文艺栏”。虽然在此之前，文抗分会已从边区文协中分离出来，而由于“文艺月会”及其《文艺月报》上伤害感情的争论已经凸显出文抗、鲁艺文学系、边区文协三个“文化山头”对峙的局面，但百期文艺栏的主调是“风平浪静”的。②

“文艺栏”出刊前，《解放日报》于1941年9月11日午后在文化俱

① 丁玲《解放日报·文艺副刊一〇一期编者的话》(1942)，《丁玲全集》第9卷，第37页。

② 丁玲《延安文艺座谈会的前前后后》(1982)，《丁玲全集》第10卷，第275页。

乐部召开座谈会，就文艺栏扩充以后的编辑上的诸问题邀请延安作家诗人、小说家、文艺理论家 50 余人座谈：白朗、陈荒煤、江丰、舒群、罗烽、艾青、刘白羽、萧三、吴奚如、魏东明、雪苇、艾思奇、周扬、曹葆华、欧阳山、草明等。丁玲和总编辑杨松报告《解放日报》创办以来文艺栏工作，艾青、萧三、魏东明、周扬、荒煤、艾思奇等相继发言。报纸总括他们的发言意见为："一致主张强调延安文艺界团结，发扬民主作风，建立创作批评，提高文艺理论与创作水准，把反形式主义、主观主义的运动开展到文艺战线上。"①这时刚刚发生《文艺月报》对周扬《文学与生活漫谈》的争论，因而《解放日报》把"团结"、"民主"摆到显要位置上。这样的信息表达，虽然含糊了发言者的个体意见，却使得《解放日报》文艺栏在编辑、选稿等问题上，一定程度地对宗派问题有所警醒，正如一直在《解放日报》文艺栏工作的黎辛所说："文艺栏对当时文抗、鲁艺、文协这三个单位的文艺家，以及其他文艺机关团体文艺家的联系，还有来延安以前就有成就的属于不同文学社团的作家，不管其人数多少，态度一致友好。"②

关于"文艺栏"的稿件择用和文风定位，丁玲说：

> 博古同志主持报社，给我的印象是极为审慎的。总编辑杨松同志也很负责。文艺栏发表的稿件，几乎每篇都经他们过目。博古多次对我说，《解放日报》是党报，文艺栏绝不能搞成报屁股，甜点心，也不搞"轻骑队"。那时文化沟口有一个大墙报《轻骑队》，由住在文化沟的青委工作的同志编。登的文章，短小精悍，对延安生活，有所批评与针砭。……因为

① 《本报邀请作家座谈》，1941 年 9 月 12 日《解放日报》。
② 黎辛《丁玲和延安〈解放日报〉文艺栏》，1994 年第 4 期《新文学史料》，第 58 页。

> 博古同志曾一再强调我们不搞“轻骑队”，所以文艺栏在开始一段就只登小说，诗，翻译作品，报告文学都登得很少，即使有个别论文、小说、诗歌，引起读者一些意见，我们一般都不答复，也不发展论争。所以初期的文艺栏还是风平浪静的。对于住在文抗或住在鲁艺的知名作家，我们都一视同仁，平等对待，不存门户之见。对于一般来稿，更是这样。因为鲁艺文学系的学生多，我们又希望多发表些年轻人的作品，所以在文艺栏上，发表鲁艺的来稿较多。我在一百期的总结中曾说发现了三十多个年轻作家，其中可能有一半以上是鲁艺的学生。……当《文艺月报》对报纸发表的小说、诗有批评时，我们并不生气……我们对这些没有表态，也没有在报纸上展开争论。①

也就是说，初期文艺栏主要的选稿方向偏向于“纯文艺”的、风格“持重”的、与现实社会，尤其是当下的政治思想和日常生活保持一定距离的作品：翻译、文艺理论、杂文、小说、散文、诗歌，艺术方面：秧歌剧、快板、歌曲、木刻、漫画。

《解放日报》文艺栏成为延安各文学社团和文化组织展示文学创作成果的最佳场所之一。百期文艺栏以及《解放日报》头4个月登载文学类稿件最多的，是来自文抗和来自鲁艺文学系的作品。

来自文抗的稿件有：欧阳山《马列主义和文艺创作——文艺思想性形象性漫谈之一》、《马革同志》；刘白羽《同志》、《激荡的弦琴》；白朗《开除——大后方风景之一》；田间《最后的一颗手榴弹——出击正太线战役报告》；鲁迅研究会广告《敬征关于讨论阿Q文献启事》；艾青的

---

① 丁玲《延安文艺座谈会的前前后后》(1982)，《丁玲全集》第10卷，第273－278页。

诗《哭泣的老妇——长诗〈溃灭〉中之一节》、《古石器吟》、《敬礼啊，苏维埃联邦》、《坪上散步》(关于作者、作品及其他)、《我的职业》；丁玲的小说《夜》、《战斗是享受》、《材料》、《我们需要杂文》、《〈新木马计〉演出前有感》、《"三八节"有感》；罗烽《漫谈批评》；萧军《两本书的"前记"》(鲁迅研究丛刊第一辑)、《纪念鲁迅：要用真正的业绩！》、《也算试笔》；默涵《美谛克与"洋包子"》、《"知识分子"的悲哀》、《讽刺要击中要害》；马加《通讯员小林》、《距离》、《间隔》；萧三《纪念屈原》、《伟大的爱，伟大的恨》、《"职业的文人"和"业余的文人"》；长虹《土地的呼吁》；学昭《烦忧》；草明《陈念慈》；柯仲平《人类宣言——为消灭野兽法西斯而战》；吴伯箫《向海洋》、《思索在天快亮的时候》；魏伯《民间的薛子长》；柳青《被侮辱了的女人》、《废物》；郭小川《生命的颂歌》；雷加《孩子》；庄启东《盐田行》、《夫妇》；又然翻译的《马克思夫人燕妮》等。

来自鲁艺文学系的有：周扬拟定《鲁艺订艺术工作公约》、《文学与生活漫谈》、《精神界之战士——论鲁迅初期的思想和文学观》、《郭沫若和他的〈女神〉》；何其芳《革命，向旧世界进军》、《歌六首》(《我为少男少女们歌唱》等)、《叹息三章》；荒煤《在教堂歌唱的人》；严文井《一个钉子》、《罗于同志的散步》；立波《牛》、《一个早晨的歌者的希望》；曹葆华翻译的《一封信和一个不识字的女人》(左琴科原作)、《年青的文学和它的任务》(高尔基原作)、《论文学》、《托尔斯太的艺术观》；等。《解放日报》还登载了不少当时还是鲁艺文学系学生的作品：孔厥《病了的郝二虎》；邢立斌《回家》；杨思仲(陈涌)《关于果戈理》；鸿迅(朱寨)《厂长追猪去了》；贺敬之《情绪》；葛陵《活在记忆里的》、《结婚后》；葛洛《我的主家》；灼石《二不浪夫妇》、《迷路》；浪淘《忧郁的怀念》；平若《温情》；叶克《科长病了》；等。

还有来自延安其他社团或国统区的零杂稿件，如《怀安诗选》(两期)、雪苇《略论文学的"雅"》、《〈在医院中时〉、〈麻雀〉及其他》，奚如

《进入战斗——中篇〈新仇〉之一章》，韦君宜《龙——晋西北的民间传说》，黄既《断片》、《老实人》，陈企霞《搏斗》，周民英《婚事》，林昭《关于对中国小资产阶级作家的估计》（就商于欧阳山同志），胡风《作为思想家的鲁迅》，茅盾《大题小解》，焕南（谢觉哉）《炉边闲话》（连载）等。

另外，百期文艺栏还出过特刊，用以纪念屈原、高尔基、鲁迅、郭沫若五十寿辰、九·一八纪念日、元旦等。1942年3月11—13日连续三天出刊《"文艺"百期特刊》。1942年3月13日和23日在《解放日报》文艺栏分两次连载的王实味的《野百合花》，也是丁玲主编时的"存稿"。

从1941年5月《解放日报》创刊到1942年3月，"《解放日报》文艺栏10个月发稿100万字，每天见报3000字以上，在那时全国报纸的文艺阵地是绝无仅有的……因为抗战进入相持阶段以后文艺杂志不能正常按期出版。"①

不过，丁玲离开报社时，对于文艺栏的编辑还是留有遗憾："没有尽最大的可能，征求搜取反映前方生活的速写，这种最为读者欢迎的稿子，登载得太少了；没有把几个文艺上的问题，如'作家与生活'、关于小资产阶级作家的争论、文学上的语言问题等，多方展开讨论。延安对于文艺运动的自由讨论向来就不热烈，而《文艺》负有这种使命。虽有企图，却未达到。尤其是反对主观主义、公式主义、洋八股、'装腔作势借以吓人'的排外与排内的宗派主义的文艺理论与创作的清算，虽说这似乎应该由我们的理论家负主要责任，然而作为一个党报的副刊却默默无闻是要不得的。"②但是，不进行讨论和争论，却使得早期《解放日报》文艺栏维持了"持重"的"风平浪静"的状态。

---

① 黎辛《丁玲和延安〈解放日报〉文艺栏》，1994年第4期《新文学史料》，第57页。

② 丁玲《解放日报·文艺副刊一〇一期编者的话》（1942），《丁玲全集》第9卷，第38页。

三、文艺栏上的起伏波澜

1.“小说”里的风波

晚年丁玲说：“我记得很清楚”，“我们文艺栏的确曾为某些文章而紧张过”。“第一次紧张是博古同志从杨家岭带回来的，说中央有人对(1941年)6月24—25日发表的小说《一个钉子》有意见，并嘱咐我们注意，要重视杨家岭来的意见。《一个钉子》发稿时，编辑部的同志都看过，都没有意见。此后曾反复读，还是悟不出有什么问题。小说写两个同志发生冲突矛盾，只是为着一个钉子，一个要拔，一个要留，都认为自己的主张才是对公共财物的爱护。看起来这是小题大做，很容易解决的事，把钉子拔下来留着，不就不成问题了吗？何必小题大做呢？但我们也没有说什么，也没有写检讨，事情就过去了。”[①]不过，小说本身并没有这么简单。

《一个钉子》是鲁艺文学系教员严文井的短篇小说，基本采用画面速写的方式写成，写延安窑洞里几个知识分子为小小的“一个钉子”而发生的争执：“我”由于爱惜生命，怕被钉子碰头，因为“医院不高明”，而主张拔掉钉子；脾气暴躁的“任正”由于爱惜公共财产，不同意拔掉钉子；为消解二人矛盾的“顾奇”说起“邮局扣往延安来的钱”和另一个同志的“死”的故事，引起了“我”关于“革命事业”与“生命一青春”的感慨。小说在“一个钉子”的小纠纷中，折射出延安艰苦的生活环境以及知识分子对这环境的复杂心绪。

丁玲回忆说，“第二次紧张”是针对1941年10月13日发表的《厂长追猪去了》。“这篇稿子是周扬同志亲手交给我的，说是鲁艺文学系一个同学写的。我读后也觉得很好，但顾虑是否写得太实，容易引起

① 丁玲《延安文艺座谈会的前前后后》(1982)，《丁玲全集》第10卷，第275页。

风波，就把文章交给博古同志看。博古看后笑道：‘这是左琴科笔法。’既然如此，我就决定发表了。果然，不出几天，安塞纺织工厂的厂长来信了，查问写文章的人是谁，说写的是他，写得不合事实……”①

《厂长追猪去了》是鲁艺文学系第1期学员朱寨的短篇小说，以某厂某部门负责人“我”的视线写成。“我”因为要请人从延安买材料而焦急地找厂长签字领钱，但厂长不在，他的窑洞门口已有很多人在等待，他的桌子上放了一张好几次没有找到厂长的人留下的字条：我们厂长是一个经过土地革命的老干部，做什么都是很能吃苦耐劳，而且很热情的。每天从早到晚他都在忙碌着奔跑着，从山上的各个职室到山下的工房，这里看一看，那里摸一摸。他常常挥舞着胳臂宣讲“我们每个同志都应当拿出自己所有的时间和精力来做经济建设的工作，以布尔什维克的精神来克服困难”。这次他因为摸一摸刚买来的猪是不是肥，把猪惊出了猪圈，追猪去了。——这篇小说涉及后来争论激烈的“老干部”问题。

丁玲说，“文艺栏第三次受到的批评仍是博古同志从杨家岭带回来的，这次是关于马加的小说《间隔》……作者挑选一个自己不同情的人作为代表人物是很容易被认为是反对老干部的。我们在编辑部的会议上作过检查，但没有写文章公开发表。这篇小说发表时受到的批评不重，整风学习中谈得较多。”②

《间隔》是文抗驻会作家马加的短篇小说，连载于1941年12月15至17日《解放日报》。小说讲述了一个“老干部/女学生”恋爱及其冲突的故事：在县妇救会工作的大学生杨芬和组织失去了联系，在一片骇人的枪声中被支队长营救。支队长相中了她的美色，把她留在支队

① 丁玲《延安文艺座谈会的前前后后》(1982)，《丁玲全集》第10卷，第275页。
② 丁玲《延安文艺座谈会的前前后后》(1982)，《丁玲全集》第10卷，第275页。

剧团，愿意帮助她进步，进而与她结婚。支队长说："找一个老干部结婚，是顶吃得开的。""我最讨厌洋包子，吹牛皮，就怕死，这是革命……"但杨芬爱的是自己的同学，她拒绝了支队长。支队长说："你不能不服从组织叫你和我结婚。"杨芬说："组织不能强迫我，我不能和你结婚。"最后，杨芬掉下了眼泪。

可以看出，《解放日报》文艺栏由于3个短篇小说而引发的"杨家岭的意见"，主要问题在于作品中表现了对"革命老干部"的讽刺批评，揭示了延安的灰色阴暗面。

2."杂文"惹的祸

丁玲在编辑文艺栏时，经常听到一些议论，说文艺栏太死板，太持重，太缺乏时代感了，看它好像是看旧杂志，使人感到不活泼、文章较长……于是，"我们设法改正，并且愿意使《文艺》减少些'持重'的态度，而稍具泼辣之风"。1941年10月，《解放日报》文艺栏号召大家写杂文，征求对社会、对文艺本身加以批判的短作；尽量登载有关戏剧、美术、音乐方面的作品，把小说所占的比例减少很多。[①] 此后，报上逐渐出现了一些受读者欢迎的非作家写的杂文，如田家英、林默涵、羊耳等。开始他们的短文是针对着国民党统治区重庆的。于是这样的话又传来了："你们的子弹打得太远，不知别人读到没有！石沉大海，不起作用……"这样，《解放日报》才有几篇稍带一点批评延安生活中的一些现象，"但也没有更多反响，好像轻微的刺激是可以忍受的，而且谁也不曾像今天那样去对号入座。所以，仍是平安无事。""这些看来似乎都是前奏曲。"[②]

引发延安思想大波澜的杂文是丁玲的《"三八"节有感》和王实味

---

① 丁玲《解放日报·文艺副刊一〇一期编者的话》(1942)，《丁玲全集》第9卷，第38页。

② 丁玲《延安文艺座谈会的前前后后》(1982)，《丁玲全集》第10卷，第276页。

的《野百合花》。“(1942年)3月7号,陈企霞派人送信来,一定要我写一篇纪念‘三八’节的文章,我连夜挥就,把当时我因为两起离婚事件而引起的为妇女同志鸣不平的情绪,一泻无余地发出了。……那时的文抗俱乐部,每逢星期日就有几个打扮得怪里怪气的女同志来参加跳舞,‘每星期跳一次舞是卫生的’,说这话的就是江青。我不反对跳舞,但看这些人不顺眼,就顺便捎了她们几句。”①“我写的《‘三八’节有感》提出的问题很小,不过是指责了随便离婚而已,把那个土包子老婆休了,另外找一个知识分子。……不过替少数女同志发了点牢骚而已。”②《“三八”节有感》列举了人们口传的一些流言,主要是关于女性、女性的结婚、结婚对象、不结婚、离婚、孩子问题等方面的流言,对延安人提出了批评和建议。文章说:“我更希望男子们,尤其是有地位的男子,和女人本身都把这些女人的过错看得和社会有联系些。少发空议论,多谈实际的问题,使理论与实际不脱节。”王实味的《野百合花》的几部分内容:前记、我们生活里缺少什么、碰“碰壁”、“必然性”“天塌不下来”与“小事情”、平均主义与等级制度,更是针对毛泽东当时的一个口头禅“天塌不下来”。文章另有“歌啭玉堂春,舞回金莲步”和“衣分三色,食分五等”以及缺少“关怀”“爱护”“温暖”的延安现实生活场景与战争、革命者流血,文章说,希望“延安可能而且必须更好一点”。

《“三八”节有感》和《野百合花》都把批评矛头,指向了延安最高政权机构、最高政治领导者及其领导下的高级长官、工农老干部,还有延安人人都能看见个个可以感知的日常生活。除了这两篇作品,《解放日报》文艺栏还登载了丁玲《我们需要杂文》、艾青的《了解作家,尊重作家》、罗烽《还是杂文时代》、萧军《纪念鲁迅:要用真正的业绩!》、《论

---

① 丁玲《延安文艺座谈会的前前后后》(1982),《丁玲全集》第10卷,第276页。

② 丁玲《谈自己的创作》(1980),《丁玲全集》第8卷,第89页。

同志的“爱”与“耐”》等批评现实的杂文。延安当时其他刊物（主要是文抗刊物，如《文艺月报》和《谷雨》），也刊登了很多批评性杂文。

毛泽东说：“很多文章大家看了有意见。有的文章像是从日本飞机上撒下来的，有的文章应该登在国民党的《良心话》上。”[①]这时期，毛泽东为首的政治集团已经在中央高层领导干部中开始了思想整风，正准备向全党铺展开去。毛泽东说，“整顿三风，必须要好好利用报纸。有人从不正确的立场说话，也就是绝对平均的观念和冷嘲暗箭的办法。”要达到“整顿三风”的目的，“非有集体的行动，整齐的步调，不能成功”。[②]

从1942年1月起，《解放日报》已讨论报纸的改进问题，到4月1日，《解放日报》正式宣布改版。文艺栏也作了很大调整。

丁玲在1942年3月7日写《“三八”节有感》时，已经离开清凉山报社，搬到了蓝家坪文抗。她的理由是：“1939年我在马列学院学习时，就想以陕北革命为题材写一本小说。”[③]她跟文抗书记刘白羽说：“你是劝我去编报的，经过这一个时期的考验，我觉得我这个人还是自己写东西合适。”[④]由中宣部部长凯丰调入《解放日报》文艺栏接任丁玲工作的舒群说，丁玲当时是“辞职”。[⑤] 后来，丁玲在《关于立场问题我见》的文章里，对《“三八”节有感》进行了自我批评；在《文艺界对王实味应有的态度及反省》中，她说：“《野百合花》是发表在党报的文艺栏，而那时文艺栏的主编却是我，我并非一个青年或新党员。马马虎虎地

① 艾青《漫忆延安诗歌运动》(1982)，收入《延安文艺回忆录》，第142页，中国社会科学出版社，1992。

② 《在本报改版座谈会上，毛泽东同志号召整顿三风要利用报纸》，1942年4月2日《解放日报》第1版。

③ 丁玲《延安文艺座谈会的前前后后》(1982)，《丁玲全集》第10卷，第276页。

④ 刘白羽《心灵的历程》(新版)(上册)，第375页，解放军文艺出版社，2003。

⑤ 舒群《枣园之宴》，收入《延安文艺回忆录》，第102页，中国社会科学出版社，1992。

发表了这样反党的文章在党报的副刊上，是我最大的耻辱和罪恶。我永远不忘记这错误，我要时时记住作为自己的警惕。”[①]

第三节　改版后的副刊文艺

一、《解放日报》改版以及毛泽东为第4版征稿

毛泽东强调整风运动“必须要好好利用报纸”。[②] 毛泽东本是个“报纸迷”，大量地、细致地读报，是毛泽东一直保持的习惯。《解放日报》上发表的一些文学作品，也常常是毛泽东所细读的。1942年1月24日，在中央政治局会议上，毛泽东对加强并改进报纸工作提出了意见。中央政治局作出决议，“同意毛主席指出今后《解放日报》应从社会、专论、新闻及广播等方面，贯彻党的路线与党的政策，文字必须坚决废除党八股。”[③]之后，博古回报社传达了中央决议，编委会连续开会讨论中央意见，并作出了一些改进报纸的决定。但对于如何“贯彻党的政策和路线”，编委会的认识是模糊的，以至于1942年2月3日和2月9日发表毛泽东两次关于整风的演说时，只是登在报纸第3版右下角和左下角很不重要的位置，而且是很不显眼的三栏题的短消息。2月11日，中宣部给各级宣传部发出指示，反对主观主义、教条主义、宗派主义、党八股，反复强调务必以极大的力量宣传解释中央的整风运

---

① 丁玲《文艺界对王实味应有的态度及反省》(1942)，《丁玲全集》第7卷，第73－74页。

② 《在本报改版座谈会上，毛泽东同志号召整顿三风要利用报纸》，1942年4月2日《解放日报》第1版。

③ 《延安〈解放日报〉史》，第29页，王敬主编，新华出版社，1998。

动思想，并特别提出“检查报纸刊物，务必达到在党的全部工作中贯彻中央的这一思想”。2月21日，毛泽东在中央政治局会议上说，《解放日报》还没有充分表现我们的党性，要使它成为贯彻我党政策与反映群众生活的党报，必须进行彻底的改革。[①] 3月16日，中宣部发出《改造党报的通知》：“报纸的主要任务，就是宣传党的政策，贯彻党的政策，反映党的生活，反映群众生活，要这样做，才是名副其实的党报。”[②]

1942年3月31日，解放日报社在杨家岭中共中央办公厅召开改版座谈会，毛泽东亲自主持会议，博古和党内外作家70多人参加会议。博古对10个月报社的工作进行了自我批评。萧军、柯仲平、徐特立等提出了一些具体意见。毛泽东强调“整顿三风，必须要好好利用报纸”。[③] 1942年4月1日，《解放日报》发表社论《告读者》，宣布从次日起，报纸版面加以彻底改革，要使之成为“真正战斗的党的机关报”。从这一天开始，第4版取消“文艺栏”，而成为综合副刊。

1942年8月，《解放日报》进行了第二次改版。1942年8月8日，中央政治局调陆定一到《解放日报》担任总编辑，陆定一同时还参加中共中央政治局会议。陆定一（1906－1996），江苏无锡人，与博古同乡而且是同学，1925年在上海交通大学读书时加入中国共产党。两人在《解放日报》的合作是相当默契的。1942年9月5日，陆定一在《解放日报》的编委会上传达了政治局的决定和毛泽东的意见：“《解放日报》

① 《延安〈解放日报〉史》，第30页，王敬主编，新华出版社，1998。材料来自中央档案馆。

② 《中共中央宣传部为改造党报的通知》（1942年3月16日），收入《中共中央文件选集》第13册，第358页，中共中央党校出版社，1991。

③ 《在本报改版座谈会上，毛泽东同志号召整顿三风要利用报纸》，1942年4月2日《解放日报》第1版。

有很大进步，但尚未成为真正的党中央的机关报。”[①]陆定一讲述了办报条例：“以后凡是新的重要的问题，小至消息，大至社论，须与中央商量。……报纸不能有独立，过去有一段是那样。应当在统一领导下进行，不能有一字一句的独立性。……自由主义在报社内是不能存在的。”[②]编委会制定了各项制度：审稿制度、内部检查报纸制度等。[③]1942年9月22日，《解放日报》发表社论《党与党报》，指出：“党报是党的喉舌……一切依照党的意见办事，一言一动，一字一句，都要顾到党的影响。报馆的同人应该知道，自己是掌握党的新闻政策的人，自己在党报上写的每一句话每一个字，选的消息和标的题目，直到排字和校对，都对全党负了责任。”

1942年9月15日，因为“《解放》第四版缺乏稿件，且偏于文艺”，毛泽东为《解放日报》第4版亲拟5条具体“征稿办法”，确定陈荒煤、江丰、张庚、柯仲平、范文澜、邓发、彭真、王震之、冯文彬、艾思奇、陈伯达、周扬、吕骥、蔡畅、董纯才、吴玉章16人负责征稿的栏目、字数、选稿标准等，[④]并亲自在枣园设宴招待征稿人。毛泽东说，办好党报，党内同志人人有责，责无旁贷。[⑤] 1942年10月3日到1943年1月，《解放日报》第4版接连登载《本版征稿启事》，说明“本版为综合性副刊”，欢迎3类稿件：1. 速写、报告、诗歌、小说、漫画、木刻、剧本、歌曲等作

---

① 《延安〈解放日报〉史》，第39－40页，王敬主编，新华出版社，1998。材料来自中央档案馆。中央政治局的决定还指出，《解放日报》是中央机关报，同时在一定范围内又是西北局的机关报。西北局应积极管理边区范围内的事情，并决定陈正人参加中共党报委员会。

② 《延安〈解放日报〉史》，第40页，王敬主编，新华出版社，1998。材料来自《解放日报》编委会记录。

③ 详见《延安〈解放日报〉史》，第41页，王敬主编，新华出版社，1998。

④ 《〈解放日报〉第四版征稿办法》，《毛泽东新闻工作文选》，第101－102页，新华出版社，1983。

⑤ 舒群《枣园之宴》(1982)，收入《延安文艺回忆录》，第106页，中国社会科学出版社，1992。

品和翻译。2.学术、思想（政治、经济、历史、哲学、语文、文艺）、群众运动、论著或翻译，以及读书杂记、书评、剧评、杂文等。3.对工农兵的写作及一切通俗启蒙性质的著述。①

二、文艺栏成为副刊栏的变化调整

1.第4版编辑部机构的变化

从1942年4月1日起，《解放日报》第4版改为以文艺为主的综合性大型全版副刊，由原来文艺栏的舒群、陈企霞与黎辛三人编辑，舒群任副刊部主任。“这是当时全国最大的文艺阵地，每月可发表15到20万字的文艺稿件。”②

1943年2月，由于舒群多次向毛主席和博古建议，终于把当时任中央文委秘书长、中宣部文艺科长的艾思奇调来了。第4版编辑部机构和《解放日报》社的基本情况是：艾思奇任报社编委会委员兼副刊部主任，舒群改任副主任，张谔为科长的美术科也划归副刊部领导。副刊部的工作人员，来来去去，总保持在10人左右。副刊部原有编辑陈企霞、黎辛，后调来陈学昭、白朗、林默涵、庄栋、温济泽、白原、陈铁耕、方纪、陈元直（葛陵）、冯牧、杨思仲、周立波、徐亮、李涛等。③ 1945年8月，总编辑陆定一调任中央宣传部长。1946年4月，社长博古从重庆参加宪法草案起草工作回延安时飞机遇难。1946年4月30日至5月初，《解放日报》编委会连续召开会议，胡乔木代表中央出席会议，会议的中心议题是讨论全党办好通讯社的问题，调整了全社的组织系统并配备了干部：余光生代理社长兼总编辑；艾思奇为副总编辑兼报纸编

---

① 《本版征稿启事》，1942年10月3日《解放日报》第4版。

② 黎辛《延安〈解放日报〉副刊部的负责人与编辑》，2000年第2期《新文学史料》，第120页。

③ 详见黎辛《延安〈解放日报〉副刊部的负责人与编辑》，2000年第2期《新文学史料》，第120—123页。

辑室主任，陈克寒为副总编辑。解放日报社的副刊主任是杨思仲，编辑有：冯牧、温济泽、庄栋、陈铁耕、黎辛。杨思仲任副刊部主任直至报纸终刊。

《解放日报》第4版改为副刊版后，毛泽东常常直接关心指导。“凡有转载，均经毛主席亲笔批示。”①时年29岁的舒群，接替丁玲主编第4版，自认为难以担负党报的重大责任，毛泽东亲自找他谈话。在文艺座谈会期间，为引导会议进行讨论，毛泽东指示第4版特辟《马克思主义与文艺》专栏，发表马克思主义经典文论。开辟专栏的按语，多是毛泽东执笔的，如登载鲁迅在左联成立大会上的讲话时的按语：“这是1930年3月2日鲁迅先生在左翼作家联盟成立大会上的讲话，其中对于左翼作家与知识分子的针砭，对于文化战线的任务，都是说得很正确的，至今完全有用。”②

2.整风运动中的副刊部

1942年春到同年年底，报社开办《春风》墙报进行思想整风运动。墙报刊登了一些批评与自我批评的文章。1942年10月16日，为配合整顿三风和“延安文艺座谈会”关于文艺界人士对于自己的思想意识和工作反省、改造的要求，《解放日报》第4版以“创作和思想的道路”为专题，并提出“你在创作中是否意识到站在一定的阶级立场，如何把握”等8个具体问题，发起征文。1943年7月开始，报社内部也开始了“抢救”运动。③ 报社社长博古和总编辑陆定一都是经过党内斗争风雨的，“抢救运动”刚一开始的时候，他们并不很积极，没有抓出什么特务

---

① 舒群《枣园之宴》(1982)，收入《延安文艺回忆录》，第102页，中国社会科学出版社，1992。

② 详见黎辛《毛泽东与〈解放日报〉副刊》，2002年第3期《新文学史料》，第165—169页。

③ 《延安〈解放日报〉史》，第78—79页，王敬主编，新华出版社，1998。

来。康生点名批评说："你们清凉山是特务成堆的地方，你们怎么就抓不出来？"后来，解放日报社和新华社很多来自国统区的知识分子受到"抢救"，后来又扩大到校对、工人和行政人员，有的被社会部抓走了，多数是在清凉山上被看管，使得领导整风运动的陆定一等人也感到"怀疑自己"和怀疑"抢救运动本身"了。①

艾思奇、林默涵、温济泽三人为整风学习委员会副刊部学习小组成员，他们对副刊部其他几人一一作了分析，实在看不出这些人有什么政治问题，《解放日报》副刊部成为没有打出一个"特务"的部门。然而，艾思奇在副刊部的处境越来越艰难。他被撤销了整风学习委员会委员的领导职务，成了"包庇特务的小宗派"首要成员，甚至有人怀疑30年代他跟李公朴在上海编辑《读书生活》的情形。整风学习总学委转来7份揭发舒群是"特务"的材料。艾思奇为舒群辩诬，没让保安处带走舒群；后来又派温济泽去"看管"舒群，希望让舒群心理放松一些。②

整风运动后期，报社内部的文娱活动较前加强。副刊部的温济泽，1943年从中央研究院调到报社，反省和思想总结在中央研究院做完了，"抢救运动"中既不是重点审查对象，也没有对别人逼供信，因此，他被选为编辑部党支部书记，常帮助俱乐部组织活动：晚会、跳舞、猜谜、歌咏等。博古和陆定一有时也和大家一起打扑克、下象棋、猜谜语等。大家的心情舒畅了很多。1943年1月开始，报社开展了大生产运动：开荒、种玉米和谷子、种菜、养猪养鸡、办香烟厂等。1944年1月开始，党中央发出"大部不捉，一个不杀"等甄别方针，博古和陆定一在报社大会上代表党组织公开向受害者赔礼道歉，对被错抓而释放归来者抚慰备至，还召开不同形式的会议，请被伤害者提意见，出气，对其

① 参见《延安〈解放日报〉史》，第80—90页，王敬主编，新华出版社，1998。

② 参见杨苏《艾思奇传》，第319—324页，云南教育出版社，2002。

生活予以照顾。

1942年冬到1944年，陈学昭从文抗延安分会调入《解放日报》第4版做编辑。当时，4版的组长为艾思奇，副组长是舒群，秘书为温济泽，编辑有林默涵(林彬)、白朗、陈企霞、黎辛、陈学昭、美术编辑张谔。舒群看文艺稿，也管版面设计，林默涵看政治和文艺理论稿。要是当天编排的稿子凑不全版面，林默涵就写一篇短文把版面凑全。白朗、黎辛和陈学昭看文艺和通讯类稿，陈企霞负责版面设计和排版。每天发排的稿最后由艾思奇审定。“审干一开始，各个单位都关了门，连朋友也不往来。”开始，大家阅读23个文件，逐个进行讨论。4版编辑室是一个学习小组，组长艾思奇，副组长舒群。每个人在发言时联系自己的思想，大家敞开思想，心情愉快。编辑工作照常，没有受到丝毫影响。虽然大家不出大门，但在报社里，俱乐部组织文娱活动，过年的时候，开晚会，大家猜灯谜。学完23个文件，艾思奇要大家提意见，大家排队讨论。陈学昭是受审查的第2个。她谈了自己的生活经历，说：“我感到同志们对我还是有怀疑的，既然家庭是穷知识分子，又没有用国民党一分钱，怎么能到法国去留学呢？……讨论了一个星期，给我作了结论，没有遗留什么待查问题。”1943年年初大生产运动，报社里的男同志上山开荒，女同志手拈羊毛，后来改用手摇纺车纺线，在小组里自报公议，评定上缴任务，折合多少粮食。大家一面生产，一面学习文件和做日常工作。陈学昭说：“一有空我就在窑洞前纺线，晚上有时在月光下也纺。在纺线的时候，我什么都不想，一手摇着车，一手拉出又细又匀的线，感到满意和幸福。夜里睡在铺上细细想想，确实有些懊悔自己成了个知识分子，要是年青时从事农业劳动……生活上艰苦，精神上的打击可能没有这么多和复杂。我对纺线感到极大的兴趣，简直愿意一辈子就这样！”1944年年初边区政府召开第一次劳模大会，陈学昭被报社分配去采访劳模，她写了女劳模折聚英的报道。劳模大会结束后，她被调到中央党校四部去做文化教员并参加学习党的政策，离开了报社。[①]

3. 改版副刊上的文艺面目

1942 年 4 月 1 日，《解放日报》副刊部改版后，除了为延安整风运动专辟的“学习”栏目，登载大量的对比大后方和边区的政治、文化、知识分子生活情形等文章外，副刊版刊登的文艺类作品或文章，不再如早期《解放日报》文艺栏有着较为明晰的“社团”倾向，而是带有比较明显的“主题”形式了。1943 年 2 月，艾思奇到《解放日报》以后，开了一次编委会专门研究第 4 版的工作。他认为，过去第 4 版与群众联系不够，反映的问题不够生动活泼；第 4 版的方向是干部的文化、理论教育场所；对于一些问题，可以登载些有争议的文章；在内容分配上，通俗读物、理论、文艺各占三分之一。[②]

大体来说，改版后的副刊登载了如下一些文艺类的作品或文章。

（1）对于作家、作品的小资产阶级性质或者与之相关问题的批评。虽然不同的文章有多种观点，但在评论作品的“小资产阶级性质”方面，则是相似的。这样的文章有：燎荧《人……在艰苦里生长》，评丁玲的《在医院中时》；吴时韵《〈叹息三首〉与〈诗三首〉》、金灿然的《间隔——何诗与吴评》和贾芝《略谈何其芳同志的六首诗——由吴时韵同志的批评谈起》，评论何其芳的《叹息三首》和《诗三首》；刘荒《意识以外》，评论方纪的同名小说；[③]程钧昌批评陆地的《落伍者》描写的是一个“知识分子气的多愁善感的伙夫”。[④] 杨思仲《关于题材问题的一理

① 陈学昭《两次去延安的前后》，《新文学史料》1980 年第 2 期，第 56—58 页。

② 杨苏《艾思奇传》，第 328—329 页，云南教育出版社，2002。

③ 刘荒《意识以外》，1942 年 6 月 25 日《解放日报》。

④ 程钧昌《评〈落伍者〉》，1942 年 6 月 25 日《解放日报》。

解》，批评延安文艺界写知识分子自身的作品太多。[①] 他的另一篇文章《关于形象和思想》，对严文井的两篇知识分子题材小说《罗于同志的散步》、《一个钉子》进行了批评。[②] 冯牧《关于写熟悉题材一解》，针对的是何其芳"写熟悉的题材"、"写熟悉的人"的文学主张；[③]金灿然《论忘我的境界》，评论吴伯箫的同名散文；[④]另外，周扬的《〈腊月二十一〉的立场问题》对鲁艺文学系学生张棣庚的短篇小说《腊月二十一》进行了严厉的批评。[⑤]

(2)知识分子思想改造和文艺创作的转变：舒群《必须改造自己》；立波《后悔与前瞻》；何其芳《改造自己，改造艺术》；温济泽《谈温情主义》；陈学昭《一个个人主义者怎样认识了共产党》和《体验劳动的开始》；吴玉章《共产党改造了我的思想》；王抗《知识分子在劳动中改造自己》；《解放日报》社论：《从春节宣传看文艺的新方向》；等。

(3)人物特写，通讯报告：孔厥《一个女人翻身的故事——记边区女参议员折聚英同志》、《吴满有的故事》、《人民英雄刘志丹》；周扬《一位不识字的劳动诗人——孙万福》；草明《无名女英雄》；丁玲《记砖窑湾骡马大会》、《民间艺人李卜》、《袁光华》(边区特等劳动英雄)；艾青《金炉不断千年火——记佟玉新》；陈学昭《为党工作》(记劳动英雄胡华钦)；等。

(4)秧歌剧本以及对秧歌和其他民间艺术形式的评论：《兄妹开

---

① 杨思仲《关于题材问题的一理解——评严文井同志有关这问题的主张和创作》，1942年7月4日《解放日报》。

② 杨思仲《关于形象和思想》，1942年7月27日《解放日报》。

③ 冯牧《关于写熟悉题材一解》，1942年8月22—23日《解放日报》。何其芳曾经提出"写熟悉的题材"、"写熟悉的人"的文学观念。他说："知识分子最好就是写知识分子。"何其芳《星火集·后记一》(1945)，《何其芳全集》第2卷第101页，河北人民出版社，2000。

④ 金灿然《论忘我的境界——借吴伯萧同志的题目就商于吴伯萧同志》，1942年6月13日《解放日报》。

⑤ 周扬《〈腊月二十一〉的立场问题》(1942年11月8日，解放日报)，狄耕《腊月二十一》(1942年8月4日《解放日报》)。

荒》，王大化、李波、路由集体编剧，路由写词，安波配曲；《动员起来》，枣园文艺工作团集体创作；邵子南《李勇大摆地雷阵》；贺敬之《栽树》（根据陕北民歌《摘南瓜》编写）；马可《夫妻识字》；《选好人》，西北文工团集体讨论，戴临风执笔；萧汀、方杰《回娘家》；王琳《模范妯娌》；杨醉乡《送公粮》（陕北小调剧）；立波《秧歌的艺术性》；周扬《表现新的群众的时代——看了春节秧歌以后》，艾思奇、萧三、默涵、柯仲平、张庚等对秧歌剧的评论；关于《白毛女》的评论和“书面座谈”；艾青《窗花剪纸》；等。

（5）“金务群”的困惑

《解放日报》第 4 版接连发表了几篇孙犁的作品：《荷花淀——白洋淀纪事之一》、《芦花荡——白洋淀纪事之二》、《村落战》（五柳庄纪事）。编者方纪很喜欢孙犁的作品，但很难以毛泽东《讲话》为标准来评论，当时的编辑黎辛等就建议他以“读者来信”的名义，刊登了《我们需要文艺批评》表达自己的困惑。这封信的署名是“金务群”。

孙犁同志的《荷花淀》，有些同志认为是充满健康乐观的情绪，写出了从斗争中锻炼出来的新的人物、新的生活、新的性格，而另外也有些同志则说是“充满小资产阶级情绪”，缺少敌后艰苦战斗的氛围。“她坐在一片洁白的雪地上……”是作者情感的表现等。这很难理解：究竟是新人物新性格呢，还是小资产阶级感情呢？这两种东西是极端相反的，但却发生在对同一篇作品的认识上。……现在文艺方向是有了，但具体的批评却少见。深望延安从事文艺理论与文艺批评的同志们，能对这些（自然不限于这一篇）具体作品加以分析研究，公开讨论。[1]

但报纸没有就“金务群”的困惑展开讨论。

《解放日报》第4版当时还登载了萧军长篇小说《第三代》中的一章《回家》、马加长篇小说《滹沱河流域》第1部、方纪《纺车的力量》等作品。《解放日报》当时的个别文章，表达出文艺工作者写短小精悍的“通讯、报告”和创作“典型的、纪念碑式的长篇作品”的困惑。[2]

1945年12月1日《解放日报》副刊编辑室刊登了《征求意见》，说在1945年年终的时候，对“副刊”作一个总结，就该年所发表的文艺作品、学术理论文章、科学知识、短评杂文“广播”歌曲漫画、处理稿件、问题解答、今后的改进意见共7个具体问题，向读者“征求意见”。这里可以看出，编者希望与读者沟通的积极生动的编辑心态。

(6)“新的人民的文艺”：赵树理《地板》以及“编者前记”、《李有才板话》；冯牧《人民文艺的杰出成果——推荐〈李有才板话〉》；周扬《论赵树理的创作》；茅盾《关于〈李有才板话〉》；马烽、西戎《吕梁英雄传》；李季《王贵与李香香——三边民间革命历史故事》；解清(黎辛)《从〈王贵与李香香〉说起》；陆定一《读了一首诗》等。

由于战事日紧，1946年11月22日之后，报社撤出延安，《解放日报》改为2版，均为战争形势报道，只在一个星期出一次4个版面的“星期增刊”，登载一些文艺内容。1947年2月9日和2月16日连续两期的“星期增刊”，它用两个版面登载了《关于〈星〉与〈列宁格勒〉杂志》和日丹诺夫《论苏联文艺倾向》，表现出对苏联最新文艺动态的关注。1947年3月27日，《解放日报》停刊，报社里的文艺活动也结束了。

---

① 参见黎辛《延安〈解放日报〉副刊部的负责人与编辑》，《新文学史料》2000年第2期，第121页。

② 《文艺工作者到前方》，1945年9月22日《解放日报》。

第六章

中央和边区的文化工作委员会、宣传部等与文化社团

在 20 世纪 40 年代前后的延安，文学社团的成立、兴衰、流变等，不只是归属于文学人自身的事务，也不仅仅受制于文学团体内部诸种因素的演变关系，同时还受到多种外在因素的直接影响。文学社团成立的动因、活动场所、出版刊物的经济资助及发行方式，还有文学人的生活来源、文化用品、交通工具等，无不与文学人所在的延安文化环境密切相关。延安文化环境的重要组成部分是中共中央或边区政府的文化工作委员会、中共中央宣传部和中央所在地的西北局宣传部，这些政治文化机构及其所制定的文化政策，相当大程度地规定着延安文学团体的可否成立、成立后的面貌、存在时间的长短等，同时，这些文化机构本身也成为延安文化的一种“团体”现象。

文化工作委员会或宣传部的工作，常常在“文化”和“宣传”这两个重心之间摆动。从延安时期文化工作委员会和宣传部的工作情形来看，他们有时把“文化”放到重心位置，而把关注目标投向“宣传”的大方向；有时则非常强调“宣传”目的，严格管理、审查，对“文化”的内容、方式、范围、人员等作出具体翔实的规定和要求。不同的领导、不同的文化政策，对延安文学社团产生着不同的影响、作用。

第一节　张闻天时期中宣部的文化人、文化团体政策

一、中共早期的文化工作委员会、宣传部与文艺社团

中国共产党在早期的政治机构设置以及政治活动的规划中，政治教育、政党思想宣传是非常重要的组成部分。中共专门设有政治部、宣传部、教育部等机构来从事思想教育和政治宣传工作，后来还专门设立文化工作委员会，将“文化”纳入政治宣传以作为增强政党力量、实现政治大目标的重要力量。1929年6月，中共江苏省委为了加强对上海南京一带文化人的组织领导，成立了隶属于中共中央宣传部的文化工作委员会（简称“文委”），年仅23岁的潘汉年被任命为第1任“文委”书记，接受周恩来的指示，直接干预20世纪30年代前后创造社、太阳社与鲁迅的论争，并联合各文化营垒中的人，组建了左联。[①]“文委”对于后期创造社、太阳社的聚散重组以及左联活动，起着非常重要的作用。

在苏区，1929年，毛泽东在古田会议的“决议”中说，应该纠正党内关于“单纯军事观点”等若干错误思想，强调“红军宣传工作”的意义，政治部应发给宣传队费用，充实艺术股，利用壁报、画报、革命歌谣、革命故事、花鼓调、旧剧等方式进行革命宣传活动。[②] 20世纪20年代末和30年代，上海等地陆续有文艺工作者到苏区，如成仿吾、沙可夫、钱壮飞、朱光等；从苏联回来的李伯钊到中央苏区后，以红军学校的戏剧

---

① 刘小清《红色狂飙——左联实录》，第260页，人民文学出版社，2004。

② 毛泽东《中国共产党红军第四军第九次代表大会决议案》（1929），收入《毛泽东文集》第2卷，第78－106页，中央文献出版社，1993。

爱好者为基础，成立了八一剧社。1933 年，苏区成立工农剧社总社，组织蓝衫剧团，附设高尔基戏剧学校，李伯钊兼任团长和校长。[1] 1935 年，红军长征到达陕北。在陕北苏区的人民抗日剧社也为群众“狂热地欢迎着”。[2] 延安和陕甘宁边区是中共中央所在地，之后，中共又建立了其他抗日民主根据地：晋察冀边区、晋绥边区、晋冀鲁豫边区、华中地区、山东地区等，各地又相继建立了不同等级的政治部、宣传部、政治处、宣传处、列宁室、救亡室、文化俱乐部、文化工作团、文艺宣传队、文化联合会等等政治机构、文化组织和文艺团体。文艺社团，渐渐成为中共进行宣传教育工作的自觉使用的手段之一。

文艺社团更多数量、更大规模、更强实力地被纳入宣传教育范畴，被当作中共建设“新中国”的政治目标和建设“新文化”的国家谋略，是在延安时期；而张闻天担任中共中央宣传部部长期间所制定的一系列有关文化人、文化团体的政策及其实施结果，对 40 年代前后延安文化组织和文学社团的兴衰起伏，产生了非同寻常的影响。

二、张闻天以及中共关于文化人、文化团体的政策

张闻天不仅是一个坚定的无产阶级政治理想的信仰者追求者，同时也曾经是一个热诚的、有很多文学实绩的文艺家。作为一个钟情于文艺的政治家，担任中共宣传部长的张闻天对于文化人、文化团体的意义、设想，他个人与文化人之间的交往、情谊等，都特别突出了“文化”的重心。

张闻天(1900—1976)，江苏南汇(今上海浦东新区机场镇)人。五四时期，张闻天“特别爱好”文艺，并且进行了很多文学翻译、创作、评论工作。他曾说：“五四前《新青年》的出版给了我很大影响。我的自

---

① 参见刘增杰等《中国解放区文学史》，第 18—19 页，河南大学出版社，1984。

② 雷铁鸣《戏剧运动在陕北》，1937 年 6 月 28 日《解放》周刊第 1 卷第 8 期。

我觉醒也于此开始。……并成为当时新文化运动的参与者。当时对于文艺特别爱好。”[①]20 世纪 20 年代，张闻天翻译了《托尔斯泰的艺术观》、《泰戈尔之“诗与哲学”观》、《泰戈尔对于印度和世界的使命》、获诺贝尔文学奖(1922 年)的西班牙贝纳文德的剧本《热情之花》和《伪善者》，并发表《译者序言》等。他与汪馥泉合写论文《王尔德介绍》并合译《狱中记》。他还大量翻译了俄国作家柯罗连科、安特列夫的作品，写下《歌德的〈浮士德〉》的 2 万字文章。张闻天自己创作的长篇小说《旅途》被列为“文学研究会丛书”由商务印书馆出版，三幕话剧《青春的梦》被列为“少年中国学会丛书”由中华书局出版。他还有“对于中国现文坛的感想”《生命的跳跃》。张闻天另有许多其他文学活动。[②]1925 年，张闻天在上海“最后下决心”加入中国共产党，后被派往莫斯科中山大学学习 5 年。1931 年，张闻天从莫斯科回国后，担任中共中央宣传部部长，后来又担任中央政治局委员和书记处书记。从 1937 年 12 月到 1942 年 1 月去陕北和晋西北进行社会调查，张闻天一直担任中宣部部长。1938 年 9 月中共党的六届六中全会之后，张闻天按照共产国际指示的精神，按照六中全会关于以毛泽东为首准备召开中共“七大”的决议精神，主动将党的负责工作移交给毛泽东，主要执管宣传和干部教育等工作。[③]

20 世纪 30 年代以来，张闻天多次强调中共党的宣传工作、文化教育以及宣传内容、教育方式的重要性。《论我们的宣传鼓动工作》说：“我们还没有很好地把宣传鼓动工作的转变提到全党的前面，还没有

---

① 张闻天《洛甫自传》(1941)，收入《张闻天文集》第 3 卷，第 122－124 页，改题为《自我小传》，中共党史出版社，1994。

② 参见程中原《张闻天传》(修订版)，第 4 章《投身新文学运动》，当代中国出版社，2000。另见《张闻天文集》第 1 卷，中共党史出版社，1990。

③ 程中原《张闻天》，第 13 章《主管宣传和干部教育》，第 427 页，当代中国出版社，1993。

充分了解到,宣传鼓动工作的转变,是转变我们党的群众工作,是使我们党深入到群众中去的最主要条件之一。……在宣传鼓动的内容方面,我们往往是死板的、千篇一律的,笼统武断的。我们在这一方面缺乏具体性、时间性、缺乏忍耐的解释与具体的证明的工作。"①《论苏维埃政权的文化教育政策》说:"在我们党内存在着一种机会主义的思想,以为现在是革命战争的时期,现在是一切应该服从战争的时期,所以苏维埃区域内的文化教育工作应该取消,学校应该停办,一切苏维埃政府的文化教育经费都应该拿来放到战争上去。这种机会主义思想的结果,造成了苏区内文化教育工作的特别的落后,甚至使苏维埃中央政府的教育部变成了无人顾问的机关。""犯有这种机会主义思想的同志,显然根本不了解苏维埃的文化教育政策同国民党的完全不相同,根本不了解文化教育工作同革命战争有何密切的关系。……在国民党全部财政的支出方面,用在文化教育上的不到百分之一。"②在《党的宣传鼓动提纲》中,张闻天更具体地就"文化运动"问题说:"党应当经过文化运动来宣传革命的思想,科学社会主义的思想。党应当从各方面领导和组织文化运动,帮助文化运动的发展,在大后方、在敌占区、在根据地内部都应当依照各种不同的情况发展文化运动。"③

在延安,除了主编中共机关理论刊物《解放》周刊、编辑中共机关内部刊物《共产党人》、兼任马列学院院长等工作之外,张闻天对中共的知识分子工作、文化政策等,有许多极为具体的论述和安排。很多文化人被调到延安以及文化人到延安后的工作安排,都与张闻天有或

---

① 歌特(张闻天)《论我们的宣传工作》(1932 年 11 月 18 日中共中央机关报《斗争》第 31 期),见《张闻天文集》第 1 卷,第 315－321 页,中共党史出版社,1990。

② 洛甫(张闻天)《论苏维埃政权的文化教育政策》(1933),《张闻天文集》第 1 卷,第 401 页,中共党史出版社,1990。

③ 张闻天《党的宣传鼓动提纲》(1941 年 6 月),《张闻天文集》第 3 卷,第 157－158 页,中共党史出版社,1994。

多或少的联系，如周立波到延安，丁玲到《解放日报》文艺栏当主编，艾青到延安后的工作，等等，都与张闻天的直接安排相关。张闻天对于王实味也有一定的了解。他曾说，王实味对中国新文学有一定的了解，建议想要述写“中国新文学运动史”的刘雪苇跟王实味进行交流。①

1940年1月，张闻天在陕甘宁边区文协第一次代表大会上作长篇报告《抗战以来中华民族的新文化运动与今后任务》，在论及“中华民族新文化运动当前的具体任务”时，他说：

> 进一步发展新文化的各部门、各方面，如文学、艺术、科学、哲学，使之更能为抗战建国服务。为此必须：
>
> （一）进一步研究中国的实际、中国的历史、中国文化的各方面，求得在思想上正确地解决抗战建国中的各种重要问题。
>
> （二）大胆地创作、写作、著述、介绍、翻译，来打破各种限制，打破各种陈旧的观点与标准，建立新观点、新标准，以发展学术、提高学术。
>
> （三）组织各种文化的、研究的、考察的团体，提倡自由研究、自由思想、自由论辩的生动、民主、活泼的作风。
>
> （四）建立各种专门研究机关，要求政府及社会团体划出一定的文化经费，以布置必要的文化设备与供给。
>
> （五）组织新文化运动大师鲁迅先生的研究会或研究院等。②

---

① 参见雪苇《我和王实味》，1993年第2期《新文学史料》。

② 洛甫《抗战以来中华民族的新文化运动与今后任务》，1940年4月15日《中国文化》第1卷第2期，第14页。

在这一报告中，张闻天认为，应该建立“思想上统一的”的文化统一战线，“在一个广泛的共同目的下，可建立广泛的文化统一战线（如文化界救亡协会），但在同一部门内（如文学、艺术、自然科学、社会科学或哲学内），甚至一个问题上，更容易建立某一部门的统一战线（如文艺界救亡协会或哲学研究会等）。……统一战线的组织，不应有很严密的集中的组织生活。应保证统一战线内的文化工作者有发表、辩论、创作与生活的充分民主与自由，并给他们以足够的单独工作时间。”

对于文化人之间的内部矛盾，对于国统区和陕甘宁边区的文化人的一些宗派关系，张闻天也并非不知道。但他的主张是：“统一战线内部的意见上的某种不一致、意气之争、门户之见，一般是不可避免的。应经过民主的方式来解决各种争论。应该提倡自由论辩与讨论的风气。争论一时不能解决也不要紧，不必过早作结论。对某个文化人的缺点的提出，也要经过适当的方式。”[①]当艾青从重庆来到延安，与张闻天谈起胡风不愿意到延安来等事，张闻天说：“有什么意见，只要到家里，就一定能说清楚。”[②]

1940 年 10 月，张闻天根据《抗战以来中华民族的新文化运动与今后任务》报告中有关“中华民族新文化运动当前的具体任务”，又为中宣部、中共中央文化工作委员会起草了《关于各抗日根据地文化人与文化团体的指示》，更为具体地制定了相关政策：

一、应该重视文化人，纠正党内一部分同志轻视、厌恶、

① 洛甫《抗战以来中华民族的新文化运动与今后任务》，1940 年 4 月 15 日《中国文化》第 1 卷第 2 期，第 18 页。

② 艾青《思念胡风和田间》(1986)，《艾青全集》第 5 卷，第 330—331 页，(石家庄)花山文艺出版社，1991。

猜疑文化人的落后心理。须知一个在社会上有相当地位、相当声望、能有一艺之长的文化人，其作品在对内对外常常有很大的影响。

二、应该用一切方法在精神上、物质上保障文化人写作的必要条件，使他们的才力能够充分地使用，使他们写作的积极性能够最大地发挥。须知爱好写作、要求写作，是文化人的特点。他们的作品，就是他们对于革命事业的最大贡献。

三、党的领导机关，除一般地给予他们写作上的任务与方向外，力求避免对于他们写作上人为的限制与干涉。我们应该在实际上保证他们写作上的充分自由。给文艺作家规定具体题目、规定政治内容、限时限刻交卷的办法，是完全要不得的。

四、对于文化人的作品，应采取严正的、批判的，但又是宽大的立场，力戒以政治口号与偏狭的公式去非难作者，尤其不应出以讥笑怒骂的态度。……

五、……共产党人应有足够的气量使自己能够同具有不完全同我们一样生活习惯的文化人共同生活，共同工作。对于文化人生活习惯上过高的苛刻的要求是不适当的。

六、各类不同的文化人(如小说家、戏剧家、音乐家、哲学家等)，可以组织各种不同类的文化团体，如文学研究会、戏剧协会、音乐协会、新哲学研究会等。这些团体亦可联合起来，成立文化界救亡协会之类的联合团体。但应该估计到这些团体同其他民众团体的不同性质，而规定他们的特殊任务。这些团体的任务，一般是：介绍、研究、出版、推广各种文化作品；吸收与培养各方面的文化人材；指导大众的各方面文化活动;联络文化人间的感情与保护他们的切身利益;组织文化人向各地报章杂志写稿;介绍并递寄他们的作品或译著到全国性大书局出版;向外面的及大后方的文化团体进行经常的联络。纠正有些地方把文化团体同其他群众团体一样看待及要它们担任一般群众工作的不适当的现象。

七、上述各种文化团体……不必在各地建立自上而下的、系统的、普遍的组织。只有在文化人比较集中的中心地区,可以建立它们个别的分会。团体内部不必有很严格的组织生活与很多会议,以保证文化人有充分研究的自由与写作的时间。

八、文化人的最大要求,及对于文化人的最大鼓励,是他们的作品发表。因此,我们应采取一切方法,如出版刊物、公演戏曲、公开讲演、举办展览会等,来发表他们的作品,同时发表他们的作品也即是推广文化运动的最主要方式。

九、各文化团体应该努力指导各学校、各机关、各部队、各民众团体的文化运动,帮助他们组织各种群众的小团体,如歌咏队、剧团、文学小组之类,并供给他们以指导者与研究材料。必要时可召集他们开一定的代表会或座谈会。但在组织系统上,这些群众的文化小团体不属于各文化团体,而仍属于各学校、各机关、各部队、各民众团体的文化教育宣传部门,以避免各文化团体因忙于日常的组织工作,而妨碍文化人基本任务的完成。

十、在文化人比较集中的地区,应设立文化俱乐部一类的地方,以供给文化人集会与娱乐之用。此外,为了使作家们有创作的适当场所,可特设“创作之家”一类的住所,使他们能够安静下来,从事他们的创作。

十一、……培养新的文化工作干部……

十二、……培养一小部分在文化运动中能够担任组织工作的干部……没有这些文化组织工作者，文化人内部的很好团结，文化人及文化团体的效能的充分发挥，是很困难的。现在各地文化运动中特别缺乏这类干部。

十三、继续设法罗致与吸收大批文化人到我们根据地来。必须使我们的根据地不但能够让他们安心于自己的工作，求得自己的进步，而且也是最能施展他们的才能的场所。①

张闻天担任宣传部长期间，采取了以“文化”为重心、发展中华民族“新文化”的思路，并相应地为文化人和文化团体制定了诸多具体的相对自由、宽松的组织关系政策以及以创作、研究为本位的文化追求目标。这些具体的设想、政策、举措及其实施，极大地激发了延安文化组织的萌生和发展，形成了1940至1941年延安文学团体、文化活动繁盛的局面。鲁迅研究会、文艺月会、谷雨社、草叶社、早期《解放日报》文艺社等文学团体，以及边区文协的“文化俱乐部”、文抗的“作家俱乐部”、鲁艺的“创作之家”等公共文化场所，还有其他文化组织团体，如社会科学研究会、国防教育研究会、国防科学社、世界语者协会、新文字研究会、青年记者协会、新哲学会、小学教师联合会、少数民族文化工作委员会、鲁迅研究委员会、国际宣传委员会、大众文化工作委员会等社会科学团体纷纷建立，并归属到边区文协的领导之下。

但是，1941年6至7月，张闻天被认为是王明的右倾机会主义和

---

① 《中央宣传部、中央文化工作委员会关于各抗日根据地文化人与文化团体的指示》，《共产党人》，1940年第12期。收入《张闻天文集》第3卷，第116—119页，改题为《正确处理文化人与文化团体的问题》，中央党史出版社，1994。

教条主义路线的执行者而受到毛泽东的严厉批评。[①] 1941 年 9 至 10 月，中共中央召开政治局扩大会议（简称“九月会议”），检讨党在土地革命战争时期的政治路线问题，毛泽东在会上作报告，指明六届四中全会至遵义会议前党中央领导所犯的错误是“路线错误”。张闻天在 1941 年 9 月 29 日的发言进行了自我检讨：“我个人的主观主义、教条主义极严重，理论与实际脱离，过去没有深刻了解到。……我过去处境顺利，自视太高，钉子碰得太少，经过毛主席的教育与帮助，使我得益极大。今后当努力克服自己的弱点。”[②]1941 年下半年开始，毛泽东准备在党内进行大规模的思想整风运动，张闻天知道自己与毛泽东可能会产生思想矛盾，便带领一个调查团，于 1942 年 1 月去陕北、晋西北进行社会调查，直到 1943 年 3 月返回延安。[③] 张闻天离开延安期间，由中宣部副部长何凯丰代理宣传部长。凯丰与毛泽东一起组织召开了 1942 年 5 月的延安文艺座谈会。毛泽东说：“在整顿三风中间，一切同志都要整顿，文艺界也包括在内，其目的就是要把资产阶级思想、小资产阶级思想加以破除，转变为无产阶级思想”，解决“文学家、

---

① 参见《胡乔木回忆毛泽东》第二部分，人民出版社，1994。

② 张闻天《缺乏实际工作经验要补课》，《张闻天文集》第 3 卷，第 162—163 页，中共党史出版社，1994。

③ 参见程中原《张闻天传》第 15 章《整风前后》，当代中国出版社，2000。张闻天后来仍然在进行自我批评。1945 年 5 月 2 日，张闻天《在中国共产党第七次全国代表大会上的发言》里说：“我们党内曾经存在过，现在还多少存在着，而且在个别时候甚至统治过全党的违反毛泽东同志的作风的小资产阶级的作风，党内的一种歪风。这种小资产阶级的歪风的特点，正和毛泽东同志的作风相反，正是理论脱离实践、脱离群众、缺乏自我批评的作风。而本人曾经在长时期内即为这种小资产阶级作风的代表者之一。”张闻天以“小资产阶级出身的革命知识分子”为中心，说明了自己小资产阶级的学习态度、主观主义的思想和作风、群众观点、共产党人、马克思主义思想等问题，写了上万字的思想反省和检讨：“我开始反省我自己的一切错误，我开始严厉地批判自己，我开始抛弃自己的包袱，我开始虚心了。……为了真理，我必须抛弃我的‘小资产’，使自己变为‘无产’者。这对于小资产阶级的灵魂来说，当然是非常痛苦的。”（张闻天《在中国共产党第七次全国代表大会上发言》，《张闻天文集》第 3 卷，第 253 页，中共党史出版社，1994。）

艺术家、文艺工作者和我们党的干部相结合，和工人农民相结合，以及和军队官兵相结合的问题”。[①] 因此，张闻天时期中宣部制定的有关文化人文化团体政策，也发生了根本性的变化。加上左联时期的宗派关系矛盾延续到延安的文化活动之中，三个“文化山头”之间发生的矛盾，各文化团体内部成员之间的精神感情冲撞，延安新出现的一些文学现象，等，延安文化人被认为“暴露出许多严重问题”、“作家内部的纠纷、作家与其他方面的纠纷，层出不穷”等偏向，文协、文抗等团体“害了文化人”，[②]因此，随着延安思想整风运动、政治审干运动的大规模展开，1942 年下半年以后，中宣部、中央文化工作委员会调整了文化人文化团体政策，文化团体解散、重组，文化人下乡，转变创作方向，文学历史由此发生了巨大变化。

第二节　吴玉章与边区文化工作委员会的诸种议案

一、边区文化工作委员会的成立

1942 年 1 月以后，随着张闻天离开延安，中央另成立文化工作委员会作为“陕甘宁边区文化运动领导机关”，用以适应整风运动的新的政治形势要求，管理和处理文化问题，加强中央对边区文化工作的全盘性领导，加强中央对延安所有文化团体的领导。边区所有的文化社团，原来归属于边区文协，此后全部归入文化工作委员会领导，边区文

① 毛泽东《文艺工作者要同工农兵相结合》，1942 年 5 月 28 日毛泽东在中央学习组会上的报告。《毛泽东文集》第 2 卷，第 426 页，第 425 页，中央文献出版社，1993。

② 《关于延安对文化人工作的经验介绍》(1943 年 4 月 22 日)，《中国解放区文学大系·文学运动理论》(一)，第 18—20 页，重庆出版社，1992。

协则成为文化工作委员会的一个分支机构。

1942年1月5日,陕甘宁边区政府政务会议通过边区教育厅拟定的《一九四二年教育工作计划大纲》,规定“一九四二年边区教育的中心工作应该是:第一,建立正规教育制度;第二,提高各级教育质量;第三,继续推行新文字,消灭‘文盲’,并决定成立文化工作委员会”。[①]

1942年3月5日,边区文化工作委员会成立,到会20余人,主席吴玉章,秘书长周文报告该会缘起。会议就文化工作委员会“组织简章草案”进行了讨论,还商定了该会的工作纲领是,针对边区实际需要,培植地方文化干部,联系全国文化界,共同开展全国新文化运动。会议确定:1.文化工作委员会系适应边区文化运动的要求,根据边区政府组织条例第一条之规定成立的。2.本会为陕甘宁边区文化运动领导机关,以开展新民主主义的文化为任务。3.本会直属于边区政府。4.本会由边区政府聘请文化界人士若干人为委员,担任研究、设计,推动领导等工作。5.本会由边区政府聘任主任1人,主持会务;聘请秘书长1人,辅助主任领导会内工作人员、执行本会日常工作(工作细则另行规定)。6.本会会议暂定每月举行1次,必要时可召集临时会议。[②] 边区政府文化工作委员会确定了它的“陕甘宁边区文化运动领导机关”的位置,聘请了27人为委员,他们是:林伯渠、李鼎铭、贺连城、吴玉章、徐特立、李丹生、丁玲、柯仲平、吕骥、艾青、塞克、高长虹、萧军、莫文骅、柳湜、李卓然、丁浩川、江丰、马济川、舒群、周扬、欧阳山、萧三、罗烽、何思敬、艾思奇、周文。确定吴玉章为主任,罗烽为秘书长。

1942年3月13日《解放日报》第4版登载了《边府文委工作纲

---

① 《一九四二年教育工作计划大纲》,1942年1月7日《解放日报》。

② 《开展边区新文化,边府文工委成立,通过组织简则工作纲领》,1942年3月7日《解放日报》。

领》：

(一)本会代表陕甘宁边区政府,根据新民主主义纲领,领导并开展边区文化运动。

(二)厉行学术思想与创作之自由。

(三)以群策群力建立科学化、民族化、大众化的文化基础。

(四)普及和提高的工作同时并进,使其相生相长,相辅相依。

(五)团结边区的文化团体及文化人士,从物质上精神上改善其工作条件,发挥其所能所长以加强工作效率。

(六)针对边区实际需要,培养边区文化干部,并提高一般干部的文化水平。

(七)与全国文化界,恳切携手建设新文化,争取抗战与反法西斯的最后胜利。

1942年3月15日,边区文委在边区政府开始办公。[①] 第一件公务是规定延安所有的文化单位重新进行登记。到1942年3月26日,向边区政府文化工作委员会登记的单位有20多个:边区文协、自然科学研究会、文抗、美协、音协、青协、曲协、剧协、诗会、世界语协会、鲁迅研究会、民间音乐研究会、文艺月会、星期文艺学园、青年剧院、文化俱乐部、新教育协会、轻骑队、中山图书馆、“九一八”文艺社等。

1942年3月25日的《解放日报》特别就边区文化工作委员会的成

① 1942年3月15日《解放日报》第1版报道:陕甘宁边区文化工作委员会自即日起,开始在边府办公。

立，发表了社论《把文化工作推进一步》，说明“在政府机关里设立适当的组织机构来进行团结文化人士及领导文化工作”的重要性。“社论”说：“文化工作在边区是从来没有被看轻的。五年以来，这里团结了许多科学技术家、文艺家、社会科学家以及知识分子，开展了延安以及边区各地的文化活动。”“社论”指出了边区文化工作的缺点：“不论在文化界人士的团结方面，无论在各种文化工作的开展上，都会有过很多不正确的表现。……对于文化人士狭隘的简单政治尺度的看法，对于文化工作的特点的忽视，对于各文化团体的工作不能依据边区的需要和边区的具体情形给予有计划的推动，这一切，使得边区的文化工作没有能够达到它所应有的开展程度，而在政府机关里没有设立适当的组织机构来进行团结文化人士及领导文化工作，更可以说是一个很大的缺陷。”“上海租界被日寇占领，香港沦落，中国就随着失去了两个重要的文化据点。在大后方仅有的几个都市上，文化运动自由发挥的光辉仍然似乎黯淡得很。当着这样的时候，陕甘宁边区在全国文化运动上的地位，是比以前更重要了。”

陕甘宁边区政府主席林伯渠在 1942 年 6 月的《陕甘宁边区政府五个月工作总结》谈到“文化教育”时这样说起文化工作委员会：“边区内文学、艺术以及各种文化团体，过去对于抗战，对于群众和干部，曾经发挥了很大的作用。今年已由边府聘请文化界各方面热心人士，成立文化工作委员会，对所有团体，有计划地领导起来，并在工作和经济上给以帮助，使得整个文化运动，更加统一，向前发展，以建设新民主主义的文化。”①

二、边区文化工作委员会的“工作”

1942 年，主持边区文化工作委员会的吴玉章 64 岁。吴玉章（1878

① 林伯渠《陕甘宁边区政府五个月工作总结》，1942 年 6 月 1 日《解放日报》第 3 版。

—1966)，四川荣县人。1903年留学日本，受维新变法思想的影响，加入中国同盟会；1913年去法国，受共产主义思想影响，加入中国共产党；1919年回成都。后参加南昌起义；起义失败后，到苏联。1939年11月，吴玉章到延安，从事新文字研究工作，是边区众多文化协会的“会长”。他主持边区文化工作委员会，从总体上说，风格比较温和、务实，主要在“经费”、组织作家写剧本等具体问题和事情上，开展工作。

文化工作委员会利用边区政府的经费投入，资助延安各文化团体和文化人个体，设立“文艺奖金”，帮助大后方文化人。

1942年4月10日上午在交际处，边区文委举行了第2次例会。主席吴玉章，秘书长罗烽报告3月份会务，讨论了经费、目前工作等议案。[①] 1942年5月21日，边区文化工作委员会借银行大楼举行第3次会议，罗烽报告第2次例会以来该会的工作情形：上次例会决定经费分配方案及成立各种工作委员会后，4月份已发出延安各文化团体经常补助费及特别补助费3万余元。“五四青年文艺奖金”已开始征稿。会议讨论秘书处提出的多项提案，当即通过：1. 自香港沦陷，在港文化工作者先后脱险回国，该会前曾致电慰问，[②]今复鉴于大后方物价飞涨，文化工作者生活自艰，急需各方精神与物质之切实援助，乃决议由该会拨款国币一万元予以援助，并联合延安文化工作者联名致电慰问。2. 为全面展开边区文化运动，发挥各部门文化工作效能，特由边区文协出版《边区文化》、剧协出版《边区戏剧》、音协出版《民族音乐》、美协出版《美协会刊》、新文字协会出版初级新文字刊物《大家看》。3. 为改善延安文抗分会之创作环境及作家生活，除每月补助该会经常

① 《边府文委二次例会，确定文化团体经费支付办法，成立各种临时工作委员会，研究优待文化工作者办法》，1942年4月13日《解放日报》第2版。

② 1942年3月12日《解放日报》第3版载，陕甘宁边区政府文化工作委员会致电柳亚子等香港脱险文化界人士。

费外，特再拨借五千元为该会改善生活之生产基金。[①]

1942年5月11日，鲁迅基金管理委员会在《解放日报》发布消息说，得到边区文委拨助基金五千元，已经领得该款的五分之二，即日开始贷款。“凡延安文艺界因疾病、结婚、分娩等需款者，均可向该会提出申请，与延大何思敬同志接洽。其规定每月以五人为限，每人以一百五十至二百元为限。”[②]

1942年5月29日上午，边区文委在文化俱乐部召集音协、美协、剧协等团体会议，决议成立临时工作委员会，实行文化人战时动员，号召大家到部队中去，到地方民兵里去，文武双方配合工作，参加者有吴玉章、萧三、柯仲平、塞克、吕骥、罗烽及各团体等40余人。[③] 临时工作委员会委员为：吴玉章、柯仲平、艾青、丁玲、塞克、莫文骅（留征兵团政治部主任）等12人，萧三任宣传，罗烽担任组织工作。目前主要任务是，由临时工作委员会发给登记表，登记各协会各剧团，编成若干队，每一队由20人到40人不等，工作重心着重于戏剧，并配合歌咏、美术等。[④]

1942年6月27日，边区文委临时工作委员会在文化俱乐部凉亭召开剧作者座谈会，30余人参加。萧三号召剧作者积极写作反映边区、反映八路军、反映敌人凶狠的剧本。塞克、王震之等谈及延安过去只演大剧，只演外国戏，看不起自己写的小戏，是一种应纠正的偏向，今后剧作者应以工农兵为主要对象，要在普及中提高。最后决定由各剧团赶写小型剧本，限“七七”左右交稿。[⑤]

---

① 《边区文委拨款万元，援助香港脱险文化人》，1942年5月24日《解放日报》第3版。

② 《鲁迅基金管委会放发文艺贷金》，1942年5月11日《解放日报》第3版。

③ 《笔杆子枪杆子结合起来，文化人到部队中去！边区文委配合战时动员，成立临时工作委员会》，1942年5月30日《解放日报》第1版。

④ 《文人入伍，边区文委正进行编组工作》，1942年6月12日《解放日报》第2版。

⑤ 《延安剧作者座谈会，商讨今后剧运方向》，1942年6月28日《解放日报》第2版。

1942年7月9日，边区文委举行第4次例会，主任吴玉章主持，秘书长罗烽报告上月工作。这次会议主要讨论抗战剧本的创作与演出问题：一、召集各协联席会议，决定艺术工作者要深入部队，各协会刊内容应以工农兵为主要对象。二、各戏剧团体应该写现实题材的剧本，成立剧作者协会，由荒煤、塞克、刘白羽、王震之、李伯钊、舒群、欧阳山、萧三等同志集体创作关于左权同志英勇牺牲的剧本。纪念左权，通过他来反映支持中华民族命运的八路军新精神。集体创作委员会：塞克、李伯钊、王震之、萧三、荒煤、刘白羽、罗烽、丁玲等。[①] 三、为写左权剧本搜集材料，先后举行3次会议，请杨尚昆、赵品三及左权夫人刘芝兰报告左权工作及生平。这次会议作出一系列决定，并公布在《解放日报》上：

一、成立艺术作品评选委员会，推定塞克、萧三、江丰、吕骥、柯仲平、艾思奇、罗烽等任委员。

二、奖励反映边区以工农兵为对象的艺术作品，奖金从优，重质不重量。

三、优待边区文化干部，制定优待标准。

四、"八一节"举行晚会3天，动员戏剧、美术、音乐各界以反侵略反法西斯、建立新中国及全世界和平为内容，向工农兵作有力的宣传。

五、自七月起，补助文艺刊物稿费，增加1元，即每千字补助稿费3元。

六、关于左权剧本，由临时工委宣传部选择适当环境集

① 《纪念左权同志，延安文艺界创作剧本》，1942年7月5日《解放日报》第2版。

中写作。[1]

1943年以后，吴玉章主持的边区文化工作委员会的工作告一段落，延安文化的领导工作又转向中宣部为核心的中央文化工作委员会（简称“中央文委”），由周扬担任中央文委主任。有时中央文委与边区文委联合工作。1943年3月10日，中央文委和中央组织部召集延安从事文艺工作的党员50多人开了一天会，使即将参加实际工作的党员作家充分了解党的文艺政策，实现毛泽东《讲话》新方向。中宣部代部长凯丰和中组部部长陈云详细说明作家到群众中去的重要意义，凯丰的报告是《关于文艺工作者下乡的问题》，陈云的题目是《关于党的文艺工作者的两个倾向问题》，[2]要求作家“到前方到农村成为群众一分子”，“从改造实际中长期学习”，“反对自视特殊和自高自大”。1943年3月15日，《解放日报》报道说，延安作家纷纷下乡，实行党的文艺政策。

随着延安作家纷纷下乡工作，中央文委的工作常与中共中央所在地的西北局文委的工作合为一体，由西北局宣传部领导。

第三节　西北局宣传部工作与延安戏剧团体

1943年3月以后，延安作家下乡，文抗所在的蓝家坪会址撤销，文抗内的鲁迅研究会、文艺月会、谷雨社等，都已停止社团活动；鲁艺文

① 《边区文委例会，通过优待边区文化干部，奖励以工农兵为对象的艺术作品，动员艺术界纪念八一节扩大宣传》，1942年7月11日《解放日报》第2版。

② 《现实文艺运动的新方向，中央文委召开党的文艺工作者会议》，1943年3月13日《解放日报》第1版。凯丰和陈云的报告，分别见1943年3月28日、29日《解放日报》第4版。

学系的《草叶》杂志也已停刊;《解放日报》文艺社进行了很大的改版调整。作家们分散到部队、工厂、农村等地,很多人转向创作通讯和报告文学。这时期,中央文委、边区文委、西北局文委、西北局宣传部等联合起来,将工作重心转向注重宣传、活跃气氛的戏剧运动,既"审查"剧本,也"表彰"剧本。

1943年春节,鲁艺借鉴陕北地方戏曲的表演方式和音乐曲调,上演秧歌剧《兄妹开荒》、《打花鼓》等,受到了从上到下的欢迎,因此,戏剧、秧歌剧、民间曲艺、民间艺人的改造等相关问题,成为文化工作委员会、宣传部关注的焦点,而戏剧运动方针、审查剧本、秧歌剧活动、春节宣传等问题和事件,成为新的工作重点。也就是说,从整风运动以后,延安的文化组织社团及其活动,由"文学"转向了"戏剧",由"文学社团"转向"戏剧社团",由"专业"转向"宣传",由"提高"转向"普及",由"文化人"转向"民间艺人";而长年从事普及、宣传工作的柯仲平和马健翎率领的民众剧团、丁玲和周巍峙带领的西北战地服务团、杨醉乡领导的抗战剧团等,受到了中央文委边区文委等的表彰。

1943年3月22日,中央文委开会讨论戏剧运动的方针问题,并成立戏剧工作委员会。到会的除中央文委委员外,还有边区文委吴玉章和徐特立、西北局宣传部长李卓然、留守兵团政治部宣传部长萧向荣等。会议确定边区和各抗日根据地的剧运方针是为战争、生产及教育服务。中宣部代部长凯丰说:"内容是抗战所需要的,形式是群众所了解的——提倡合于这个要求的戏剧,反对违背这个要求的戏剧,这就是现在一切戏剧运动的出发点。"为了贯彻这一方针,中央文委决定与西北局文委合组一个戏剧工作委员会,由周扬、柯仲平、张庚、王震之、钟敬之等组成,周扬任主任,柯仲平任副主任,钟敬之任秘书长。该委员会当前的中心任务是:总结抗战以来边区戏剧工作经验,准备在5月召开边区戏剧工作会议,使今后边区戏剧工作走上统一的道路。中央文委已通知延安各剧团有系统地检查和总结过去工作，西北局和留政宣传部也将通电各分区各旅的剧团作同样的总结，并及早指定人研究，以便届时有准备地来延安参加会议。会议总结了这一时期戏剧创作的成绩与不足，肯定了好的剧目，也指出近期戏剧工作存在某种脱离实际的偏向。1943 年 3 月 27 日《解放日报》为这次会议刊登“特讯”说，中央文委关于戏剧问题的讨论，显示了“边区戏剧运动在党中央和西北局的指导下即将进入一个新的阶段”。①

1944 年 10 月 11 日，边区文教代表大会在边区参议会大礼堂开幕。丁玲、艾青、萧三、周立波等人纷纷采访民间艺人和民间艺术团体，《解放日报》分出大量篇幅，登载他们的采访报告，如马可、清宇执笔的《刘志仁和南仓社火》、苏林执笔《杜芝栋和镇靖城的秧歌活动》、丁玲的《民间艺人李卜》、安波执笔的《驼耳巷区的道情班子》、艾青《汪庭有和他的歌》、萧三、立波《练子嘴英雄拓老汉》等。1944 年 11 月 6 日，边区文教大会艺术组在边区参议会大礼堂举行群众秧歌戏剧第 1 次汇演，节目有社火《跑红灯》，秧歌《破除迷信》、《减租》、《小姑贤》、《蛮婆算命》，练子嘴《闹官》、《张琏卖布》等。文教大会表彰了柯仲平、马健翎领导的民众剧团，颁发其“特等模范”奖旗，授予马健翎个人特等奖和“人民艺术家”称号。大会还表扬了杨醉乡领导的抗战剧团和丁玲领导的西北战地服务团。周扬 11 月 2 日的大会总结报告《开展群众新文艺运动》中说，1. 群众要求新文艺，但封建旧文艺在群众中尚占优势。2. 普及工作是今天整个新文艺运动的主要任务。3. 改造旧秧歌，发展新秧歌，刘志仁是群众新秧歌运动的先驱与模范。4. 改造旧戏，团结与改造旧艺人。5. 加强地方剧团作用，贯彻剧团下乡方针。

---

① 《中央文委确定剧运方针，为战争生产教育服务，成立戏剧工作委员会》，1943 年 3 月 27 日《解放日报》第 1 版。

6.党政领导机关应重视文艺工作,加以认真、细致的领导。[①] 大会通过《关于发展群众艺术的决定》。[②] 刘志仁、马健翎、杨醉乡获个人特等奖;民众剧团获集体特等奖;艾青获得中央直属机关"模范工作者"奖状和中央党校"为人民服务的模范"奖状。1944年11月23日《解放日报》社论说,毛泽东《讲话》以后,文艺界所获得的这些成绩"表示了中国新民主主义文化的一个长足的进展"。[③]

1944年4月15日,中共中央西北局宣传部为贯彻毛泽东关于开展边区文化建设的指示,约集各地地委书记及各机关负责同志开座谈会,对报纸、学校、卫生、艺术等工作作出具体规定。艺术方面的决定是:1.留守兵团宣传部、边区文协、延安大学、平剧院、民众剧团等,组织较大规模的宣传队,于本年10月底到各分区及部队驻地,组织并进行本年年关及明年春节的文艺活动。2.由鲁艺抽调一些有艺术素养的干部到各分区剧团工作。3.各分区均注意调查并训练当地民间艺人,吸收他们参加当地文艺工作。4.边区文协最近召集座谈会,总结今年秧歌队下乡经验,并奖励其中最有成绩者。[④] 1944年4月28日,西北局文委召开会议,[⑤]总结去年春节下乡秧歌剧团队及今年春季宣传队工作的经验,到会的有延安大学、鲁艺、文协、平剧院、民众剧团等下乡宣传队负责人和延安各文化领导机关的代表。会议由宣传部长李卓然主持。会议肯定下乡工作的成绩具体实践了毛泽东的文艺方向,反映了党的政策与广大群众运动相结合的显示,艺术上也提高了一步;但对毛泽东《讲话》还缺乏深刻体验,对边区人民的情绪、生活、

---

① 《文教会上周扬同志总结报告》,1944年11月21日《解放日报》第2版。

② 《关于发展群众艺术的决定》,1945年1月12日《解放日报》。

③ 《此次文教大会的意义何在?》,1944年11月23日《解放日报》第1版。

④ 《西北局开会决定,开展边区文化建设》,1944年4月23日《解放日报》第1版。

⑤ 《西北局文委召集会议,总结剧团下乡经验,奖励优秀剧作》,1944年5月15日《解放日报》第1版。

语言还不熟悉。张庚、柯仲平、王震之、杨醉乡、吴雪等相继详细论述各剧团下乡工作的成绩、缺点与偏向，并说明一些创作与演出的具体问题，如怎样写人物性格、写词配曲、大剧本小剧本、如何利用改造平剧等旧形式问题、下乡的准备工作及组织问题、加强与统一全边区戏剧工作的指导问题。5 月 2 日继续开会，周扬、艾青、柳湜、马健翎、杨醉乡、张庚、王震之、萧三、艾思奇等就上述问题发言。会上，西北局文委委托周扬、赵伯平、柯仲平 3 人负责组织研究边区剧运情况，审查剧本，指导边区戏剧工作。最后，李卓然就批评与奖励问题讲话。边区文协主任赵伯平提出受奖的秧歌剧 20 多个，经到会同志交换意见和补充后，总数增加到 31 个，其中一等奖的剧目有：《血泪仇》、《模范城壕村》、《逼上梁山》、《抓壮丁》、《惯匪周子山》。

抗日战争结束后，国共形成新的政治关系，1945 年 9 月，舒群、艾青分别率领东北文艺工作团和华北文艺工作团离开延安，11 月，周扬率领延安大学下属各学院陆续迁离延安，原来的文抗和鲁艺文学系的文学社团活动也迁移到东北和华北。留守在延安的西北局宣传部仍然坚持戏剧为主的宣传工作，直至 1947 年 3 月，中共机关撤离延安。

1948 年 4 月，中共收复延安后，柯仲平又回到延安，并在边区政府交际处重新整理起边区文协机关的工作，其成员有胡采、戈壁舟、林山、杨醉乡、谭碧波、高敏夫等，大部分是边区文协的老成员。1949 年 5 月，柯仲平一行 30 来人组成西北代表团，到北京参加第 1 次全国文代会。从此，延安文化社团的活动走向一个新阶段。

附录一

延安文化组织文学社团主要报刊资料(简目)

1.《新中华报》,1937年1月29日—1941年5月16日,陕甘宁边区政府机关报(1937年1月29日—1939年2月),中国共产党中央委员会机关报(1939年2月7日—1941年5月16日)。1937年1月29日前,中华苏维埃共和国临时中央政府机关报为《红色中华》,1936年11月30日起辟《红中副刊》。

2.《解放日报》,1941年5月16日—1947年3月27日,中国共产党中央委员会机关报,在延安编辑印刷出版。第一位社长秦邦宪(博古),总编辑杨松、余光生。

3.《新华日报》,1938年1月11日—1947年2月28日。1938年1月11日在汉口创刊,社长潘梓年,总编辑华岗,副总编辑章汉夫。1938年10月25日汉口沦陷后迁到重庆出版,直至1947年2月28日。此为中国共产党在国统区公开出版的唯一报纸。

4.《解放》,1937年4月24日—1941年8月31日,共出134期,延安解放周刊社编印,张闻天主编,吴亮平编辑。

5.《文艺突击》,1938年10月16日—1939年6月25日,共出6期,柯仲平、刘白羽与奚定怀等筹办,陕甘宁边区文化界救亡协会文艺突击社编印。

6.《大众文艺》,1940 年 4 月 15 日—12 月 15 日,共出 9 期,周文主编,萧三编辑,方纪协助,中华全国文艺界抗敌协会延安分会出版。

7.《中国文艺》,1941 年 2 月 25 日出版,仅出 1 期,周扬主编,中华全国文艺界抗敌协会延安分会出版。

8.《中国文化》,1940 年 2 月 15 日—1941 年 8 月,共出 15 期。延安陕甘宁边区文化协会主办,艾思奇主编,林默涵等编辑。

9.《文艺月报》,1941 年 1 月 1 日—1942 年 9 月 1 日,共 17 期,延安文艺月会刊物,萧军、舒群等轮任主编。

10.《文艺战线》,1939 年 2 月 16 日—1940 年 2 月 16 日,共出 6 期,周扬主编,沙汀、夏衍等编辑,广西桂林文化生活出版社等代售。

11.《草叶》,1941 年 11 月 1 日—1942 年 9 月 15 日,共出 6 期,延安鲁艺草叶社刊物,周立波、何其芳、陈荒煤、严文井等担任编委。

12.《谷雨》,1941 年 11 月 15 日—1942 年 8 月 15 日,共出 6 期,文抗延安分会刊物,艾青、萧军、舒群、丁玲等轮编。

13.《北方文化》,1946 年 3 月 1 日—8 月 12 日,共出 12 期,成仿吾、沙可夫主编,张家口华北文联主办。

14.《长城》,1946 年 7 月创刊,张家口文协分会主办,丁玲、艾青、萧三、江丰等主编。

附录二

延安文化组织文学社团史料选(简目)

1.《"中国文艺协会"的发起》,1936年11月30日《红色中华》。
2.《文协举行第一次代表大会》,1940年1月20日《新中华报》。
3.《中央宣传部、中央文化工作委员会关于各抗日根据地文化人与文化团体的指示》,1940年第12期《共产党人》。
4.《关于延安对文化人的工作的经验介绍》(一九四三年四月二十二日),收入《陕甘宁边区抗日民主根据地》(文献卷),中共党史资料出版社,1990。
5.萧三《出版〈新诗歌〉的几句话》,1940年9月1日《新诗歌》第1期。
6.《怀安诗社成立》,1941年9月7日《解放日报》。
7.《边区民众娱乐改进会成立经过》,1938年5月25日《新中华报》。
8.柯仲平《生长着的民众剧团》,1938年10月25日《新中华报》。
9.《向总会报告会务近况》,1940年4月15日《大众文艺》创刊号。
10.萧军《鲁迅研究会成立经过》,1941年1月《中国文化》第2卷第6期。
11.《中华全国文艺界抗敌协会延安分会第五届会员大会记录》(专载),1941年8月20日《中国文化》第3卷第2—3期合刊。

12.《文抗分会筹备改选》,1941 年 6 月 19 日《解放日报》。
13. 萧军《为本报诞生十二期纪念献辞》,1941 年 12 月《文艺月报》第 12 期。
14.《草叶·给读者们》,1942 年 7 月 1 日《草叶》第 5 期。
15.《延安作家纷纷下乡,实行党的文艺政策》,1943 年 3 月 15 日《解放日报》。
16.《延安文化界欢送文艺工作团上前线》,1945 年 8 月 25 日《解放日报》。
17. 赵浩生《周扬笑谈历史功过》,1979 年第 2 期《新文学史料》。
18. 丁玲《延安文艺座谈会的前前后后》,1982 年第 3 期《新文学史料》。
19. 刘白羽《心灵的历程》(新版)(上册),第六、七章《路漫漫其修远兮》,解放军文艺出版社,2003。
20. 何其芳《毛泽东之歌》(1976-1977),收入《何其芳全集》第 7 卷,河北人民出版社,2000。

附录三

延安文化组织和文学社团活动年表

1936年

7月3日　中共中央机关进驻陕北保安(今志丹县)。

11月22日　中国文艺协会在陕北保安成立,发起人有丁玲、成仿吾、李伯钊、陆定一等34人。1937年1月,会址迁往延安。1937年11月陕甘宁特区文化界救亡协会成立后,该会活动结束。

1937年

1月13日　中共中央机关进驻延安城。

2月18日　陕北锄头剧社成立。

3月7日　人民抗日剧社总社成立。其前身为列宁剧团,后改为工农剧社,之后成立了人民抗日剧社总社。除了原有的中央剧社及各分社外,又有平凡剧社、铁拳剧社、延安市青年剧团参加。主要成员有危拱之、杨醉乡等,社员200多人。曾演出过中央党校教务主任成仿吾写出的话剧《三姐妹》、教员冯雪峰的《苏维埃活报剧》、中央粮食部秘书长雷经天《战场上的婚礼》等。

4月24日 中共中央机关理论刊物《解放》周刊创刊。1941年8月31日停刊，共出134期。张闻天主编，吴亮平编辑。

8月12日 丁玲、吴奚如等发起成立“西北战地服务团”，隶属八路军总政治部，到山西和西安进行宣传工作。团内成立“战地社”，主要从事诗歌等文艺活动。丁玲于1938年7月回到延安。1938年11月，周巍峙领团再次离开延安到晋察冀边区工作，出版油印刊物《战地》、《诗建设》、《歌创造》，创作演出了100多部戏剧和几百首歌曲，1944年5月返回延安，10月，其成员全部按专业编入延安鲁迅艺术学院。

8月 抗战剧团成立，主任叶石，副主任杨醉乡、李柯。1942年5月1日改编为陕甘宁边区艺术干部学校。

10月 烽火剧团成立，隶属于八路军留守兵团政治部。1941年4月并入部队艺术学校。

11月14日 “陕甘宁特区文化界救亡协会”(简称“特区文协”)成立，艾思奇、柯仲平、周扬、成仿吾为负责人。12月11日，该会改名为“陕甘宁边区文化界救亡协会”(简称边区“文协”)。1939年5月14日，为和重庆中华全国文艺界抗敌协会取得密切联系，同时挂名中华全国文艺界抗敌协会延安分会(简称“文抗”或“文抗”延安分会)。1941年7月1日，边区文协与文抗分开工作，至1945年8月。1949年5月，边区文协工作结束。

12月　本月底，战歌社成立于延安，社长柯仲平，副社长林山，成员主要来自抗大学员魏巍、李雷、朱子奇和陕北公学的刘御等。1938年8月7日与战地社联合发起街头诗运动。1940年底并入延安新诗歌会。

1938年

1月9日　陕甘宁边区音乐界救亡协会在延安成立，会址设在鲁艺。1943年成员纷纷下乡。

1月29日　陕甘宁边区各界抗敌后援会在延安举行成立大会，大会推举毛齐华、马豫章、任耀国、成仿吾、艾思奇、沙可夫等21人为执委。

2—3月　战地社成立，成员主要有西北战地服务团的田间、邵子南、史轮等，出版《战地》、《诗建设》等刊物。1943年5月后活动停止。

3月27日　“中华全国文艺界抗敌协会”在汉口成立，大会选举老舍、郭沫若、茅盾、丁玲、胡风、张道藩、胡秋原、沈从文、曹禺等45人为理事，周扬、吴奚如、罗烽、舒群、立波、欧阳山、宗白华、梁宗岱等15人为候补理事。周恩来为名誉理事，老舍负责“文协”日常工作。“文协”在延安、上海、昆明、桂林、广州、香港等地设有分会。

4月1日　陕甘宁边区抗敌电影社在延安成立，高朗山、沙可夫、曹菊如、王若飞等7人组成筹委会，康生为政治顾问。

4月10日　“鲁迅艺术学院”(简称“鲁艺”)成立。1939年11月28日，吴玉章任院长，周扬任副院长，称“鲁迅艺术文学院”。1943 年 4 月并入延安大学，称“鲁艺文艺学院”，周扬任延安大学副校长兼鲁艺院长。1944 年 4 月，周扬任延安大学校长。1945 年 11 月，鲁艺迁离延安。

5 月 23 日　陕甘宁边区民众娱乐改进会在延安召开成立大会，主要通过民众剧团开展活动。

7 月 4 日　陕甘宁边区民众剧社成立，隶属于边区文协，柯仲平、马健翎先后任团长，多次离开延安到陕甘宁边区各县区演出新编内容的秦腔、郿鄠剧等，1944 年获陕甘宁边区文教大会颁发的“特等奖旗”。1947 年 4 月改编为西北野战军政治部宣传队。

8 月 1 日　延安鲁艺实验剧团成立。1940 年前后演出《日出》等“大戏”，1943 年春节参加延安的新秧歌运动。1944 年 4 月后活动结束。

8 月 7 日　陕甘宁边区文协、战歌社、西北战地服务团、战地社联合发表《街头诗歌运动宣言》，掀起街头诗、朗诵诗运动。

8 月　1. 鲁艺文学系同学成立业余文学社团路社，成员有康濯、天蓝、孔厥等，编辑墙报《路》和油印刊物《路》，多次举办文学座谈会和讲座。活动约在 1940 年停止。

2. 延安电影团成立，隶属于八路军总政治部，拍《延安与八路军》等纪录片，放映《列宁在十月》、《夏伯阳》等。1943 年以后，由于胶片不足，电影拍摄工作基本停止。1946 年以后，并入东北电影制片厂。

3. 月底何其芳、卞之琳、沙汀从成都到延安。

9月11日　陕甘宁边区文艺界抗战联合会(简称“边区文联”)在延安成立,隶属于边区文协。1939年5月改名为“中华全国文艺界抗敌协会延安分会”。

10月15日　诗歌总会成立于延安,隶属于边区文协,成员有战地社、战歌社等团体和田间、史轮、刘御等个人,筹办《诗歌总会》和《诗刊》,后转入延安新诗歌会。

10月16日　《文艺突击》创刊,陕甘宁边区文化界救亡协会文艺突击社编印,1939年6月终刊,出6期。

10月27日　延安山脉文学社成立,成员以抗大和鲁艺师生为主,有奚定怀、徐明、西野等,出版《山脉诗歌》10期。1940年12月,与战歌社等合并为延安新诗歌会。

10月　1. 八路军后方留守兵团领导的烽火剧社成立。

2. 八路军战地记者团在延安成立,由八路军政治部领导。

11月6日　中国青年新闻记者学会延安分会成立。

12月　1. 抗日军政大学学员钱丹辉、兰茅等受西战团战地社影响,成立铁流社,主要进行诗歌写作和朗诵活动,出版《诗战线》20多期,活动至1943年秋。

2. 鲁艺木刻工作团成立。

1939年

1月7日　延安美术工作者协会成立。

1月15日　八路军政治部编辑出版的《八路军军政杂志》月刊在延安创刊。

1月22日　中国学术研究会在延安成立,出版会刊《理论与实践》。

2月7日　陕甘宁边区美术工作者协会在延安成立。1943年初下乡活动。

2月10日　“中华全国戏剧界抗敌协会陕甘宁边区分会”(简称“边区剧协”)在延安成立,到会的有民众剧团、烽火剧团、抗大文工团、陕北公学剧团、民众娱乐改进会、鲁艺戏剧系、鲁艺实验剧团等。会后选举了潘汉年、周扬、沙可夫、叶石、丁玲、柯仲平、张庚、李伯钊、崔嵬、陈荒煤、艾思奇等35人为理事,潘汉年为理事长,沙可夫为副理事长,执委会由柯仲平等15人组成。1940年6月改选,江青任理事长,塞克任副理事长。该会多次召开戏剧问题研究座谈会,组织建立工余剧人协会、旧剧研究会、导演研究班、延安剧作者协会和若干剧作小组,多次组织公演、汇演,创办会刊《边区戏剧》等刊物。1943年3月,中共中央文委与西北局文委联合组成以周扬、柯仲平、张庚、王震之、钟敬之为成员的戏剧工作委员会,该会活动结束。

2月16日　《文艺战线》创刊,周扬主编,发行人夏衍,广西桂林生活书店等地出版。1940年2月16日停刊,出6期。

3月5日　歌曲研究会在延安鲁艺成立,会员19人,1940年10月更名为中国民歌研究会,1941年改为中国民间音乐研究会,编印“民间音乐资料丛书”多种。

5月14日　陕甘宁边区文艺界抗敌联合会在延安召开全体大会,为与全国文艺界抗敌协会取得密切联系,改名为“中华全国文艺界抗敌协会延安分会”(简称“文抗”),选出成仿吾、周扬、萧三、丁玲、艾思奇、柯仲平、沙可夫、严文井、赵毅敏、陈学昭、张振亚为理事。翌年4月创刊《大众文艺》。1941年7月1日以前,文抗与边区文协共同工作,此后独立。1943年5月1日,文抗会址撤销,会员下乡工作。1945年7月,文抗重新挂牌与边区文协一起活动。1945年10月,文抗改称中华全国文艺界协会延安分会(简称“文协”延安分会),后在张家口、东北等地成立分会,活动至1949年。

5月　华北联合大学文艺学院在延安筹建,7月10日开赴晋察冀边区,11月在晋察冀边区阜平城南庄正式开学,受中共北方局领导。1940年10月,实行“正规化”教育,改称“文艺学院”,沙可夫为院长,吕骥为副院长,下设文学、音乐、美术、戏剧4系和1个文工团,教员有丁克辛、蔡其矫、秦兆阳、钟惦棐等。1942年10月停办。1945年11月在张家口复校,院长始为艾青,1946年3月,改由沙可夫任院长,艾青为副院长,文学系主任陈企霞,音乐系主任先后为李焕之和周巍峙,美术系主任为江丰,戏剧系主任舒强,新闻系主任张春桥,教员有欧阳凡海、贺敬之、严辰、蔡其矫、阿甲、王朝闻、古元、凌子风、崔嵬、王昆等。1948年3月,院址迁到河北正定。1948年8月并入华北大学三部。

6月1日　《中国妇女》月刊在延安出版。

10月21日　边区剧协组织的工余剧人协会成立。1940年元旦演出曹禺的四幕话剧《日出》。

11月28日 中华全国文艺界抗敌协会晋东南分会在山西武乡成立，选举李伯钊、何云、孙泱、王玉堂、荒煤、蒋弼、洪荒等为理事，后有徐懋庸、任白戈等加入。该会多与晋东南文化界救国总会共同举办文化活动。1943年以后，分会停止活动。

1940年

1月4—12日 陕甘宁边区文化协会第一次代表大会在延安召开。洛甫作《抗战以来中华民族的新文化运动与今后任务》的报告，毛泽东讲演《新民主主义的政治与新民主主义的文化》。

2月5日 陕甘宁边区自然科学研究会在延安成立。吴玉章当选为会长。

2月7日 《中国工人》月刊在延安创刊。

2月15日 《中国文化》(月刊)创刊，陕甘宁边区文化协会主办，艾思奇主编。1941年8月停刊，出15期。

2月19日 1. 延安新文字运动委员会成立，吴玉章担任主任委员。11月7日，延安陕甘宁边区新文字协会成立，吴玉章任会长。

2. 延安青年宪政促进会成立。3月24日，陕甘宁边区工人宪政促进会成立。

3月12日 大众读物社成立，社长周文，社员有胡绩伟、胡采、林今朋、守之、方之中等。其任务是："供给边区识字少的群众以文化食量，并提高他们的文化水准，以开展新民主主义的文化的启蒙运动。"下设报纸编辑、丛书编辑、通讯工作三科，主办《边区群众报》(胡绩伟主编)，编辑出版《大众习作》、《大众画库》、《大众文库》、《革命节日丛书》，建立全边区通讯网等。1942年3月5日，该社宣布结束。

4月2日　大众化问题研究会在延安成立，召集人为周文，成员以大众读物社工作人员为主，先后召开大众化与识字运动、大众化与工农写作、大众化的关键与经验等3次座谈会，研究出版通俗读物的方案。1942年2月停止活动。

4月5日　延安平剧团成立，团长符律甲(阿甲)。1942年10月并入延安平剧研究院。

4月15日　《大众文艺》(月刊)创刊，延安边区文协大众文艺社编印，周文主编。12月15日停刊，出9期。

4月31日　陕甘宁边区少数民族文化促进会、蒙古文化促进会成立。

5月14日　中华全国文艺界抗敌协会晋西分会在山西兴县成立，主任为卢梦，理事主要为原来鲁艺文学系学生张非垢、莫耶、田家等，1947年创办《西北文艺》，1942年1月在《抗战日报》上开辟《文艺之页》副刊。1942年底，分会所属工作人员全部下乡工作，该会活动也随之停止。

5月15日　延安青年大合唱团成立。1940年9月27日并入延安合唱团。

6月21日　延安新哲学会举行第1届年会，毛泽东、张闻天、朱德、茅盾、艾思奇、周扬等参加会议。

7月15日　1. 鲁艺音乐工作团成立，演出《凤凰涅槃》大合唱等剧目。1942年2月，该团改为鲁艺音乐部的音乐研究室。

2. 鲁艺美术工场成立。

7月25日　中华全国文艺界抗敌协会晋察冀边区分会成立，选举成仿吾、邓拓、丘岗、沙可夫、田间、刘萧芜、周而复、邵子南、魏巍、何干之、康濯等为执行委员，下设文学顾问委员会、鲁迅文艺奖金委员会、鲁迅研究会、编审委员会、文学创作会；曾发动"烈士传"和"英雄传记"的创作活动。1942年，创办《晋察冀文艺》和文艺副刊《鼓》，出版文艺小丛书10册。后有孙犁、张春桥、邓康、邵子南、钱丹辉、林采等加入该会活动。1943年5月以后，文艺工作者大部分下乡做基层工作。抗日战争结束后，该会活动自行停止。

8月1日　《大众习作社》创刊，胡采主编，成员有周文、胡采、钟纪明等，对稿件采取集体研究讨论方式处理。1941年9月因物资困难而停刊。

9月1日　1.《新诗歌》创刊，延安新诗歌会主办，萧三主编。1941年5月21日停刊，出6期。

2."陕北文艺工作队"在延安陕北公学成立，1941年扩建为"西北文艺工作团"。1943年3月，"边区艺术干部学校"和"延安杂技团"并入"西北文艺工作团"。

9月27日　延安合唱团成立，时乐濛任团长，为延安音乐爱好者的业余组织，属延安文化俱乐部领导。1942年10月后，活动停止。

10月10日　中宣部、中央文化工作委员会发出《关于各抗日民主根据地文化人与文化人团体的指示》(张闻天起草)。

10月19日　丁玲、舒群、萧军发起成立“文艺月会”，举行文艺例会多次，出版会刊《文艺月报》。1942年9月以后活动停止。

10月27日　延安大众美术研究会成立，编辑出版《大众美术》墙报，活动时间不长则自行解散。

12月8日　延安新诗歌会成立，执委为萧三、柯仲平、乔木、何其芳等。1943年活动结束。

1941年

1月1日　《文艺月报》创刊，延安文艺月会会刊，萧军、舒群等轮任主编。1942年9月停刊。出17期。

1月15日　延安鲁迅研究会成立，干事为艾思奇、萧军、周文。1943年后停止活动。

2月25日　《中国文艺》创刊，周扬主编，仅出1期。

2月　延安作曲者协会成立，后更名为陕甘宁边区作曲者协会，属边区文协领导。

4月1日　1. 延安青年文艺学习会成立，由一群爱好文艺、练习写作的青年组成。

2. 八路军留守兵团政治部部队艺术学校成立，留政主任莫文骅兼任校长。艺术学校分戏剧、音乐、文学、美术四系和一个培养剧团演员的普通班，学生到鲁艺听课。

4月20日　延安业余杂技团成立。柯仲平、丁玲、张庚、陈荒煤等被邀参加，后转入青年艺术研究院。

4月　延安少年剧团成立。

5月4日　延安业余剧团成立，受延安文化俱乐部领导。1942

年下半年活动停止。

5月16日　中共中央机关报《解放日报》创刊，博古（秦邦宪）任社长，杨松任总编辑。丁玲调任文艺栏主编。1942年4月1日，文艺专栏改为综合栏。1947年3月27日停刊。

5月25日　文化俱乐部组织延安业余剧团。

5月　中央军委直属队政治部文艺研究室成立。公木（张松如）从抗大政治部调出任文艺研究室主任。创办综合性文艺刊物《部队文艺》，成立文艺社团“鹰社”，编过一期墙报《蒺藜》。“鹰社”成员约有20—30人，1942年秋，该室撤销。

6月8日　延安中国新法学会成立。

6月25日　由延安音乐协会和文化俱乐部联合发起，延安乐队成立。

7月　马列学院改建为中央研究院，院长洛甫兼任，副院长范文澜。全院设9个研究室，欧阳山为中国文艺研究室主任，1942年冬由艾思奇代理主任。中国文艺研究室下设5个研究小组，鲁迅研究小组有刘雪苇、魏东明、江帆等，文艺评论小组有王实味、萧殷、蔡天心等，小说散文小组有草明、吴介民、金默生、余平若、汪琦等，戏剧小组有金紫光、陈振球、尚伯康、王伯雨、章炳南等，诗歌小组有郭小川、严慰冰等。1943年5月延安整风运动中并入中央党校三部。

9月5日　由林伯渠等发起组织“怀安诗社”，李木庵任社长主持社务。该社本“老者安之，少者怀之”之旨，主要从事旧体诗词创作。约在1943年后活动停止。

9 月 18 日　延安成立“九·一八文艺社”，在《解放日报》发表《为“九·一八”十周年纪念致东北四省父老兄弟姐妹书，并寄各地文艺工作者》，签名者有白朗、郭小川、舒群、罗烽、萧军等。

9 月 23 日　延安青年艺术剧院成立，院长为塞克。1943 年 12 月并入联政宣传队。

11 月 1 日　《草叶》(双月刊)创刊，鲁艺文学系草叶社主办。周立波、何其芳、陈荒煤、严文井为编委会。1942 年 9 月 15 日停刊。出 6 期。

11 月 5 日　《诗刊》创刊，艾青、严辰、王禹夫等发起并主编。1942 年 7 月停刊。出 6 期。

11 月 6—21 日

陕甘宁边区政府第二届参议会召开。政府设立直属机构“文化工作委员会”，主任委员吴玉章，委员有：林伯渠、李鼎铭、徐特立、丁玲、周扬、萧军、艾思奇、罗烽、欧阳山、高长虹、周文、柯仲平、吕骥、舒群、塞克、艾青等 27 人。1942 年 3 月 5 日，陕甘宁边区文化工作委员会成立。

11 月 15 日　《谷雨》创刊，“文抗”主办，艾青、丁玲、舒群、萧军轮流主编。1942 年 8 月 15 日停刊。出 6 期。

12 月 5 日　陕北公学文艺工作团成立。1941 年底改编为西北文艺工作团。

12 月 10 日　“延安诗会”成立大会，选举艾青、高长虹、艾思奇、柯仲平、萧三、何其芳、天蓝 7 人为理事，会员还有公木、孙剑冰、朱子奇等，多次举行诗歌朗诵会，在延安文化沟口出墙报《街头诗》。1942 年冬该会活动结束。

1942 年

1月4日	延安文化俱乐部举行诗歌晚会,到会数百人。
1月12日	中共中央书记处会议,同意中央书记处书记兼中宣部部长张闻天赴绥德及晋西北调查研究计划,中宣部部长职务由何凯丰代理。
1月24日	延安工艺美术社成立,张仃、朱丹为正副社长。
1月25日	延安新体育会成立。
2月1日	毛泽东在彻底改组后的中共中央党校开学典礼上作《整顿学风党风文风》演说。2月8日,毛泽东在中宣部召开的延安干部会上作《反对党八股》报告。
2月9日	延安大学中国语文协会成立。
2月	延安杂技团成立。1943年5月,并入西北文工团。
4月3日	1.中共中央宣传部发出《关于在延安讨论中央决定及毛泽东同志整顿三风报告的决定》(第一个"四三决定",载1941年4月7日《解放日报》)。 2.陕甘宁边区政府公布《陕甘宁边区民众团体组织纲要》和《陕甘宁边区民众团体登记办法》。
4月	延安星期音乐社成立,属文化俱乐部领导。其前身为1941年5月成立的延安音乐学校。年底活动结束。
5月1日	"文抗"延安分会成立整风学习分会,开始整风文件的学习。学委会由郑汶、丁玲、刘白羽、于黑丁等5人组成。
5月1日	陕甘宁边区艺术干部学校在延安成立,由原抗战剧

团改组而成，隶属于边区文协，柯仲平任校长。1943年5月并入西北文艺工作团。

5月2日、16日、23日

延安文艺座谈会召开。凯丰（中宣部副部长）主持，文艺工作者百余人参加。毛泽东在前后两次会议上讲话。

5月13日 延安边区政府文化工作委员会戏剧委员会王震之、柯仲平、塞克、萧三、罗烽等在文化俱乐部召集戏剧界座谈会，尖锐地批评延安近一两年的“大戏热”和“只演洋人和死人”、忽视广大民众和士兵观众的倾向。

5月29日 边区文委在文化俱乐部召开音协、美协、剧协等团体会议，号召“笔杆子枪杆子结合起来，文化人到部队中去”。

6月15—18日

“文抗”召开批判王实味会议，丁玲、周扬、塞克组成大会主席团。会议通过《关于托派王实味事件的决定》，提议并开除王实味的会籍。6月22日，边区文协及各属文化团体集会，批判王实味的观点。

6月27日 延安业余国乐社在中央大礼堂召开成立大会。

8月15日 《谷雨》杂志停刊。

9月1日 《文艺月报》停刊。

9月15日 《草叶》停刊。

9月22日 《解放日报》社论《党与党报》说：“报纸是党的喉舌”，“一切要依照党的意志办事，一言一动一字一句，都要顾到党的影响”。

10 月 10 日　延安平剧研究院成立，12 日《解放日报》专辟“延安平剧研究院特刊”。1947 年赴华北，在河北束鹿改称为华北剧院，受华北联合大学领导。

10 月 18 日　下午，延安文化界在中央大礼堂举行鲁迅逝世六周年纪念大会，全场千人座位无虚席。晚上，萧军就王实味事件宣读《纪念鲁迅——检查自己》的短文后，陈企霞、柯仲平、周扬、艾青、陈学昭、丁玲与之“炮战”，直至凌晨两点。

1943 年

3 月 10 日　中央文委、中组部召开党的文艺工作者 50 多人会议，凯丰、陈云详细说明作家到群众里去的重要意义和几个应该在认识上彻底转变的根本问题。刘少奇、博古等也发表讲话，号召文艺工作者深入群众，改造自己。

3 月 27 日　《解放日报》载：中央文委确定戏剧运动方针，中央文委与西北局文委合组一个戏剧工作委员会，周扬、柯仲平分任正副主任，贺敬之任秘书。

4 月 3 日　陕甘宁边区政府发布战字第 727 号命令，限令边区各民众团体限期到民政厅登记，不遵办者以违法论究。（1943 年 4 月 3 日《解放日报》）

4 月 22 日　中央发布《关于延安对文化人工作的经验介绍》，认为“延安文化人中暴露出许多严重问题”。“应该利用整风运动来检查文化人的思想，检查我们对文化人的工作。”

5 月 1 日　《解放日报》报道，文抗分会驻会会员为响应中央文委"文艺与实际结合,文艺与工农兵结合"的号召,近已纷纷下乡,原有会址结束,设通讯处于边区文协。

5月22日　康生在边区大礼堂主持召开坦白大会。7月15日,康生在延安中央直属机关干部大会作《抢救失足者》报告。

10月19日　毛泽东《在延安文艺座谈会上的讲话》发表于《解放日报》第1、3、4版。10月20日,中央总学委发出通知,要求各地党组织把毛泽东的《讲话》"必须当作整风必读文件"。11月8日,中共中央宣传部《关于执行党的文艺政策的决定》发表于《解放日报》,将毛泽东的《讲话》定为"党的文艺政策"。

11月21日　宣传部召开各剧团负责人会议,宣传部长李卓然作报告,决定组织鲁艺秧歌队、文协民众剧团、西北文艺工作团等下乡工作和演出。

1944年

1月9日　毛泽东就新编历史剧《逼上梁山》给编导杨绍萱、齐燕铭写贺信。

5月　毛泽东给中共中央党校即将到前线去的学员讲话,就"整风中有些同志受了委屈"向大家敬礼"赔不是"。

10月11日—11月16日

陕甘宁边区文教代表大会召开,毛泽东作"文化工作中的统一战线"讲演,周扬作大会总结报告《开展群众新文艺运动》。

1945 年

1 月 12 日　《解放日报》发表《关于发展群众艺术的决议》。

4 月 7 日　陕甘宁边区文化协会致电重庆文化界，赞同并拥护他们 2 月 22 日发表的《文化界对时局进言》。

4 月 30 日　陕甘宁边区文化协会致电郭沫若及前文化工作委员会，对国民党当局坚持独裁倒退政策、公然宣布解散文化工作委员会的措施表示坚决抗议，对诸先生刚直不阿的伟大精神表示敬意，并欢迎他们来解放区工作。

8 月 21 日　时任鲁艺文学系主任的陈荒煤带领鲁艺的葛洛、赵起扬、胡征等人到山西太岳地区工作。

8 月 24 日　延安文化界欢送文化工作团上前方。

9 月 2 日　舒群、田方率领东北文艺工作团 40 多人开赴东北。

9 月 20 日　艾青、江丰率领华北文艺工作团开赴华北。11 月 8 日，49 人抵达张家口。

9 月 22 日　《解放日报》社论《文艺工作者到前方》。

10 月 22 日　宪法研究会成立。

11 月 5 日　中国解放区战犯调查委员会在延安成立。

1946 年

1 月 8 日　张家口文艺界在华北联合大学礼堂举行欢迎延安文艺工作者茶话会。到会者有成仿吾、周扬、丁玲、萧军、杨朔、艾青、吕骥、张庚、古元、王朝闻等 60 余人。

2 月　本月上旬，张家口文化界成立“北方文化社”，推举华北联合大学校长成仿吾为社长，并决定创办综合性文艺刊物《北方文化》半月刊，成仿吾、张如心（华北联大教务长）分任正、副主编，周扬、萧三、艾青、何干之、刘皑风、邓拓、沙可夫、吕骥、萧军、丁玲等为编委，陈企霞为责任编辑。《北方文化》共出 2 卷 12 期。

4 月 22 日　中华全国文艺协会张家口分会成立。

4 月　中华全国文艺协会晋冀鲁豫边区分会成立，任白戈、高沐鸿、陈荒煤、于黑丁、赵树理、张香山、袁勃、朱穆之为理事，没有专职工作人员和固定会址，活动多与边区文联共同举行，后自行结束。

7 月　本月底，延安电影制片厂成立，由中共西北局宣传部领导。9 月，开始拍摄第一部故事片《边区劳动英雄——吴满有》，一个月后因战争而停拍。1947 年 10 月转入西北电影工学队。

1947 年

1 月 15 日　人民文艺工作团成立于河北武安，隶属中共晋冀鲁豫中央局，成员主要来自延安中央党校文艺工作研究室和延安中央管弦乐队：李伯钊、张映雪、金紫光、贺绿汀、李波、王燎荧、胡蛮、孙维世、杜矢甲等。1948 年秋改称华北人民文艺工作团，1950 年元旦改编为北京人民艺术剧院。

2 月 29 日　重庆《新华日报》停刊。

3 月 11 日　下午，国民党军飞机轰炸延安。

3 月 18 日　中共中央机关撤离延安，转战陕北。1948 年 4 月 22 日，中共收复延安。

3 月 28 日　延安《解放日报》停刊。

参考文献

1. 范泉. 中国现代文学社团流派辞典. 上海：上海书店，1993.

2. 陈安湖. 中国现代文学社团流派史. 武汉：华中师范大学出版社，1997.

3. 艾克恩. 延安文艺运动纪盛. 北京：文化艺术出版社，1987.

4. 艾克恩. 延安文艺回忆录. 北京：中国社会科学出版社，1992.

5. 唐沅等. 中国现代文学期刊目录汇编. 天津人民出版社，1988.

6. 钱丹辉. 中国解放区文艺大辞典. 合肥：安徽文艺出版社，1992.

7. 新文学史料. 1978—2006 年，人民文学出版社.

8. 中国人民大学图书馆. 解放区根据地图书目录. 北京：人民大学出版社，1989.

9. 刘增杰等. 抗日战争时期延安及各抗日民主根据地的文学运动资料（上、中、下）. 太原：山西人民出版社，1983.

10. 胡采，林默涵. 中国解放区文学书系·文学运动·理论编. 重庆：重庆出版社，1992.

11. 中国新文学大系编辑委员会. 中国新文学大系（1937—1949），第 1—18 卷. 上海：上海文艺出版社，1990.

12. 延安文艺丛书编委会. 延安文艺丛书，第 1—10 卷. 长沙：湖南人民出版社，1984—1985.

13. 温济泽，李言，金紫光，翟定一. 延安中央研究院回忆录. 北京：中国社会科学出版社，长沙：湖南人民出版社，1984.

14. 刘增杰，赵明，王文金. 中国解放区文学史. 开封：河南大学出版社，1988.

15. 王敬主编，王敬、岳颂东、王凤超著. 延安《解放日报》史. 北京：新华出版社，1998.

16. 张俊南，张宪臣，牛玉民. 陕甘宁边区大事记. 西安：三秦出版社，1986.

17. 文化部党史资料征集工作委员会，延安鲁艺回忆录编委会. 延安鲁艺回忆录，"新文化史料丛书". 北京：光明日报出版社，1992.

18. 王培元. 延安鲁艺风云录. 桂林：广西师范大学出版社，2004.

19. 朱鸿召. 延安文人，众说纷纭话延安，延安访问记. 广州：广东人民出版社，2001.

20. 张炯编. 丁玲全集，第1—12卷，石家庄：河北人民出版社，2002.

21. 杨桂欣. 丁玲评传. 重庆：重庆出版社，2001.

22. 秦林芳. 丁玲的最后三十年. 北京：中国文史出版社，2005.

23. 王德芬. 我和萧军风雨50年. 北京：中国工人出版社，2004.

24. 萧耘、建中. 萧军：自许多情歌慷慨. 北京：大象出版社，2004.

25. 丁茂远. 陈学昭研究专集. 杭州：浙江文艺出版社，1983.

26. 周而复. 往事回首录之一：空余旧迹郁苍苍. 北京：中国工人出版社，2004.

27. 刘白羽. 心灵的历程（新版）（上、中、下）. 北京：解放军文艺出版社，2003.

28. 周扬. 周扬文集，第1—2卷. 北京：人民文学出版社，1984—1985年.

29. 赵浩生. 周扬笑谈历史功过. 新文学史料. 1979,2.

30. 王蒙,袁鹰. 忆周扬. 呼和浩特:内蒙古人民出版社,1998.

31. 李辉. 往事苍老·是是非非说周扬,李辉文集,4. 广州:花城出版社,1998.

32. 蓝棣之主编. 何其芳全集,第1—8卷. 石家庄:河北人民出版社,2000.

33. 胡光凡. 周立波评传. 长沙:湖南文艺出版社,1986.

34. 李华盛,胡光凡编. 周立波研究资料. 长沙:湖南人民出版社,1983.

35. 贺仲明. 喑哑的夜莺——何其芳评传. 南京:南京师范大学出版社,2004.

36. 严平编. 荒煤研究资料. 长沙:湖南人民出版社,1985.

37. 严平编. 人在旅途. 太原:山西人民出版社,2000.

38. 王琳. 狂飚诗人·柯仲平传. 北京:中国文联出版社公司,1992.

39. 柯仲平. 柯仲平纪念文集. 昆明:云南人民出版社,2002.

40. 王政明. 萧三传. 北京:北京图书馆出版社,1996.

41. 陈冰夷,王政明编辑整理. 萧三诗文集·诗歌篇. 北京:北京图书馆出版社,1996.

42. 陈冰夷,王政明编辑整理. 萧三诗文集·散文篇. 北京:北京图书馆出版社,1996.

43. 欧阳山. 论文及其他(1930—1978). 欧阳山文集,第10卷. 广州:花城出版社,1988.

44. 陕西省陕甘宁革命根据地史研究会编. 论周文——纪念周文诞辰九十周年学术研讨会论文集. 西安:理论导刊增刊,1998.

45. 杨世元、刘文耀. 吴玉章年谱. 成都:四川人民出版社,1998.

46. 杨苏. 艾思奇传. 昆明：云南教育出版社，2002.

47. 张闻天选集编辑组. 张闻天文集，第1－3卷. 北京：中共党史出版社，1990，1993，1994.

48. 程中原. 张闻天传(修订本). 北京：当代中国出版社，2000.

49. 张培森. 张闻天与二十世纪的中国(修订本). 北京：中国党史出版社，2000.

50. 张培森主编. 张闻天研究文集(第二集). 北京：中共党史出版社，1993.

51. 李志英. 博古传. 北京：当代中国出版社，1994.

52. 乔木. 胡乔木回忆毛泽东. 北京：人民出版社，1994.

53. 陈晋. 文人毛泽东. 上海：上海人民出版社，1997.

54. 杨尚昆等. 我所知道的胡乔木. 北京：当代中国出版社，1997.

55. 陈早春，万家骥. 冯雪峰评传. 北京：人民文学出版社，2003.

56. 孙琴安. 雪之歌——冯雪峰传. 杭州：浙江人民出版社，2005.

57. 吴福辉. 沙汀传. 北京：北京十月出版社，1990.

58. 刘小清. 红色狂飙——左联实录. 北京：人民文学出版社，2004.

59. 徐懋庸回忆录. 北京：人民文学出版社，1982.

60. 张学新. 晋察冀文艺运动大事记(1937年7月－1948年12月). 新文学史料，1985，3－1986，3.

后 记

在复旦大学将近两年的时间,对于我而言,是名副其实的进一步学习的过程。

“20世纪40年代前后延安的文化组织和文学社团”的课题,是陈思和教授主持的国家教育部科研课题“中国现代文学社团史”中的一小部分。陈老师对这一课题有一系列明确的总体设想,并且要求以史料为主,将观点隐伏在对史料的选择和叙述里;同时,老师还常常告诉我们,研究要“百无禁忌”,不要“画地为牢”。说实话,我最初并没有完全明晰地理解老师指导的研究方法和研究路向所可能导向的、或补充于或修正于或冲击于既有研究方式研究框架研究结论的意义。当时自己的想法仍然有些囿于学习中国现代文学史的通常思路,甚至不免有些疑虑:盯住作品的审美分析不是主角了,跃跃欲试的高谈阔论必须收敛了,“今天阳光灿烂”一类的句子是不可以虚拟的……沉湎于史料? 我会不会被嘲笑为“低能”?

当我抛开“唯作品论”的思路,当我不再是刻意地想要去褒贬什么,当我不是死死地揪住有色眼镜去探照被怪异化的延安文学;而是尝试着去寻找延安文化组织和文学社团起伏消长、聚散流变的脉络以及与之相关的诸种支流,这时候,不同方面、不同层次的很多“内容”就自然而然地涌现出来了:战争背景、宗派关系、人与人之间的恩怨往来、个体文化人的性情、地域、集会、政治机构、文化政策，当然还有文学创作和评论、文学刊物等；这时候，我眼里的延安文学变成了一个自给自足的、自成一体的、鲜活成长的生命机体。这个生命机体内部以及与之相联的诸种要素吵闹和比斗着、生长和消融着、受伤和畸变着、无奈和痛苦着，呈现出延安文学的复杂形态，使我对延安文学有了一些新的理解。

譬如，文学与政治的关系，是研究延安文学不可回避的一个大问题，但人们通常的思路是“政治运动”对“文学”的压制和规约，这是事实，而且这种压制规约形成了一种惯性力量，极大地影响着后来的文学变化。但仅仅停留在“压制规约”的认识侧面还是不够的。如果从“文化团体”的角度入手去梳理材料，就可以发现，延安时期的“政治”，是以内涵复杂的“文化”形式与“文学”发生着互相牵制、互相支撑、互动互融的关系：中宣部专门颁布的文化人文化团体政策及其变化，《红色中华》、《新中华报》、《解放日报》作为中共党报，既支撑扶持着文学社团，同时也自然顺势地将文学纳入自己的运动轨道；而文化团体也借助于党报、文化人活动也依靠文化政策，产生出新的变形、冲击、调整“政治”的力量；所有的这些文化因素和文化选择，诸如延安的文化人文化团体政策的颁布与调整、党报的改版、文化人的文化选择、文学团体的盛衰聚散等，都由于“战争文化心理”、“新中国一新文化”等可见或不可见的“大趋势”，而获得合理性、合法性，并构成延安文学生产、运转情形的特殊性，使得“延安文化范式”出现与成型，并逐渐呈现其“历史转折”阶段的面貌来。20世纪40年代前后的延安，的确有着“藏污纳垢”、黑暗重重而又孕育生机、荧光闪闪而又危机重重的文化土壤。不看到这些“复杂性”，就很难对萧军的“文化报”事件、丁玲的“反党”“右派”、周扬的“反革命两重性”、延安文人的“左右跳跃”等文学(化)现象，作出较为合理的解释。我们以前的现代文学史和有关延安文学的研究，常常忽略了许多具体的文学要素，大大简化了文学流变的中间过程。

延安文人有着相当强烈的文化组织和文学团体意识。20 世纪 40 年代前后，在延安出现过大大小小 30 多个文艺团体（最多的是戏剧团体），很多团体之间常常互相交叉或异名同体。由于战争环境和人员流动，有的社团即成立即解散，发一个宣言设立一个组织机构而没有下文；但大家还是在乐此不疲地结社组团。在战争的背景下，组织、社团的“群体”才能显出力量，也才具有力量。离开“群体”的概念，很多延安文学的问题难以澄清。也正是通过对延安文化社团活动的梳理，通过西北战地服务团、边区文协的抗战文工团和民众剧团、鲁艺文艺工作团、文抗的“文艺小组”以及巡回文学座谈会、星期文艺学园、文化俱乐部的文学活动等等，我们才得以看到，在延安，文学如何通过各种形式像层层涟漪似的铺展开去，铺展到最角落的乡村，“文学”如何因“民族救亡”目标而与“政治”水乳交融地对人们发生作用；我们也才得以理解，为什么新中国成立后，会涌现出那么多“文艺青年”、“文学爱好者”，文学何以成为政治的“晴雨表”，文学（艺）何以成为众人寄寓理想、宣泄情绪的载体。文化普及活动是延安社团活动的重要组成部分，它们为新中国文学培养了广大的文学读者群和广大的工农兵作家。

由于现有的关于延安文化组织和文学社团的资料相当有限，且错讹较多，因此，本课题的资料搜集整理及研究，需要从大量的原初史料、资料丛书、文集、回忆录、传记等文字中去剥离、辨析、核查、理解、择取，的确颇费时力。有一小段时间的日子，几乎过得黑白颠倒，以至于有一天早晨睡过了头，没能及时叫醒孩子起床上学，更不用说准备早点，结果让孩子去学校时尴尬了一回。但写作过程中，好些令我哈哈大笑或感慨沉重的细节和事件，使我对这一研究对象深怀感情。同时，通过这个课题的研究，我对于“史料”作为一种方法论、作为研究的基本材料、作为“现象－问题－结论”的意义，有了更为切实的理解。

复旦大学一定程度地修正了我到上海“玩玩”、“看看”的懒散心理，以章培恒先生为站长的中文系博士后流动站学术委员会的每位老师、每次会议的场景，都让人难以忘怀。深深地感谢陈思和教授，他不仅帮助我进行本课题的研究，而且对我的论文《关于何其芳文稿的修改》进行了“点睛之笔”的订正，发表在《复旦学报》上，使我感到与复旦有一种亲情般的文字生命联系；而陈老师的实景课堂、网络课堂、日常谈话、“核心观点”和“关键词”等，将是我终生受用的珍贵资源。

还要感谢我谋职的华南师范大学文学院的领导老师，他们给了我极大限度的自由和支持，为我处理了广州的一切杂务，让我整整四个学期都能安心地泡在上海。

最后无言的感谢给儿子、丈夫，他们永远是我生命的组成部分。

2006年6月10日
于复旦大学南区六舍25号

补记：断断续续地细读延安文艺及其相关史料，一晃便是十年，懂得了若干此前不甚了然的大事情和难以想象的小细节。延安的“歌声”令人沉醉遐想，延安的“叹息”也仿佛就在耳旁。本书梳理了抗战时期延安文化组织和文学社团的一些线索，然而却有更多史料和论说的遗憾，诚挚地期待着批评。

感谢武汉出版社的李杏华和万洪涛等诸位为本书出版付出辛劳的老师。特此深致敬意和谢意。

2009年8月于广州